本书获湖北省社会科学基金项目"金融发展与中国全要素生产率提升研究——基于随机前沿分析的视角"（2018034）、江汉大学学术著作和江汉大学武汉研究院《武汉文库》学术著作出版资助

金融发展与中国全要素生产率提升研究

············基于随机前沿分析的视角············

余利丰 著

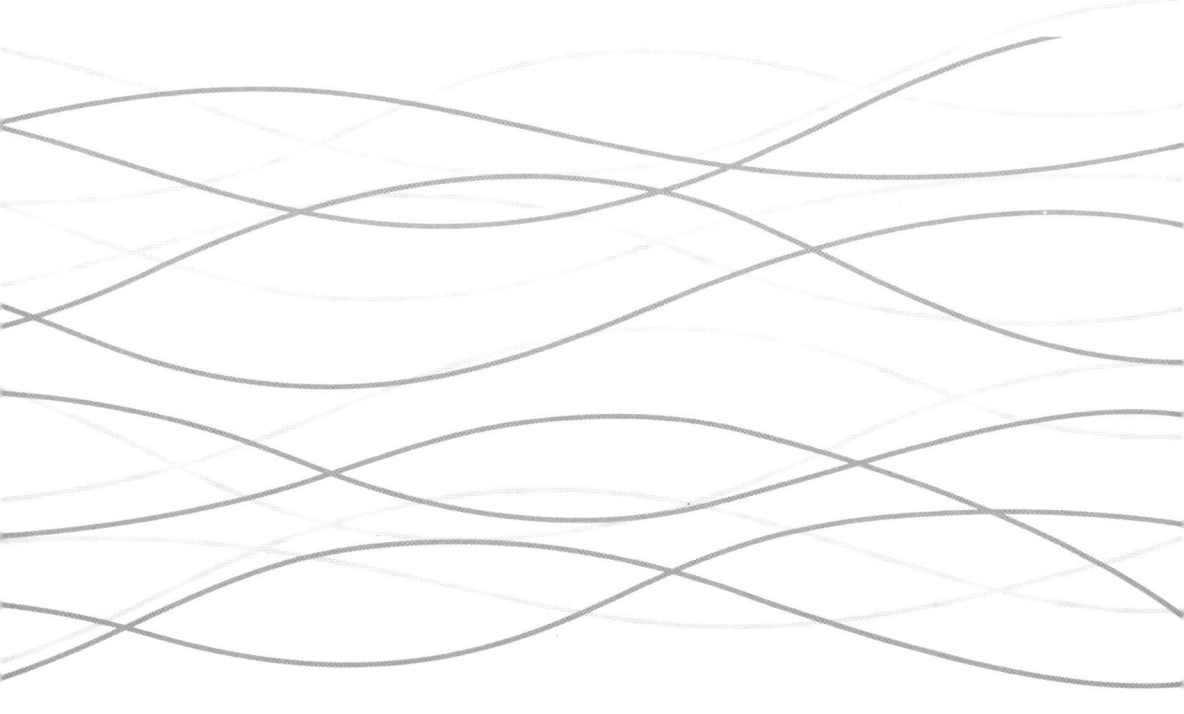

中国社会科学出版社

图书在版编目（CIP）数据

金融发展与中国全要素生产率提升研究：基于随机前沿分析的视角/余利丰著.—北京：中国社会科学出版社，2019.9
ISBN 978 - 7 - 5203 - 5239 - 0

Ⅰ.①金… Ⅱ.①余… Ⅲ.①金融业—经济发展—关系—全要素生产率—研究—中国 Ⅳ.①F832 ②F249.22

中国版本图书馆 CIP 数据核字（2019）第 216519 号

出 版 人	赵剑英
责任编辑	卢小生
责任校对	周晓东
责任印制	王　超

出　　版	中国社会科学出版社
社　　址	北京鼓楼西大街甲 158 号
邮　　编	100720
网　　址	http：//www.csspw.cn
发 行 部	010 - 84083685
门 市 部	010 - 84029450
经　　销	新华书店及其他书店
印　　刷	北京明恒达印务有限公司
装　　订	廊坊市广阳区广增装订厂
版　　次	2019 年 9 月第 1 版
印　　次	2019 年 9 月第 1 次印刷
开　　本	710×1000　1/16
印　　张	20
插　　页	2
字　　数	304 千字
定　　价	98.00 元

凡购买中国社会科学出版社图书，如有质量问题请与本社营销中心联系调换
电话：010 - 84083683
版权所有　侵权必究

目 录

第一章 导论 ·· 1

    第一节 选题缘起 ·· 1

    第二节 文献综述 ·· 5

    第三节 研究方法、研究内容和创新点 ······················ 60

第二章 区域金融发展水平度量 ································ 65

    第一节 我国金融体系演进过程 ····························· 65

    第二节 我国金融发展水平度量 ····························· 73

    第三节 我国区域金融发展差异分析 ························ 86

    第四节 本章小结 ·· 107

第三章 我国全要素生产率增长率测算及区域差异分析 ········ 109

    第一节 全要素生产率增长率测算方法 ····················· 109

    第二节 我国全要素生产率增长率测算结果及分析 ········· 129

    第三节 我国全要素生产率增长率区域差异及成因分析 ····· 137

    第四节 我国全要素生产率增长率区域差异收敛性分析 ····· 142

    第五节 本章小结 ·· 146

第四章 金融发展与全要素生产率之间的关系分析 ············ 148

    第一节 金融发展与全要素生产率增长之间关系的
            理论分析 ·· 148

    第二节 金融发展对中国经济增长方式的影响分析 ········· 152

第三节　金融资源错配对我国全要素生产率的影响分析……… 164
　　第四节　本章小结……………………………………………… 171

第五章　金融发展与技术效率之间的关系分析…………………… 173
　　第一节　金融发展与技术效率之间关系的理论分析…………… 173
　　第二节　金融发展与技术效率之间关系的实证分析：
　　　　　　总体分析……………………………………………… 177
　　第三节　我国技术效率影响因素分析：基于 Tobit 模型
　　　　　　分析视角……………………………………………… 185
　　第四节　金融发展对我国技术效率的门槛效应检验…………… 190
　　第五节　本章小结……………………………………………… 196

第六章　金融发展与技术进步之间的关系分析…………………… 198
　　第一节　金融发展与技术进步之间关系的理论分析…………… 198
　　第二节　我国技术进步变化率演进及收敛性分析……………… 204
　　第三节　金融发展与技术进步之间关系的实证分析…………… 212
　　第四节　金融发展对我国技术进步影响的门槛效应检验……… 216
　　第五节　本章小结……………………………………………… 226

第七章　金融发展与规模效应变化率之间的关系………………… 229
　　第一节　我国及四大经济区域规模经济变化率演进过程……… 229
　　第二节　我国规模效应对全要素生产率增长的贡献率分析…… 235
　　第三节　金融发展与规模效应变化率之间关系的实证分析…… 250
　　第四节　本章小结……………………………………………… 254

第八章　金融发展与资源配置效应变化率之间的关系…………… 256
　　第一节　我国及四大经济区域资源配置效应变化率
　　　　　　演进过程……………………………………………… 256
　　第二节　我国资源配置效应变化对全要素生产率增长的
　　　　　　贡献分析……………………………………………… 267

第三节　金融发展与资源配置效应变化率之间关系的
　　　　　　实证分析 …………………………………… 276
　　第四节　本章小结 …………………………………… 282

第九章　结论及展望 ……………………………………… 285

　　第一节　主要观点与研究结论 ……………………… 286
　　第二节　政策建议 …………………………………… 289
　　第三节　研究展望 …………………………………… 290

参考文献 ………………………………………………… 292

后　记 …………………………………………………… 310

第一章 导论

第一节 选题缘起

一 问题的提出

自1978年改革开放到2010年,我国以年均10.7%的速度保持高速增长,这一阶段持续的高速增长成为中国经济最显著的特征。对于中国经济的高速增长,一些经济学家认为,主要来源于要素(资本和劳动)投入的增加。如邱晓华等(2006)认为,资本投入是中国经济高速增长的最主要的源泉;郭继强(2006)则认为,中国的经济结构在转型的过程中,劳动力的高参与率和较高的配置效率是中国经济增长的重要推动力量。但是,伴随着我国经济总量的不断扩大,我国的经济增速开始连续下滑(康珂,2016)。有关数据表明,自2010年以来,中国经济在波动中下行持续六年多,GDP增速从2010年的10.6%逐步回落到2016年的6.7%,下降3.9个百分点(王一鸣,2017)。我国经济开始进入一个与过去高速增长期不同的"新常态"时期,伴随着我国经济的新常态,我国的经济增长也呈现出经济结构不合理、资源配置效率低、长期发展后劲不足等一系列新的阶段性问题,如何在新常态下培育我国经济增长的新动力,避免掉入"中等收入陷阱"以及经济增长的可持续问题,是我国经济发展不可回避的时代命题(郝大江等,2018)。

在资源环境等现实情况的约束下,随着我国低劳动力成本优势的丧失、资本的边际报酬递减,依靠大量要素投入的粗放型增长方式显然是不可持续的,而通过提高全要素生产率增长的方式能够实现经济的可持续增长(袁晓玲等,2017)。因此,转变经济增长方式,由传统的依赖要素的大量投入的粗放型增长方式转变为通过提高全要素生产率增长的途径的集约型增长方式,提高全要素生产率对我国经济增长的贡献,是实现我国经济可持续增长的当务之急。如何促进全要素生产率增长引起了人们的广泛关注,许多学者从不同的角度关注中国的全要素生产率的增长问题。方健雯(2009)考察了外商直接投资(FDI)通过水平联系和前后向关联两种途径对我国各行业全要素生产率的影响,研究发现,我国外商直接投资存在显著的水平溢出效应和后向溢出效应,而前向溢出效应不显著。魏下海(2009)则从贸易开放和人力资本两个角度分析两者对全要素生产率的影响,研究发现,从全国范围看,人力资本对全要素生产率增长存在较弱的即期效应,而贸易开放度则表现为滞后效应。这些研究从不同的视角很好地解释了中国的全要素生产率增长问题,但却忽略了金融发展在促进中国全要素生产率增长中的作用(Jeanneney et al.,2006)。

自戈德史密斯(Goldsmith,1969)、麦金农和肖(McKinnon and Shaw,1973)建立了金融发展和经济增长之间的关系以来,许多学者开始从金融发展的角度研究经济增长问题。现有文献对于金融发展促进经济增长的作用渠道进行了分析,但是,对于金融发展是否可以通过提高全要素生产率增长的途径促进经济增长缺乏分析,尤其是中国的金融发展是否通过提高全要素生产率增长的途径促进中国的经济增长缺乏深入的分析(余利丰等,2011)。赵勇等(2010)认为,伴随着中国的金融体制改革,金融发展对经济增长的贡献日益显现,特别是2008年年末席卷全球的国际金融危机对实体经济的冲击,更是凸显了金融在我国经济发展中的重要地位。改革开放40年以来,我国的金融部门得到了迅猛发展,金融资产的总量和结构发生了巨大的变化。金融资产总量从1978年年末的1512.5亿元增加到2016年年末的232万亿元,金融资产总额增加了1533.9倍;金融结构也发生了很大的变化,从改革开放之初的单一的金融结构发展到现在的门类较为齐全的、有一定规模的金融结构。与此同时,经济高速增长,年均保持9.7%的增长率,按照当年的价格统计,中国的 GDP 从 1978 年的 3678.7 亿元增加到 2016 年的 744127.2 亿元,增加了 202.3 倍。金融作为现代经济发展的核心,在经济发展中发挥着重要作用,尤其是对于新常态下的中国经济而言,如何通过金融资源的优化配置,为经济增长新动力的培育提供资金支持显得尤为重要。金融发展对经济增长产生影响主要通过促进资本积累和作用于全要素生产率促进经济增长(李健等,2017),在这两种途径中,通过作用于全要素生产率进而促进经济增长的发展方式是可持续的。

因此,从金融发展的角度研究全要素生产率增长问题,为我国制定正确的金融发展战略,通过金融体制改革促进我国经济增长方式的转变具有十分重要的理论和现实意义。

二 选题的意义

在近 40 年的经济文献研究中,金融与经济增长的关系的文献之多可以用"汗牛充栋"来形容,其之所以受到特别的关注,主要原因在于金融与经济增长的关系有十分重要的理论和现实意义。

首先,从理论上讲,新古典经济增长理论对金融与经济增长的影响没有足够的重视。其主要原因在于,新古典经济增长理论强调金融在经济增长中的贡献主要是增加物质资本的投入,而物质资本的边际报酬是递减的,从而金融在经济增长中的作用只有水平效应而无增长效应,因而新古典主义忽视了金融在经济增长中的作用。随着内生增长理论的兴起,突破了新古典经济增长理论资本边际报酬递减的假定,从而为金融发展与经济增长之间关系的研究提供了一种新的分析视角(张杰,2008)。

其次,从现实的情况来看,以新古典主义学派为代表的货币中性理论对现实经济的解释力越来越缺乏说服力。货币中性理论认为,货币供给的增加或减少不会对实体经济造成实质性的影响。但现实情况是,随着世界各国的经济快速发展以及世界各国之间的经济联系越来越紧密,金融因素对世界各国实体经济的影响越来越大,尤其是近几次世界性的经济危机深刻地表明了金融对实体经济的影响越来越明显(王稳妮,2016)。由美国次贷危机引发的席卷全球的国际金融危机,不仅对世界各国的经济造成严重不利影响，而且因此引发了欧洲主权债务危机，由美国次贷危机引发的席卷全球的经济危机被认为是20世纪30年代经济大萧条以来全球性的最为严重的经济危机（王稳妮，2016）。既然金融系统的创造性破坏会对实体经济造成如此大的影响，我们不得不重新认识金融在国民经济中的作用，因而研究金融与经济增长之间的关系就具有十分重要的现实意义。

最后，中国作为新兴的市场经济国家，其金融体系的建立和完善完全不同于其他经济发达国家，中国的金融体系改革选择的是一条特殊的道路，经过30多年的金融体制改革，尽管取得的成就很大，但我国的金融体系还不完善，金融市场化发展滞后。主要表现在：以企业债券、股票、基金等直接融资方式发展严重滞后，而以银行为中介的间接融资方式在资金配置中起着决定性作用（靳来群，2015）。我国这种以银行为主导的金融体系的一个显著特征是，国有资金垄断以及资本配置的政府管制色彩浓厚且资本流动受制于行政指令（王林辉等，2014），我国金融资源配置青睐于国有企业，而非国有企业的金融资源配置却受到约束。卢峰等（2004）的研究表明，我国80%以上的金融资源流向了国有部门，不足20%的金融资源流向了非国有部门，尽管非国有部门对我国国内生产总值（GDP）的贡献率超过70%。金融资源错配不仅直接影响生产要素的配置，同时它与技术、创新等要素相结合，会对经济产生更为严重的影响（张建华等，2015）。信贷资源配置的扭曲对我国全要素生产率造成了严重的负面影响，Hsieh和Klenow（2009）认为，资源错配不仅影响技术进步，而且使全要素生产率产生极大的损失。如果中国和印度的资源配置达到美国的资源配置效率，中国和印度的全要素生产率将分别提升30%—50%和40%—60%。

因此，对于中国这样一个金融体系发展不完善的国家，如何优化金融结构，完善金融功能，合理配置金融资源，将有限的金融资源配置到经济效益高的地方，这对于我国跨越"中等收入陷阱"、实现持续的经济增长具有十分重要的意义。与现有研究不同的是，本书在分析金融与经济增长之间的关系时，通过运用现代计量方法，将全要素生产率分解，分析金融发展与分解后的全要素生产率各部分之间的关系，试图从全要素生产率各部分之中找到提升全要素生产率的途径，从而为我国有效配置金融资源，提升全要素生产率的增长，为处于新常态的中国经济提供有效的政策建议。

第二节 文献综述

本书的研究内容涉及金融发展、全要素生产率以及两者之间关系等方面，因此，文献综述也将从这三个方面对国内外的研究进展进行综述。文献综述分为三个层次：首先对国内外关于金融发展方面的相关研究进展进行综述，接着对国内外关于全要素生产率方面的进展进行述评，最后对金融发展与全要素生产率之间关系的研究进展进行总结和评价。

一 金融发展的研究现状

从一般意义上看，金融体系是金融工具、金融中介、金融市场等各种金融要素构成的有机体系（周杰琦，2011）。[1] 如何对金融发展进行科学的界定，不少学者围绕这个问题进行了广泛的研究。如戈德史密斯（1969）、麦金农和肖（1973）三位学者分别从不同的角度在金融发展的界定方面做出了开创性的贡献。戈德史密斯（1969）认为，金融发展主要是指金融结构的变化；麦金农（1973）认为，金融发展是指金融资产规模的膨胀；肖（1973）认为，金融发展的主要特征就是金融资产存量的品种范围扩大，期限种类增多。戈德史密斯（1969）强调金融结构的变化，而麦金农和肖（1973）强调金融发展的数量扩张，主要原因在于他们研究的对象是金融受到抑制的发展中经济，认为包括利率在内的金融价格扭曲等金融抑制现象阻碍了经济发展，而通过金融深化则会促进经济增长，三位学者在金融发展认识上的差异更好地说明了金融发展具有丰富的内涵。阳佳余（2006）认为，金融发展是金融

---

[1] 周杰琦：《金融发展对中国全要素成产量增长的影响：作用机制与实证分析》，博士学位论文，中国社会科学院研究生院，2011年，第12页。

功能不断得以完善、扩充并进而促进金融效率的提高和经济增长的一个动态过程，不仅要从金融总量进行判断，而且要从结构和效率的标准进行判断。可以看出，国内外学者在金融发展内涵的理解上存在差异。综合金融发展的研究文献，现有文献关于金融发展内涵的界定更宽、宽广，它不仅仅是一种数量上的扩张，而且包含着金融结构和效率方面的变化。

基于金融发展内涵界定方面的差异，金融发展理论的研究范围包括金融结构理论、金融深化理论、内生金融发展理论、金融约束理论（冯小初，2016）[1]、金融发展过度理论（索有，2016）。[2] 本书将围绕这五个方面以及金融发展其他方面，对金融发展的国内外研究进展展开论述。

（一）金融结构理论

戈德史密斯（1969）开启了金融结构理论研究的先河。该理论认为，"金融结构是金融工具和金融机构的形式、性质及其相对规模"（周莉萍，2017）。[3] 戈德史密斯（1969）将金融机构和金融以及金融资产的相对规模和数量比率作为划分金融结构的唯一标准，忽视了金融结构研究的复杂性和多样性（王毅，2016）。[4] 在戈德史密斯（1969）研究的基础上，阿伦和盖尔（Allen and Gale，1999）、孔特和莱文（Kunt and Levine，2001）根据金融体系中银行部门和金融市场所起作用大小，将金融体系划分为以银行主导型和以市场主导型两种类型金融结构[5]，极大地推动了金融结构理论相关研究的发展。

对于银行主导型金融结构和市场主导型金融结构，由于两者提供的

---

[1] 冯小初：《新兴经济体金融发展对经济增长的影响》，博士学位论文，吉林大学，2016年，第15—22页。

[2] 索有：《金融过度发展：理论与实证研究》，博士学位论文，东北财经大学，2016年，第2页。

[3] 周莉萍：《金融结构理论：演变与述评》，《经济学家》2017年第3期，第79页。

[4] 王毅：《中国区域金融结构差异性分析》，博士学位论文，辽宁大学，2016年，第16页。

[5] 成春林、华桂宏：《金融发展差异的多重因素：文献综述及其引申》，《改革》2013年第5期，第61页。

金融服务方面的差异，致使两者对经济增长的影响不同。在何种金融结构更有利于经济的长期发展关系上，学术界尚未达成共识，存在着四种观点：第一种观点认为，以银行为主导的金融结构更有利于经济增长。其理由是[①]：以银行为主导的金融结构，能够改进资本分配和公司治理效率，能够通过管理流动性风险提升资金投资效率并促进经济增长，能够通过聚集社会闲散资金来促进经济增长。

第二种观点认为，以市场为主导的金融结构更有利于经济增长。其理由是[②]：一方面，金融市场可以有效地管理经济增长进程中出现的风险问题；另一方面，资本市场的信息收集功能有利于企业资金筹措和经济绩效。如钟腾等（2017）认为，股票市场相对于银行业更有利于促进企业专利创新，特别是对创新含量较高的发明专利的影响更为显著。主要原因在于，股票市场促进创新的渠道是通过缓解外部融资约束，促进高科技企业的创新产出，进而影响经济增长。[③]

第三种观点赞同金融结构阶段论，即在经济的不同发展阶段，采取银行主导型金融结构和市场化主导型金融结构的作用不一样。在经济发展的落后阶段，银行主导型金融结构，有利于降低金融风险，有利于提高融资效率，更有利于经济增长[④]；随着经济发展水平进入高级阶段，金融体系则逐渐偏重于以股票市场和债券市场为主的市场主导型金融结构。[⑤] 在金融结构阶段论的基础上，衍生出第二个问题，即哪种金融结构更能促进经济增长、一个国家的最优金融结构应是怎样等问题。[⑥] 张成思等（2016）认为，最优金融结构并非绝对的银行主导型或市场主导型，而是取决于一国实体经济的需求。无论是银行主导型金融结构还

---

① 张成思、刘贯春：《经济增长进程中金融结构的边际效应演化分析》，《经济研究》2015年第12期，第85页。

② 同上。

③ 钟腾、汪昌云：《金融发展与企业创新产出——基于不同融资模式对比视角》，《金融研究》2017年第12期，第127页。

④ 周莉萍：《金融结构理论：演变与述评》，《经济学家》2017年第3期，第80页。

⑤ 林志帆、龙晓旋：《金融结构与发展中国家的技术进步——基于新结构经济学视角的实证研究》，《经济学动态》2015年第12期，第58页。

⑥ 张成思、刘贯春：《最优金融结构的存在性、动态特征及经济增长效应》，《管理世界》2016年第1期，第66页。

是市场主导型金融结构,都是为企业和产业发展服务的[1],只有金融结构与实体经济的金融需求相互匹配,才能最大限度地发挥金融体系的效率。[2] 因而最优金融结构内生决定于不同发展阶段实体经济对金融服务的需求特性。[3] 一定发展阶段的要素禀赋结构形成对金融服务的特定需求是决定金融结构的根本性因素。[4] 如龚强等(2014)的研究表明,在中国经济由成熟制造业主导的阶段,以银行为主的金融体系为经济发展提供了重要支持。随着中国经济转型和产业升级,许多产业不断接近世界技术前沿,金融市场的重要性将逐步显现。[5]

第四种观点支持金融结构融合发展论。如李健等(2012)的实证研究表明,两种金融结构通过相互渗透及合作,有利于提高整体金融效率,能够对区域经济发展起到正面效应。[6]

金融结构理论尽管存在着一些争论,但也达成了一些共识:一是经济发展是促进金融结构变迁的因素之一。随着经济的发展,金融结构的演化呈现复杂化发展趋势。二是银行主导型金融结构和市场主导型金融结构在处理信息不对称和委托—代理问题的功能方面各有优势。三是最优金融结构内生决定于不同发展阶段实体经济对金融服务的需求特性。四是金融结构的优化有利于促进经济增长。通过优化金融结构,提高融资效率,降低融资成本,能够为经济发展提供最优惠的金融服务,推动经济发展。[7]

随着20世纪70年代以来的金融创新,世界各国的金融结构已经发

---

[1] 成春林、华桂宏:《金融发展差异的多重因素:文献综述及其引申》,《改革》2013年第5期,第62页。
[2] 龚强、张一林、林毅夫:《产业结构、风险特性与最优金融结构》,《经济研究》2014年第4期,第8页。
[3] 张成思、刘贯春:《最优金融结构的存在性、动态特征及经济增长效应》,《管理世界》2016年第1期,第76页。
[4] 林毅夫、孙希芳、姜烨:《经济发展中的最优金融结构理论初探》,《经济研究》2009年第8期,第14页。
[5] 龚强、张一林、林毅夫:《产业结构、风险特性与最优金融结构》,《经济研究》2014年第4期,第4页。
[6] 李健、范祚军、谢巧燕:《差异性金融结构"互嵌"式"耦合"效应——基于泛北部湾区域金融合作的实证》,《经济研究》2012年第12期,第69页。
[7] 周莉萍:《金融结构理论:演变与述评》,《经济学家》2017年第3期,第82页。

生了巨大的变化,现代的金融体系不再是简单的银行主导型或者市场主导型特征,两者交易交叉融合的趋势比较明显。[①] 复杂的金融结构引发了新的金融风险,如何实现有效的金融监管成为一些学者关注的重点。如巴曙松等(2016)认为,金融监管要适应金融结构的发展要求,并根据金融结构的变化进行相应的调整,并根据我国金融市场化改革的持续推进以及金融创新的不断发展,建议在中国人民银行内部成立专门的金融政策委员会,负责宏观审慎监管,重点防范系统性金融风险;在中国人民银行下设立金融审慎监管委员会和金融行为监管委员会,前者重点负责金融机构的微观审慎监管,确保金融机构符合稳健经营的要求,后者重点负责金融行为的监管,确保金融机构行为合规;在中国人民银行外设立相对独立的金融消费者保护局,重点负责金融消费者保护的规则制定和执行,对金融机构监管发挥一定的制衡作用。[②] 吴晓球(2017)从中国金融结构变化导致金融风险的来源出发,从监管模式、监管架构、监管重点和监管方式四个方面提出了我国金融监管改革的基本措施。在金融监管模式上,实现微观审慎监管与宏观审慎政策的协调和功能上的一致;在金融监管架构上,在功能调整后的中央银行和赋予微观审慎监管功能的金融监督管理委员会的基础上,构建具有"双峰"形态的监管架构;在金融监管重点上,从资本监管逐渐调整为资本监管与透明度监管并重;在金融监管方式上,从传统监管逐步过渡到智能监管与传统监管相结合并渐进至以智能监管为主。[③]

(二) 金融深化理论

麦金农和肖(1973)针对发展中国家经济中普遍存在的金融管制现象,提出了放开金融市场,实施金融自由化的金融深化理论。他们认为,发展中国家政府部门应放弃对金融市场和金融体系的过度干预,放松对利率和汇率的严格管制,使汇率和利率成为反映资金和外汇供求关

[①] 周莉萍:《金融结构理论:演变与述评》,《经济学家》2017年第3期,第82页。

[②] 巴曙松、沈长征:《从金融结构角度探讨金融监管体制改革》,《当代财经》2016年第9期,第44页。

[③] 吴晓求:《中国金融监管改革:逻辑及选择》,《财贸经济》2017年第7期,第33页。

系变化的信号①，从而为经济发展提供资本积累，促进经济发展。但是，麦金农和肖（1973）在金融深化问题上也存在一些不同的看法，如在实际利率水平对储蓄、投资与增值的传递机制上，两者存在着分歧。②麦金农（1973）以互补性假说理论为基础，从金融抑制视角来解释金融抑制对经济发展的不利影响。麦金农（1973）的互补性假说理论认为，在发展中国家，货币与实物投资之间不是替代关系，而是相互补充的互补品③，投资与实际利率水平也呈正相关。发展中国家由于推行金融抑制政策，实际利率被人为压低。因此，发展中国家会出现资本积累不足而阻碍投资的情况，进而影响经济的发展。④而肖（1973）否定了货币与实物投资之间的互补关系，肖（1973）从债务中介观的视角解释了货币的"自我融资"功能。他认为，货币是债务中介，货币的职能在于减少生产成本和交易成本，提高生产率，从而增加收入，促进储蓄和投资。⑤麦金农和肖（1973）的金融抑制理论和金融深化理论，实质是主张发展中国家政府放弃对金融市场的干预，推行以利率、汇率自由化为主体的金融自由化政策⑥，极大地推动了世界各国金融自由化的进程。

随着一些发展中国家以金融自由化为导向的金融改革的推进，多数实施金融自由化的发展中国家相继爆发了金融危机，如拉美的一些国家和东亚的一些国家和地区，金融危机对这些发展中国家和地区的经济发展造成了严重影响。一些学者开始对金融自由化理论存在的问题提出了质疑。如卡洛斯（Carlos，1985）通过分析拉丁美洲一些实施金融自由化的国家导致金融部门破产的案例，得出了金融自由化加剧了金融的脆

---

① 袁东阳：《金融抑制背景下中国金融发展道路：理论与实证研究》，博士学位论文，武汉大学，2014年，第18页。
② 刘逖：《西方金融深化理论及其主要理论派别》，《经济学动态》1997年第6期，第64页。
③ 袁东阳：《金融抑制背景下中国金融发展道路：理论与实证研究》，博士学位论文，武汉大学，2014年，第17页。
④ 王凤京：《金融自由化及其相关理论综述》，《当代财经》2007年第6期，第121页。
⑤ 袁东阳：《金融抑制背景下中国金融发展道路：理论与实证研究》，博士学位论文，武汉大学，2014年，第18页。
⑥ 同上书，第26页。

弱性，造成了经济的不稳定。① 麦金农通过总结这些国家金融改革不成功的经验，提出了金融自由化次序理论，该理论强调金融自由化改革要注重先后次序，以此来保证金融改革中经济发展的稳健性。② 该理论认为，金融自由化的次序理论有两个层次：第一层次要分清楚实际部门的自由化与金融部门的自由化之间的次序问题；第二个层次要分清楚国内金融部门自由化与外部金融部门自由化之间的次序决定。③

在金融深化理论的研究方面，我国学者主要沿袭了麦金农和肖的金融深化理论，并结合中国的实际，分析金融深化对中国经济的影响，现有研究主要集中在以下七个方面：

在金融深化指标的度量方面，肖（1973）认为，可以从金融存量指标、金融流量指标、金融职能及机构的专业化指标、金融价格指标四个方面对金融深化进行度量。④ 张军等（2005）用银行分配给非国有部门的贷款与 GDP 比值来度量金融深化指标，鉴于数据的可获得性，张军等（2005）运用残差结构一阶自相关固定效应面板数据方法来间接地估计各地区金融深化指标。⑤ 我国学者李敬（2007）、李青原等（2013）都采用该方法度量金融深化指标。

关于金融深化与资本配置效率方面的研究。李青原等（2013）采用沃格勒（Wurgler，2000）的资本配置效率估算模型，来分析金融深化与我国地区实体经济资本配置效率之间的关系。实证研究表明，金融深化促进了中国地区实体经济资本配置效率的提高，但地方政府的干预却会妨碍金融系统对中国地区实体经济资本配置效率改善功能的有效发

---

① Carlos, D., "Goodbye Financial Repression, Hello Financial Crash", *Journal of Development Economcis*, Vol.19, No.1, 1985, pp.1–24.
② 孙丽：《日本金融自由化次序选择及其实施效果研究》，硕士学位论文，2010 年，中国政法大学，第 6 页。
③ 赵静亚：《经济发展中金融自由化次序安排的国际比较》，硕士学位论文，南京师范大学，2004 年，第 6 页。
④ 王立慧：《金融深化对产业结构升级影响的统计研究》，博士学位论文，浙江工商大学，2016 年，第 10 页。
⑤ 李青原、李江冰、江春、Kevin X. D. Huang：《金融发展与地区实体经济资本配置效率——来自省级工业行业数据的证据》，《经济学》（季刊）2013 年第 2 期，第 534 页。

挥。① 陆桂贤等（2016）用地区非国有企业负债占比以及地区非国有企业资产负债率与国有企业资产负债率的差额衡量地区金融深化程度，分析我国金融深化与资本配置效率之间的关系。实证研究表明：地区金融深化程度的差异导致地区资本配置效率不同，金融深化同时促进了地区第二、第三产业资本配置效率的提高。② 张前程等（2016）分析了政府干预和金融深化对行业投资配置效率的影响。研究结果表明：金融深化显著提高了行业投资配置效率，政府干预则削弱了金融深化对行业投资配置效率的改善作用。③

关于金融深化与绿色发展之间关系的研究。谭飞燕等（2014）结合环境学理论与经济增长理论建立定量分析的碳排放模型，采用 ARDL 法分析金融深化对碳排放的影响。实证研究表明，金融深化与碳排放之间呈现负相关关系，金融深化降低了碳排放量。④ 刘耀彬等（2017）分析了金融深化对绿色发展的影响。金融深化通过资本的配置功能和金融体系不断完善过程，引导投资边际收益率促进绿色发展的效率，进而影响整个绿色经济系统的全要素生产率。⑤

关于金融深化与城镇化发展之间关系的研究。韩叙等（2016）认为，通过放开金融市场，允许民间资本进入城镇化发展进程，有利于促进我国城镇化发展。因此，我国应该进一步加大金融深化改革力度，吸引更多的民间资本，共同推动城镇化发展。⑥

关于金融深化与创业之间关系的研究。邵传林（2014）分析了金

---

① 李青原、李江冰、江春、Kevin X. D. Huang：《金融发展与地区实体经济资本配置效率——来自省级工业行业数据的证据》，《经济学》（季刊）2013 年第 2 期，第 527 页。
② 陆桂贤、许承明、许凤娇：《金融深化与地区资本配置效率的再检验：1999—2013》，《国际金融研究》2016 年第 3 期，第 28 页。
③ 张前程、龚刚：《政府干预、金融深化与行业投资配置效率》，《经济学家》2016 年第 2 期，第 60 页。
④ 谭飞燕、李孟刚：《中国金融深化对二氧化碳排放影响的分析》，《河北经贸大学学报》2014 年第 6 期，第 99 页。
⑤ 刘耀彬、胡凯川、喻群：《金融深化对绿色发展的门槛效应分析》，《中国人口·资源与环境》2017 年第 9 期，第 205 页。
⑥ 韩叙、夏显力、石宝峰：《民间资本进入、金融深化与城镇化发展的实证研究》，《大连理工大学学报》（社会科学版）2016 年第 1 期，第 64 页。

融深化改革对企业家精神的影响效应。研究结果表明，金融深化改革程度越高的地区，民营企业家和个体企业家就越倾向于创业。[①] 王军辉（2014）分析了金融深化和银行业垄断对中小企业创业的影响。金融深化、银行业垄断通过中小企业的融资能力途径对中小企业创业产生影响。实证研究表明：银行业垄断会阻碍中小企业创业，而提高金融深化程度既可以降低银行业的垄断水平，又促进了中小企业的创业；从三大区域的影响来看，中西部地区的金融深化和银行业垄断对中小企业创业的影响要大于东部地区。[②]

关于金融自由化次序问题的研究方面，赵静亚（2004）以拉美的阿根廷、东亚国家的韩国、转型国家的波兰以及发达经济体的日本为例，通过分析比较这些国家金融自由化不同的选择次序所导致的不同结果，总结这些国家的成功和失败教训，为我国金融自由化的次序安排及路径选择提出了建议。[③] 孙丽（2010）在回顾日本金融自由化发展历程的基础上，通过研究日本金融自由化次序选择的实施效果，总结日本金融自由化次序选择的经验教训，提出了我国金融自由化次序选择的政策建议。[④]

关于金融自由化改革对经济发展的影响。余静文（2013）认为，金融自由化改革具有双刃性：一方面，金融自由化改革有利于经济的发展；另一方面，金融自由化改革也提高了经济的脆弱性。金融自由化改革对经济发展的影响取决于一国最优金融条件，金融自由化程度与一国最优金融条件的背离对经济发展水平有负面影响。[⑤]

---

① 邵传林：《制度变迁视域下的金融深化与企业家精神——来自中国省级层面的经验证据》，《中国经济问题》2014 年第 5 期，第 3 页。
② 王军辉：《金融深化、银行业垄断与民营中小企业创业——基于面板数据的结构模型估计》，《中央财经大学学报》2014 年第 7 期，第 47 页。
③ 赵静亚：《经济发展中金融自由化次序安排的国际比较》，硕士学位论文，南京师范大学，2004 年，第 1 页。
④ 孙丽：《日本金融自由化次序选择及其实施效果研究》，硕士学位论文，中国政法大学，2010 年，第 4 页。
⑤ 余静文：《最优金融条件与经济发展——国际经验与中国案例》，《经济研究》2013 年第 12 期，第 106 页。

(三) 内生金融发展理论

麦金农和肖（1973）的金融深化理论将经济割裂为实质部门和金融部门，受资本要素边际报酬递减理论限制，金融只影响资本形成，并不影响全要素生产率。同时，金融深化理论忽视了不确定性、信息不对称和交易成本等复杂因素对金融部门的作用状况，这大大削弱了金融发展理论的价值。[①] 随着内生经济增长理论的兴起，一些研究者将金融发展理论与经济内生增长理论结合起来，探讨金融发展与经济增长之间的关系，这些理论统称为内生金融发展理论。Pagano（1993）是最早进行金融内生化研究的学者，他通过构建简单的内生经济增长模型，分析金融在经济增长中的作用机制。研究发现，金融可以通过提高储蓄率、资本边际生产率以及储蓄—资本转换率三种方式促进经济增长。[②]

内生金融发展理论从发展历程来看，可以分为内生金融中介理论和内生金融市场理论。[③] 内生金融中介理论通过引入不确定性、不对称信息和交易成本等因素，来分析金融发展的功能。而内生金融市场理论主要关注制度因素对金融市场发展的影响，该理论认为，制度因素是决定交易成本大小、风险管理水平以及信息不对称程度的关键因素，法律制度、文化传统、利益集团等制度因素对金融市场发展具有重要的影响。[④]

关于内生金融中介理论方面的研究。内生金融中介理论主要围绕三个方面展开研究：

一是关于金融中介与不确定风险关系方面的研究。该观点认为，金融中介存在的原因在于金融中介降低了交易双方因不确定性风险所产生的交易成本。如 Bencivenga 和 Smith（1991）就认为，金融中介能够降

---

① 金学群：《金融发展理论：一个文献综述》，《国外社会科学》2004 年第 1 期，第 9 页。
② 谢德金：《金融发展在中国经济增长中的作用研究》，博士学位论文，南开大学，2014 年，第 17 页。
③ 唐世连、肖继辉：《第二代金融发展理论述评》，《当代财经》2003 年第 11 期，第 50—53 页。
④ 江春、许立成：《内生金融发展：理论与中国的经验证据》，《财经科学》2006 年第 5 期，第 2 页。

低消费需求的流动性冲击对经济体造成的不确定性影响。[①] 彭文平等（2002）也认为，金融资产跨期交易的不确定性会产生流动性问题，金融中介作为"流动性蓄水池"可以降低交易双方的流动性风险。[②]

二是关于金融中介与信息不对称关系方面的研究。该观点认为，金融中介能够降低交易双方因信息不对称所产生的交易成本。如尹志超等（2011）认为，金融中介市场中存在的大量信息不对称，表现为交易之前的逆向选择和交易之后的道德风险[③]，为了避免出现交易之前的逆向选择行为和交易之后的道德风险行为，银行中介通过代理监督（包括贷前审查和贷后监控），来减少交易双方因信息不对称而产生的交易成本。这些交易成本包括：①在贷款之前，对贷款人进行筛选和审查所产生的交易成本，即搜寻成本和核实成本；②在贷款之后，对借款人财务和运营情况等进行监控并保证债务契约的履行所产生的交易成本[④]，即监督和审计成本。Ang（2008）认为，金融中介能够代替投资者从事收集和处理企业及经营者的信息。因而，金融中介能够降低交易双方因信息不对称所产生的交易成本。[⑤]

三是关于金融中介的风险管理和参与成本方面的研究。随着金融创新的不断发展，传统的银行业务——吸收存款和发放贷款逐渐减少，银行等金融中介发展了信托、养老保险、共同基金等新业务，随着银行新业务的拓展和衍生金融工具的出现，大大减少了信息成本和信息不对称问题，交易成本减少了但并未减少人们对中介服务的需求。因而，基于交易成本和信息成本为理论基础的传统金融中介理论在解释这样的风险管理问题时显得无能为力。[⑥] 为此，阿伦和桑托梅罗（1998）提出，用

---

① Bencivenga, V. R. and Smith, B. D. , "Financial Intermediation and Endogenous Growth", *Review of Economic Studies*, Vol. 58, 1991, pp. 195 – 209.
② 彭文平、肖继辉：《新金融中介理论述评》，《当代财经》2002 年第 2 期，第 35 页。
③ 尹志超、甘犁：《信息不对称、企业异质性与信贷风险》，《经济研究》2011 年第 9 期，第 121 页。
④ 刘阳、黄皖璇、罗荣华：《信息不对称与贷款监督——基于共同授信公告的视角》，《经济学》（季刊）2015 年第 4 期，第 1446—1447 页。
⑤ Ang, J. , "A Survey of Recent Development in the Literature of Finance and Growth", *Journal of Economic Surveys*, Vol. 22, No. 3, 2008, pp. 536 – 576.
⑥ 张杰：《金融中介理论发展述评》，《中国社会科学》2001 年第 6 期，第 77 页。

风险管理和参与成本理论解释金融中介为什么存在。[①] 阿伦和桑托梅罗（1998）从管理者的自我利益、税收的非线性、财务困境成本和资本市场的非完美型四个动机出发，分析企业需要风险管理的原因。在此基础上，阿伦和桑托梅罗（1998）分析了金融中介通过业务活动避免风险、将风险转移给其他的市场参与者、通过特定的机构进行风险管理三个方面对企业进行风险管理。[②] 另外，阿伦和桑托梅罗（1998）也从参与成本的角度解释了金融中介进行风险管理的原因。阿伦和桑托梅罗（1998）认为，随着金融创新工具日趋复杂化，使人们了解金融风险交易和风险管理的难度大大增加，从而大大提高了人们花在风险管理和决策上的时间机会成本。[③] 为了降低交易风险，金融中介可以代理人们进行金融资产交易和风险管理，为人们提供稳定的报酬，从而以较少的参与成本进行有效投资，实现了风险管理的目的。[④]

关于内生金融市场理论方面的研究。从基本功能方面来看，龚明华等（2005）认为，相对于金融中介少量的信息公开而言，金融市场拥有更充分的信息，因而金融市场比金融中介能够实现更有效的资源配置。[⑤] 在风险管理方面，金融市场可以根据投资者的风险偏好，实现横向风险分担，消除非系统性风险；而金融中介通过跨期平滑的策略，为经济当事人分担系统性风险。[⑥] 如莱文（Levine，1991）通过引入股票市场构建内生经济增长模型，阐述了金融市场在风险管理中的作用。研究发现：金融市场通过实现多元化投资组合，分散了居民的流动性风

[①] 彭文平、肖继辉：《新金融中介理论述评》，《当代财经》2002年第2期，第37页。
[②] 孙杨、柏晓蕾：《金融中介理论的最新进展及对我国金融业发展的启示》，《财经科学》2006年第8期，第9页。
[③] 彭文平、肖继辉：《新金融中介理论述评》，《当代财经》2002年第2期，第37页。
[④] 孙杨、柏晓蕾：《金融中介理论的最新进展及对我国金融业发展的启示》，《财经科学》2006年第8期，第9页。
[⑤] 龚明华、陈丹：《金融中介与金融市场理论综述》，《经济学动态》2005年第5期，第87页。
[⑥] 陶春生、肖建华：《市场融资与中介融资比较理论述评》，《管理世界》2008年第7期，第161页。

险。[1] 贺晟等（2002）通过构建内生增长模型，比较了银行中介的融资体系与市场导向的融资体系在流动性风险管理方面的差异。研究发现：市场导向的融资体系与银行中介的融资体系在资本形成与经济增长中的作用大小取决于居民的相对风险规避系数。[2] 从融资的差异来看，布特和塔科尔（Boot and Thakor，1997）认为，金融中介通过吸收存款和发放贷款，为经济体中的生产者提供资金，对于生产者来说，是一种间接融资；而金融市场则通过证券的买卖行为，为经济体中的生产者提供资金，对于生产者来说，是一种直接融资。金融中介的优势是通过监督生产者的行为，可以防范道德风险；而金融市场则在信息搜寻和汇总方面存在优势。[3] 格林伍德和史密斯（Greenwood and Smith，1997）认为，金融市场的形成和运行需要一定的成本，它是经济发展到一定阶段的产物。只有当经济发展到一定程度，人均收入达到金融市场形成的门槛值时，金融市场才会形成。[4] 从融资的方式来看，龚明华等（2005）认为，金融市场具有金融中介所不具备的优势：一是债券市场融资可以降低企业的借款成本；二是通过债券融资可以降低金融市场参与者的金融风险；三是通过债券市场融资可以解决逆向选择问题；四是银行贷款容易造成预算的软约束，而债券融资则可以看作一种硬约束。[5] 但两者在融通资金方面则是一种互补的关系。金融中介通过创造出构成新市场基础的产品和加大市场上已有产品的交易量来增进金融市场发展，而金融市场通过降低生产产品的成本帮助金融中介创造新的更加个性化的产品。[6]

关于非正式制度因素对金融市场发展方面的研究。拉简和津盖尔斯

---

[1] Levine, R., "Stock Markets, Growth, and Tax Policy", *Journal of Finance*, 1991, Vol. XLVI, No. 4, 1991, p. 1445.

[2] 贺晟、孙烽：《融资体系流动性风险管理的功能差异与经济增长》，《世界经济》2002年第11期，第67页。

[3] 唐世连、肖继辉：《第二代金融发展理论述评》，《当代财经》2003年第11期，第52页。

[4] 同上。

[5] 龚明华、陈丹：《金融中介与金融市场理论综述》，《经济学动态》2005年第5期，第89页。

[6] 同上书，第90页。

(Rajan and Zingales, 2003) 从利益集团视角研究金融发展问题。拉简和津盖尔斯 (2003) 将利益集团分为产业既得利益集团和金融既得利益集团, 既得利益集团出于维护既得利益的考虑, 采取阻碍金融发展的措施是各国金融发展差异的内在原因, 而通过采取跨国贸易和国际资本流动措施则有利于减轻既得利益集团对金融市场发展的阻碍作用。① 斯塔尔兹和威廉姆森 (Stulz and Williamson, 2003) 把文化影响金融发展的途径概括为三个方面: 一是文化通过价值标准的形成和发展影响金融发展; 二是文化通过对制度形成和发展影响金融发展; 三是文化通过经济中资源配置方向影响金融发展。② La Porta、Lopez - de - Silanes、Shleifer 和 Vishny (1997, 1998, 2000, 2002) 从法律渊源的视角阐述了投资者法律保护程度的差异, 进而解释了不同国家金融发展水平存在差异的原因。③

(四) 金融约束理论

针对发展中国家存在的金融抑制状态, 麦金农和肖 (1973) 提出了金融抑制理论。金融抑制理论认为, 发展中国家政府部门对金融市场的价格和数量实施管制, 不但扭曲了金融资源的配置效率, 而且阻碍了经济增长。④ 与麦金农和肖 (1973) 的研究结论不一致的是, 亚洲的日本、韩国、中国等国, 都或多或少地存在着金融管制, 但是, 这些国家的经济发展非但没有受到阻碍, 反而取得了令人瞩目的成就。基于这一现实, 赫尔曼等 (Hellman et al., 1996) 在麦金农和肖 (1973) 的研究基础上, 提出了著名的金融约束理论。金融约束理论的核心观点是⑤: 在宏观经济环境稳定、通货膨胀率较低且可预测的前提条件下, 采取对存款利率控制、限制市场准入、限制银行业竞争、限制资产替代等措施有利于促进经济增长。

---

① Rajan, R. G. and Zingales, L., "The Great Reversals: The Politics of Financial Development in the Twentieth Century", *Journal of Financial Economics*, Vol. 69, No. 1, 2003, pp. 5 - 50.
② 郑志刚:《金融发展的决定因素——一个文献综述》,《管理世界》2007 年第 3 期。
③ 同上书, 第 140 页。
④ 周业安:《政府在金融发展中的作用——兼评"金融约束轮"》,《中国人民大学学报》2000 年第 2 期, 第 54 页。
⑤ 周业安:《"金融约束论"批判》,《经济科学》2000 年第 3 期, 第 104 页。

金融抑制理论和金融约束理论，两者既有共同点，也存在着本质差别。两者的共同点都强调经济发展要与金融市场的发展相匹配。两者的差别在于，金融约束理论是政府通过一系列金融政策干预在民间创造租金，创造的租金由金融机构和企业分享，政府在整个过程中不占有租金；而金融抑制理论则是政府通过对金融市场进行干预直接索取租金。[1] 政府采取的措施是，通过把名义利率保持在远低于通货膨胀率的水平，使财富从家庭部门转移到政府手中。[2] 金融约束理论与金融抑制理论的本质区别是，政府是否应当干预金融机构和金融市场。金融约束理论强调，政府部门应对金融市场和金融机构进行适当干预，主要原因在于，现实经济中存在着信息不对称、代理行为以及道德风险等问题，金融资源难以得到有效配置，从而不利于经济的发展。而通过政府部门的适当干预，给金融部门和生产部门创造了"租金机会"，通过"租金效应"和"激励作用"，促进了经济发展[3]；而金融抑制理论则强调，应取消政府对金融机构和金融市场的过度干预，实现金融自由化。[4] 以期提高金融对信贷资金的配置效率，形成金融和经济发展相互促进的良性循环。[5]

金融约束理论认为，政府创造租金机会的目的是提供一种激励，只要政府使银行和企业获得了超过竞争性市场所能得到的收益，并且政府不瓜分利益，就能使银行和企业的股本增加，增加社会收益[6]，从而为经济发展提供长足的发展动力。[7] 租金的创造在经济发展中发挥着三个

---

[1] 周业安：《政府在金融发展中的作用——兼评"金融约束轮"》，《中国人民大学学报》2000年第2期，第55页。

[2] 韩玲慧：《金融发展理论的发展脉络》，《经济学动态》2003年第2期，第57页。

[3] 杨德勇：《金融压制·金融深化·金融约束——我国金融改革道路的选择》，《北京工商大学学报》（社会科学版）2003年第3期，第63页。

[4] 华桂宏、成春林：《金融约束政策批判》，《江海学刊》2004年第6期，第63页。

[5] 石良平、叶慧：《中国转轨经济增长中的金融约束分析》（上），《社会科学》2003年第6期，第5页。

[6] 袁东阳：《金融抑制背景下中国金融发展道路：理论与实证研究》，博士学位论文，武汉大学，2014年，第29页。

[7] 帅勇：《金融深化的第三条道路：金融约束》，《经济评论》2001年第5期。

方面的作用[①]：一是租金对银行部门的作用。金融约束创造的租金为银行创造了"特许权价值"，特许权价值能够给金融机构创造一个持续而稳定的利润流，让银行作为一个长期机构开展金融业务，增强了金融机构寻找更多存款来源的动力。二是租金对生产部门的作用。租金从居民转移到生产部门可以提高资金配置效率，使拥有良好业绩和投资项目的企业从贷款中得到更多的租金份额，并利用这些新增财富，增加在投资项目中的股本投入，降低投资项目的风险。[②] 三是资金对储蓄者的作用。金融约束政策的实施，增强了存款的安全性和便利性，有效地降低了储蓄者存款的风险，并在一定程度上改善了储蓄者的境况。[③]

对于金融约束理论，我国一些学者对其存在的不足提出了质疑。如杨胜刚等（1999）、兰莹（2002）、谢惠贞等（2003）、孙华等（2004）、华桂宏等（2004）、李琪（2008）对金融约束理论的政策主张进行了批判。他们认为，我国特殊的国情以及金融结构现状，导致金融约束政策在我国实施的有效性值得推敲：首先，限制存贷款利率政策所创造的租金并没有流向民间部门，而是流向了政府部门。主要原因在于特许权价值创造的租金大多流向了特许权银行，而这些银行大多数是国有商业银行，对贷款利率限制产生的租金大多流向了国有企业，国有商业银行和国有企业都与政府部门相关。这有悖于金融约束理论所强调的创造的租金流向民间部门的初衷。其次，限制民间金融机构的市场准入导致国有商业银行机构臃肿、效率低下。严格的金融机构准入限制在一定程度上保护了国有商业银行的利益，但也造成国有商业银行进行金融改革的惰性，导致我国金融资源配置效率低下，严重影响了我国经济的发展。最后，限制资产替代政策的缺陷在于没有考虑到发展中国家金融运作的金融国际化与金融全球化背景。在金融日益国际化和全球化背景下[④]，发展中国家的经济与金融运行不可能与外界隔离，居民不可能只持有一种

---

① 李琪：《对"金融约束轮"的反思》，《金融理论与实践》2004 年第 11 期，第 59 页。
② 谢惠贞、曹源芳：《金融约束在我国的现实可行性探讨》，《现代管理科学》2003 年第 11 期，第 105 页。
③ 同上。
④ 华桂宏、成春林：《金融约束政策批判》，《江海学刊》2004 年第 6 期。

资产，在各种利益驱动下，居民必然会通过各种途径逃避管制，实现资产替代。①

张纯威（2004）从金融约束对货币政策传导机制的影响方面来分析金融约束存在的不足。他认为，严格的金融约束导致我国货币政策的汇率、利率、资产价格及市场信贷等渠道不畅，从而弱化了金融调控对经济运行的政策效果。因此，政府应放松金融约束，加快金融市场化改革，充分发挥金融调控对经济的影响。②

毛丰付等（2014）从金融市场融资受到严格约束的情况下分析我国房地产市场飞速发展的原因。研究发现，我国房地产市场的发展与市场参与者的预期高度相关，与利率管制、企业自有资金限制等因素关系很小。因此，从金融管制视角看，房地产宏观调控的政策是无效的。③

赵仲匡等（2016）从金融约束视角分析了企业受到外部金融约束时对出口汇率弹性的影响。研究表明，金融约束显著提高了企业的出口汇率弹性，增大了面临汇率风险的企业的出口波动性。在汇率改革前后，金融约束使整体样本企业出口汇率弹性的中位数分别由 0.004 和 0.005 上升到了 1.329 和 1.631，分行业样本企业弹性的中位数也由 0 左右上升为 1—5。④

陈玉婵等（2011）认为，我国的金融约束政策的实施，导致租金的分配带有浓厚的所有制偏好，使大部分金融资源进入低效的国有企业，不仅挤占了非国有企业的金融资源，拖累了民营企业的发展；而且占有较多金融资源的国有企业由于效率低下也拖累了经济发展。⑤ 田树喜等（2012）也认为，中国的金融资源在配置方式、配置对象上形成的金融资源倾斜配置内生于经济转型的初始条件和渐进模式，并在国家

---

① 李琪：《对"金融约束轮"的反思》，《金融理论与实践》2004 年第 11 期，第 60 页。
② 张纯威：《金融约束下的货币政策传导》，《中国经济问题》2004 年第 6 期，第 25 页。
③ 毛丰付、倪鹏飞、卞加俊：《金融约束与房地产市场发展：基于房企"股地互动"视角的研究》，《财贸经济》2014 年第 3 期，第 124 页。
④ 赵仲匡、李殊琦、杨汝岱：《金融约束、对冲与出口汇率弹性》，《管理世界》2016 年第 6 期，第 41 页。
⑤ 陈玉婵、钱利珍：《金融约束政策下的国有企业与经济增长——基于租金分配的所有制偏好分析》，《上海金融》2011 年第 8 期。

的金融约束政策下形成路径依赖。因而,要转变中国金融资源倾斜配置问题的关键是进行金融制度改革,将金融约束形成的租金从国有部门转移到民营部门,实现金融资源的优化配置。[①] 白江(2014)认为,金融约束在本质上是一种隐性税收,不利于经济的可持续增长,而良好的法治环境能够对金融发展和金融深化起到至关重要的作用。通过完善金融法治建设有利于缓释金融抑制,对推动中国经济的长期可持续增长具有深远的战略意义。[②]

关于金融约束对经济发展影响方面的研究。一是金融约束对产业结构和收入分配的影响。陈斌开等(2012)认为,政府通过采取金融约束的方式支持资本密集型产业的发展,不仅造成了我国产业结构扭曲,而且造成收入分配趋于恶化,甚至造成长期的"两极分化"。王勋等(2013)分析了金融抑制对产业结构变化的影响。研究结果表明,金融抑制显著阻碍了结构转型,金融抑制程度越高,经济中服务业相对于制造业的比例会越低,金融抑制是结构失衡的重要因素。[③] 张建武等(2014)认为,金融抑制采取的利率压制与信贷配给特征形同于对资本密集型技术的隐性补贴,使企业倾向于使用资本替代劳动进行生产,从而对劳动收入份额形成压制。[④] 赵秋运等(2015,2016)认为,基于赶超战略倾向采取金融抑制的政策,不仅造成了经济结构的工业化扭曲,对我国经济的长期发展造成负面影响,而且使劳动收入份额不断走低,我国劳动收入份额约 1/3 的下偏是由于金融抑制引致的经济结构扭曲带来的[⑤],最终引致"中等收入陷阱"的发生。[⑥] 二是关于金融抑制对对

[①] 田树喜、白钦先:《金融约束、金融倾斜与经济增长——基于中国金融资源配置的经验研究》,《上海金融》2012 年第 12 期,第 3 页。

[②] 白江:《金融抑制、金融法治和经济增长》,《学术月刊》2014 年第 7 期。

[③] 王勋、Anders Johansson:《金融抑制与经济结构转型》,《经济研究》2013 年第 1 期,第 54 页。

[④] 张建武、王茜、林志帆、赵秋运:《金融抑制与劳动收入份额关系研究》,《中国人口科学》2014 年第 5 期,第 47 页。

[⑤] 赵秋运、林志帆:《金融抑制、经济结构扭曲与劳动收入份额下降——基于新结构经济学理论的思考》,《财经理论与实践》2016 年第 202 期,第 2 页。

[⑥] 赵秋运、林志帆:《"欲速则不达":金融抑制、产业结构扭曲与"中等收入陷阱"》,《经济评论》2015 年第 3 期,第 28 页。

外直接投资的影响。王勋（2013）认为，发展中国家的金融抑制政策，是导致对外直接投资的重要因素。国内企业通过对外直接投资，可以获得适宜的技术或者廉价的生产要素以促进国内生产，提高国内生产效率和整体投资回报率。① 三是分析金融抑制对金融改革的影响。陈宇峰等（2015）认为，金融抑制为政府提供了必要的资金支持，以维持政府的财政平衡和正常运行。研究表明，金融抑制为政府财政提供了巨大的支持，金融抑制租金的平均规模相当于历年 GDP 的 12.83%、正常财政收入的 83.17%。因而，政府财政是否能够维持平衡构成了金融改革的一个重要先决条件。② 四是分析金融抑制对投资的影响。吕冰洋等（2013）认为，金融抑制导致企业融资能力受到限制以及经济不景气时经典货币政策作用有限，促使政府投资成为推动经济增长和调控宏观经济的重要力量，金融抑制是形成政府投资以来的重要成因。因而，改革我国现存的金融体制、缓解私人部门面临的多重金融约束，将有利于降低中国经济增长对政府投资的依赖。③

（五）金融发展过度理论

随着金融发展在推动经济增长方面的重要作用达成共识，在"金融越发展，经济越增长"核心思想的指导下，世界上许多经济体的金融化进程都得到了明显的提速，然而事与愿违，这些国家的绝大多数却经历了频繁的经济危机，尤其是 2008 年爆发的国际金融危机使学术界不得不重新审视金融发展理论，对金融发展理论的反思主要聚焦于金融体系规模过大和复杂程度过高这两个方面，这些研究指出，金融体系的过度扩张以及过度复杂，在制造通货膨胀的同时，也造成了金融系统风险积聚，最终导致金融危机的爆发。④

---

① 王勋：《金融抑制与发展中国家对外直接投资》，《国际经济评论》2013 年第 1 期，第 51 页。
② 陈宇峰、贵斌威：《金融抑制租金、政府财政与金融改革》，《财贸经济》2015 年第 6 期，第 57 页。
③ 吕冰洋、毛捷：《金融抑制和政府投资依赖的形成》，《世界经济》2013 年第 7 期，第 48 页。
④ 索有：《"金融过度发展"：理论与实证研究》，博士学位论文，东北财经大学，2010 年，第 10—17 页。

从金融发展过度理论的发展过程来看，主要经历了对金融发展理论的早期反思、金融发展过度观点的提出和金融发展过度理论的成熟三个阶段。

在第一阶段，以新凯恩斯学派为代表的一些经济学家认为，资本市场的过度膨胀会助长投资者的投资情绪，一旦投资行为成为市场上的主流行为，经济增长将由于生产性资源被过度的挤占而被严重拖累。[1] 随着研究的丰富，也有学者对麦金农和肖（1973）的金融自由化政策提出了反对意见，如斯蒂格利茨（Stiglitz，2000）[2] 就认为，金融自由化政策不利于经济的稳定和经济的长期增长。

在第二阶段，随着金融规模的不断扩大以及金融过度创新，金融过度发展所带来的金融风险在很大程度上放大了金融体系的脆弱性。在总结前人研究成果的基础上，Arcand 等（2012）正式提出了"金融发展过度"这一观点。他们认为，一旦金融发展过度，金融将不再履行促进创新、优化资源配置、降低风险等职能。[3] 在 Arcand 等（2012）研究的基础上，Law 等（2013）研究发现，金融发展与经济增长之间呈现出非线性的关系，当金融发展超过某一门槛值时，金融发展反而会拖累经济增长。[4]

在第三阶段，随着研究的深入，对于金融过度发展的理解也从最初的规模过度逐渐发展到涵盖金融结构失衡、金融作用失调、金融功能失位等重要内涵。[5] 尽管 Arcand 等（2012）提出了"金融发展过度"这一观点，但是并没有解释金融发展过度的原因及影响渠道。[6] 金融发展过度致使以往金融通过服务于实体经济的发展模式，转变为以金融自由

---

[1] 索有：《"金融过度发展"：理论与实证研究》，博士学位论文，东北财经大学，2016年，第15页。

[2] Stiglitz, J. E., "Capital Market Liberalization, Economic Growth, and Instability", *World Development*, 2000, Vol. 28, p. 1075.

[3] 索有：《"金融过度发展"：理论与实证研究》，博士学位论文，东北财经大学，2016年，第16—17页。

[4] 同上。

[5] 同上书，第1页（摘要部分）。

[6] 同上。

化为特征的市场来创造金融产品以分割利润的发展模式。[①] 金融脱离实体经济，大量资金进入不生产物质财富的虚拟经济领域（如房地产、艺术品、大宗商品等领域），致使普通商品的价格越来越偏离实体层面的供求因素，而取决于市场的资金规模和金融化程度。[②] 经济金融化挤占了实体经济的投资，致使实体部门生产萎缩，给实体经济的稳定运行带来了相当大的干扰，严重拖累了实体经济的发展。[③] 同时，经济过度金融化或金融发展过度将导致实体经济与虚拟经济方面的失衡，加速金融危机的爆发。[④] 对于金融发展过度，许多学者从不同角度阐述了经济过度金融化或金融发展过度对实体经济造成的不利影响。主要表现在以下六个方面：

一是分析经济过度金融化对产业结构的影响。如齐兰等（2015）在分析经济过度金融化对产业结构优化影响机制的基础上，研究了经济过度金融化对产业结构合理化、产业结构高级化和产业结构均衡化的影响，研究结果表明，经济的过度金融化的投机性扰乱了产业结构的均衡性。[⑤]

二是分析经济过度金融化对实体经济的影响。如张成思等（2014）基于内生经济周期理论阐述了不同金融化程度商品的价格形成机制，分析了不同金融化层次商品的价格变动对总体通货膨胀的驱动机制。研究结果表明，金融化程度越高的商品价格变动对通货膨胀的传导和影响持续时间越长，并且与通货膨胀的互动表现为双向性；中等金融化程度的商品对通货膨胀的传导效应集中于前2—3个季度内，且为单向；低金融化程度的商品价格变动对通货膨胀的驱动效应较弱，影响持续的时间

[①] 鲁春义、丁晓钦：《经济金融化行为的政治经济学分析——一个演化博弈框架》，《财经研究》，2016年第7期，第52页。

[②] 张成思、张步昙：《再论金融与实体经济：经济金融化视角》，《经济学动态》2015年第6期，第56页。

[③] 朱东波、任力：《"金融化"的马克思主义经济学研究》，《经济学家》2017年第12期，第19页。

[④] 谢家智、王文涛、江源：《金融化与工业化：作用路径及动态效应》，《吉林大学社会科学学报》2014年第4期，第48页。

[⑤] 齐兰、陈晓雨：《中国经济金融化对产业结构优化影响机制的实证研究》，《当代经济管理》2015年第5期，第75页。

相对较短。张成思等（2016）认为，经济过度金融化显著降低了企业的实业投资率，并弱化了货币政策提升实体经济的效果；随着金融发展程度提升，金融资产的风险收益错配也抑制实业投资。[①] 陈享光等（2016）认为，金融化通过财富效应等渠道对经济造成一定的刺激作用，但金融化造成了现实资本积累与货币资本、虚拟资本积累的分离，扩大了资本积累过程中的断层和矛盾，造成货币资本、虚拟资本积累的扩张和收缩运动，金融的繁荣与实体经济发展脱节，在一定条件下会触发金融和经济的动荡和危机。[②] 朱东波等（2017）认为，过度金融化导致金融资本脱离产业资本的约束，并挤压实体经济；同时，经济过度金融化是导致更大规模、更加剧烈与破坏性更强的世界金融危机的直接原因。[③]

三是分析经济金融化对创新的影响。如谢家智等（2014）分析了制造业金融化对技术创新的影响。研究表明，制造业过度金融化抑制了技术创新能力，加剧了制造业"去工业化"和资产泡沫化矛盾，削弱了制造业的发展基础。[④] 刘贯春（2017）的研究表明，金融资产配置会显著降低当期企业研发创新。因而，为避免过度金融化带来的"去工业化"和产业"空心化"，加强对企业金融渠道获利的监管显得尤为关键。[⑤] 王红建等（2017）的研究表明，虽然实体企业金融化在短期内有助于提升企业经营业绩，但从长期来看，实体企业金融化套利机会显著抑制企业进行技术创新的动力。[⑥] 许罡等（2017）以我国 A 股非金融上

[①] 张成思、张步昙：《中国实业投资率下降之谜：经济金融化视角》，《经济研究》2016 年第 12 期，第 32 页。

[②] 陈享光、郭祎：《中国金融化发展对实体经济的影响》，《学习与探索》2016 年第 12 期，第 94 页。

[③] 朱东波、任力：《"金融化"的马克思主义经济学研究》，《经济学家》2017 年第 12 期，第 17 页。

[④] 谢家智、王文涛、江源：《制造业金融化、政府控制与技术创新》，《经济学动态》2014 年第 11 期，第 78 页。

[⑤] 刘贯春：《金融资产配置与企业研发创新："挤出"还是"挤入"》，《统计研究》2017 年第 7 期，第 49 页。

[⑥] 王红建、曹瑜强、杨庆、杨筝：《实体企业金融化促进还是抑制了企业创新——基于中国制造业上市的经验研究》，《南开管理评论》2017 年第 1 期，第 155 页。

市公司为样本,研究企业金融化及其方式对研发投资的影响。研究表明,金融化对企业研发投资具有挤占效应,并且随着宏观经济增长的不确定性增加以及市场竞争的加剧,长期稳定性金融资产对于研发投资挤占效应更加明显。①

四是分析经济金融化对城镇化的影响。如姜松等(2016)分析了经济金融化对城镇化影响的总体效应和阶段特征。研究结果表明,经济金融化不仅没有对城镇化产生不利影响,而且对城镇化产生显著的促进作用。分区域来看,经济金融化对城镇化的影响效应并不一致,经济金融化对城镇化的影响与经济发展程度存在明显的关联。具体来说,对东部发达地区的城镇化具有显著的促进作用,而对中西部地区则具有显著的阻碍作用。②

五是分析经济金融化的影响因素。如邓超等(2017)以2001—2014年我国A股上市的非金融企业为研究对象,从宏观和微观两个层面分析我国非金融企业金融化的影响因素。研究结果表明,非金融企业的金融化程度随着股东价值最大化观念的增强而加深,企业金融资产持有比例与其主营业务利润呈"U"形关系,稳定的宏观经济环境会弱化企业的金融投资行为。③

六是分析经济金融化对收入差距的影响。如鲁春义(2014)通过引入金融化构造一个新的利润分享模型,分析垄断、金融化对行业收入分配差距的影响。研究表明,金融化与垄断程度的提高将加剧行业收入分配差距。④张甜迪(2017)从经济金融化角度分析经济金融化对金融行业和非金融行业收入差距的影响。研究发现,随着经济金融化进程的不断推进,中国当前的金融行业和非金融行业收入差距不断扩大;并且

---

① 许罡、朱卫东:《金融化方式、市场竞争与研发投资挤占——来自非金融上市公司的经验证据》,《科学学研究》2017年第5期。

② 姜松、黄庆华:《中国经济金融化对城镇化影响的总体效应与阶段特征》,《金融论坛》2016年第4期。

③ 邓超、张梅、唐莹:《中国非金融企业金融化的影响因素分析》,《财经理论与实践》2017年第2期,第2页。

④ 鲁春义:《垄断、金融化与中国行业收入分配差距》,《管理评论》2014年第11期,第48页。

地区经济金融化水平越高，经济金融化对金融行业和非金融行业的收入差距的影响越大。[①] 黄泽清（2017）分析了经济金融化通过三种机制（工人内部分裂机制、实利者金融投机机制以及工人消费信贷机制）对我国收入分配的影响，并阐述了经济金融化扩大我国收入差距的三种方式。[②]

（六）金融发展其他方面的一些研究

1. 关于金融发展与经济增长因果关系方面的研究

帕特里克（Patrick，1966）将金融发展与经济增长之间的关系划分为供给引导与需求跟随两种类型。[③] 发展中国家的金融发展属于供给引导型，即金融发展推动了发展中国家的经济增长；而发达国家是需求跟随型，即发达国家的金融发展伴随着经济增长而不断发展。[④] 从现有文献的研究来看，金融发展与经济增长之间的因果关系存在着争论，主要存在三种观点：

第一种观点认为，经济增长导致金融发展。如 Odedokun（1996）利用 1960—1980 年的时间序列数据研究了 71 个发展中国家的情况，研究结果表明，金融发展促进了发展中国家的经济增长，金融对经济增长的促进效应主要发生在低收入的发展中国家，在不同的国家和地区，金融中介对经济增长的促进作用是不变的[⑤]。

第二种观点认为，金融发展导致经济增长。Wang（1999）利用中国台湾 1961—1999 年的数据分析中国台湾金融发展和中国台湾经济增长之间的关系，研究结果发现，中国台湾在经济发展的后期，经济增长促进了金融发展。

---

① 张甜迪：《金融化影响金融、非金融行业收入差距的区域异质性研究——基于中国省际面板的实证分析》，《南方经济》2017 年第 4 期，第 106 页。

② 黄泽清：《金融化对收入分配影响的理论分析》，《政治经济学评论》2017 年第 1 期，第 162 页。

③ Patrick, H. T., "Financial Development and Economic Growth in Underdeveloped Countries", *Economic Development and Cultural Change*, Vol. 14, No. 2, 1996, pp. 174–189.

④ 孙力军：《金融发展与经济增长的因果关系——基于中国省份数据的实证检验》，《山西财经大学学报》2008 年第 3 期，第 22 页。

⑤ Odedokun, M. O., "Alternative Econometric Approaches for Analyzing the Role of the Financial Sector in Economic Growth: Time–series Evidence from LDCs", *Journal of Development Economics*, Vol. 50, 1996, pp. 119–146.

第三种观点认为，金融发展与经济增长互为双向的因果关系。Fritz（1984）以菲律宾为例，运用1969—1981年的季度数据对菲律宾的金融发展与经济增长的因果关系进行检验，结果发现，在经济发展的初期，金融深化导致经济增长，而在经济发展的后期阶段，随着实体经济对金融服务需求的增加，经济增长导致金融发展。Demetriades和Hussein（1996）对发展中国家的金融发展和经济增长之间的关系进行因果关系检验，结果表明，尽管存在着金融发展促进经济增长的因素，但更多的是表现出经济增长促进金融发展，即两者之间存在着双向的因果关系。Demetriades和Luintel（1996）利用印度1961—1991年的数据研究表明，金融发展与经济增长之间存在着双向的因果关系。Luintel和Khan（1999）运用多变量向量自回归模型对10个发展中国家进行研究，研究结果发现，所有样本国家都存在双向的因果关系。

2. 关于农村金融发展方面的研究

我国长期的城乡二元化发展模式造成了城乡在经济、社会发展等方面存在不对等的发展政策和环境[1]，导致我国的金融体系也呈现出典型的二元化特征。农村金融是我国金融体系的重要组成部分，但农村金融在我国金融体系中长期处于从属地位，随着党的十九大做出实施乡村振兴战略决策部署，现有的农村金融服务水平难以满足农村经济社会发展的要求。围绕农村金融发展服务农村、农民、农业问题，现有文献关于农村金融发展方面的研究主要围绕三个方面展开：

第一，分析农村金融发展对农村经济发展的影响。如丁志国等（2012）分析了我国农村金融与农村经济发展之间的关系，实证研究结果表明，我国农村金融规模的扩大促进了农村经济发展，但我国农村信贷结构失调和投资产出效率的"瓶颈"，限制了农村金融对农村经济发展的促进作用。另外，农村经济发展也带动了农村金融体系的调整和完善。[2] 董竹等（2016）分析了涉农金融机构对农村经济发展的影响，研

---

[1] 史亚荣、何泽荣：《城乡一体化进程中的农村金融生态环境建设研究》，《经济学家》2012年第3期，第75页。

[2] 丁志国、徐德财、赵晶：《农村金融有效促进了我国农村经济发展吗?》，《农业经济问题》2012年第9期，第50页。

究发现，农业贷款对农业经济发展具有先导作用，在几个涉农金融机构中，农村信用社对农业发展的贡献具有持续性，而其他金融机构对农业发展贡献很小。① 王劲屹（2018）分析了农村金融发展对农村经济增长的影响。研究表明，农户储蓄存款能显著促进农村经济的增长，但提高农村金融机构存贷比对农村经济贡献不大，农村金融促进农村经济增长的力度受制于国家宏观调控政策的影响。②

第二，分析农村金融发展对农民收入的影响。孙玉奎等（2014）分析了农村金融发展与农民收入差距之间的关系，实证研究表明，农村正规金融发展与农村收入分配之间呈正相关关系，农村非正规金融与农村收入分配之间的关系不显著。③ 冉光和等（2016）利用我国省际面板数据分析农村金融服务对农村可持续消费的影响，实证研究表明，农村金融服务对农村可持续消费的影响受到农民收入水平的制约。当农民收入处于较低水平时，农村金融服务通过发挥消费贷款与消费保险等金融功能促进农村可持续消费增长；当农民收入处于较高水平时，消费能力的提高将增强农村金融服务对农村可持续消费的促进作用，从而有利于农村消费长期稳定增长。④ 谢玉梅等（2016）分析了农村金融发展对我国农民收入增长的影响，实证研究表明，农村金融机构人均贷款的增加，农村金融机构发展效率的提高，农村居民家庭拥有的生产性固定资产原值的增加会对东部、中部、西部三大经济地带农民增收起到促进作用，但单纯增加可发放贷款的农村金融机构比例，提高农村金融机构贷款比例，增加农村金融机构法人机构数量对农民收入增加产生不利影响。⑤ 杜江等（2017）分析了农村金融发展对农民收入的影响，研究发

---

① 董竹、李诗瑶、常芳：《哪个金融主体对农村经济发展推动力较大》，《农业技术经济》2016年第10期，第67页。

② 王劲屹：《农村金融发展、资本存量提升与农村经济增长》，《数量经济技术经济研究》2018年第2期，第64页。

③ 孙玉奎、冯乾：《我国农村金融发展与农民收入差距关系研究——基于农村正规金融与非正规金融整体的视角》，《农业技术经济》2014年第11期，第65页。

④ 冉光和、蓝震森、李晓龙：《农村金融服务、农民收入水平与农村可持续消费》，《管理世界》2016年第10期，第177页。

⑤ 谢玉梅、徐玮：《农村金融发展对我国农民收入增长影响实证研究——基于2006—2011年的经验数据》，《湖南大学学报》（社会科学版）2016年第5期，第89页。

现，农村金融发展对农民收入的影响存在显著的门槛效应，在不同的农村经济发展水平上，农村金融发展对农民收入的影响是不同的。①

第三，分析农村金融发展对城乡一体化的影响。史亚荣等（2012）认为，城乡一体化为农村金融发展创造了好的制度平台和市场空间。通过转变政府职能、完善市场主体、实现市场与政府互补等措施，构建适合城乡一体化的农村金融生态发展环境。② 倪楠（2015）认为，在推进城乡一体化过程中，需要强大的金融支持和完备的金融监管体系来有效地控制城镇化进程中产生的农村金融风险。③ 薛宝贵等（2016）认为，城乡一体化程度越高，农村金融服务地方的作用就越显著；城乡一体化程度越低，市场竞争导致农村金融排斥服务地方经济。④ 万宣辰（2017）以农村金融功能效应为着力点，分析城乡一体化与农村金融的关联性和农村金融的功能效应，剖析农村金融发展对经济增长的影响。⑤

随着金融发展理论研究的深入以及计量工具的发展，金融发展理论方面的研究实证化趋势明显。从现有文献的研究来看，金融发展实证化方面的研究具有如下三个方面的特点。

第一，金融发展指标的量化更为合理。戈德史密斯（1969）开创性地采用金融资产总量与国民财富的比值来量化金融发展指标。后续的研究者在其基础上对金融发展指标的量化进行不断改进，如贝克等（2000）、莱文等（2000）对戈德史密斯（1969）关于金融发展指标的量化提出了质疑，他们认为，金融资产总量是存量概念，而 GDP 是流

---

① 杜江、张伟科、范锦玲：《农村金融发展对农民收入影响的双重特征分析——基于面板门槛模型和空间计量模型的实证研究》，《华中农业大学学报》（社会科学版）2017 年第 6 期，第 35 页。

② 史亚荣、何泽荣：《城乡一体化进程中的农村金融生态环境建设研究》，《经济学家》2012 年第 3 期，第 79 页。

③ 倪楠：《城乡一体化下农村金融发展的法律建议》，《西北农林科技大学学报》（社会科学版）2015 年第 6 期，第 137 页。

④ 薛宝贵、何炼成：《市场竞争、金融排斥与城乡收入差距》，《财贸研究》2016 年第 1 期，第 1 页。

⑤ 万宣辰：《中国农村金融发展研究——基于城乡一体化视角》，博士学位论文，吉林大学，2017 年，第 8 页。

量概念，因此，用广义货币或银行存贷款总量与 GDP 之比在逻辑上很难讲得通。有鉴如此，贝克等（2000）、莱文等（2000）使用求算术平均值的方法解决了这个问题。我国学者张军（2005）认为，鉴于我国银行部门存在政策导向的贷款和大量不良资产，使用全部信贷占 GDP 比重来量化我国的金融发展水平就不恰当，他开创性地采用残差结构一阶自相关的固定效应面板模型量化了我国的金融发展水平。在张军（2005）研究的基础上，金融发展指标的量化更加合理化。

第二，因变量的选择范围不断拓展。近年来，许多学者的研究发现，金融发展能够通过提升全要素生产率来促进经济增长，如贝克等（2000）的研究表明，金融中介发展对全要素生产率的增长有着积极与显著的影响，从而在研究金融发展与经济增长的关系研究方面，因变量的选择范围进一步扩大。

第三，计量技术处理手段不断深化。现有文献对于金融发展与经济增长关系的研究，所使用的样本国家和基本数据的调整并不大，但是，在具体的技术处理手段方面，不断深化，从早期的最小二乘法估计、广义最小二乘法估计、面板数据估计到现在的广义动态矩法估计，有的学者运用随机前沿分析法来研究金融发展与经济增长之间的关系。贝克等（2000）运用动态广义矩法估计金融发展对经济增长的贡献，结果表明，金融发展主要是通过全要素生产率而非资本或储蓄产生作用。Rioja 和 Valev（2004）运用动态广义矩法验证金融发展与经济增长之间的关系，发现这种关系依赖于一国经济发展状况而呈现系统性的差异，在中等收入国家和高收入国家，金融发展主要是通过提高全要素生产率进而促进经济增长，但在低收入国家，金融发展主要通过加速资本积累来促进经济增长。Nourzad（2002）运用 29 个国家 1966—1990 年的数据、28 个国家 1970—1990 年两组面板数据，采用随机前沿方法进行估计，结果表明，发达国家和发展中国家的金融深化可以降低生产的无效率，但在发达国家这种作用更大一些。阿里斯蒂斯等（Arestis et al.，2006）利用非参数随机前沿方法研究金融发展与经济增长之间的关系，结果表明，金融发展通过改进技术效率从而提高全要素生产率来促进经济增长，但在 OECD 国家，金融发展与技术效率低的国家存在较弱的负相关关系，而与技术效率高的国家存在着较强的正相关关系；对于非 OECD 国家，金融发展对技术效率有稳健的正面影响。

二　全要素生产率的研究进展

（一）全要素生产率的内涵界定

全要素生产率（Total Factor Productivity，TFP）是指所生产的产出与所需投入的比率①，全要素生产率的本质仍是生产率，用于衡量经济单元的生产效率。② 生产率按衡量投入要素的范围大小不同可以分为单要素生产率和多要素生产率。③ 在单一投入和单一产出的情况下，生产率的测算表示为投入产出比。④ 因此，在早期的一些文献中，生产率的概念主要是指劳动生产率（此时将劳动作为唯一投入要素）。但在现实生活中，投入要素除劳动以外还包括有形资本等其他可观测要素资源。⑤ 因而，早期文献使用劳动生产率度量生产率会产生较大的偏差。⑥

在实际研究中，一些文献混淆了全要素生产率与全要素生产率增长率的内涵，主要表现在以下两个方面：一是将全要素生产率增长率与全要素生产率混为一谈，主要表现在将增长核算中的索洛余值等同于全要素生产率；二是一些实证研究中直接利用全要素生产率指标比较分析经济增长中的效率差异及其动态变化，而经济增长效率的动态变化使用全要素生产率增长率指标来衡量更为合理。⑦ 全要素生产率是单位（全要

---

① 苏洪：《中国全要素生产率测算比较及增长源泉研究》，博士学位论文，重庆大学，2016年，第9页。
② 蔡跃洲、付一夫：《全要素生产率增长中的技术效应与结构效应——基于中国宏观和产业数据的测算及分解》，《经济研究》2017年第1期。
③ 苏洪：《中国全要素生产率测算比较及增长源泉研究》，博士学位论文，重庆大学，2016年，第9页。
④ 蔡跃洲、付一夫：《全要素生产率增长中的技术效应与结构效应——基于中国宏观和产业数据的测算及分解》，《经济研究》2017年第1期，第73页。
⑤ 李平：《提升全要素生产率的路径及影响因素——增长核算与前沿面分解视角的梳理分析》，《管理世界》2016年第9期，第2页。
⑥ 蔡跃洲、付一夫：《全要素生产率增长中的技术效应与结构效应——基于中国宏观和产业数据的测算及分解》，《经济研究》2017年第1期，第73页。
⑦ 李福柱、杨跃峰：《全要素生产率增长率的测算方法应用述评》，《济南大学学报》（社会科学版）2013年第2期。

素）投入的产出，表征的是投入的产出效率[1]；而全要素生产率增长率指的是扣除资本投入和劳动投入的贡献以外，其他所有能够实现经济增长的因素贡献的总和。因此，对全要素生产率测算时，一般是指对全要素生产率增长率进行测算。[2]

（二）全要素生产率理论的发展历程

1. 萌芽阶段

18世纪后半期之前，虽然不同程度地涉及生产率问题，但并没有提出规范化的生产率概念。[3] 1766年，魁奈（Quesnay）首次规范地提出了生产率概念。此后，生产率概念日趋规范化[4]，但这些规范化研究仅仅限于单要素生产率方面的研究，单要素生产率方面的研究是指仅对一种生产要素的投入产出进行分析，没有全面反映生产率的综合水平及其变化情况。[5]

由于在实际生产过程中往往同时使用多种投入要素，因此，仅度量单要素的生产率就存在着一定的局限性。为了更好地度量生产率，生产率方面的研究开始转向多要素生产率的研究方面，主要标志是1954年海勒姆·戴维斯（Hiram Davis）首次明确提出了多要素生产率的内涵。在1954年以前，关于生产率的研究主要集中在单要素生产率的研究方面，且主要集中在劳动生产率的研究方面。因而，在早期的一些文献中，生产率的概念与劳动生产率的概念是等同的。1954年，海勒姆·戴维斯之后，丹尼森（Denison, 1962）、乔根森（Jorgenson, 1967）等许多经济学家开始致力于多要素生产率方面的研究，并取得了丰硕的成果。

---

[1] 李平：《提升全要素生产率的路径及影响因素——增长核算与前沿面分解视角的梳理分析》，《管理世界》2016年第9期，第2页。

[2] 苏洪：《中国全要素生产率测算比较及增长源泉研究》，博士学位论文，重庆大学，2016年，第16页。

[3] 金剑：《生产率增长测算方法的系统研究》，博士学位论文，东北财经大学，2008年，第8页。

[4] 同上。

[5] 胡晓琳：《中国省际环境全要素生产率测算、收敛及其影响因素研究》，博士学位论文，江西财经大学，2016年，第16页。

2. 形成阶段

全要素生产率理论的形成始于索洛（1957）的新古典经济增长理论模型。索洛（1957）在前人研究的基础上，通过建立规模报酬不变的总量生产函数和增长方程，并通过增长方程得到索洛余项，索洛余项即是全要素生产率增长率，但索洛（1957）将索洛余项对经济增长的贡献全部归结为外生的技术进步。

索洛（1957）提出的索洛余值法测算全要素生产率增长率是全要素生产率理论形成的标志。在索洛（1957）之前，廷伯格（Tinberger，1942）提出了全面反映生产率的指标全要素生产率，把产出作为劳动投入、资本和时间的函数。施蒂格勒（Stigler，1947）首次测算了美国制造业的全要素生产率。在索洛（1957）之后，丹尼森（1962）进一步发展了索洛余值的测算方法，将投入要素分类进一步细化。乔根森（1967）在生产率理论和测度方法领域做出了突出贡献，其研究方法不但采用超越对数生产函数形式解释生产率的变动，而且把资本投入和劳动力投入分解为质量和数量两部分。

3. 发展阶段

全要素生产率理论随着经济增长理论的发展而不断发展，自索洛（1957）开创索洛余值法测算全要素生产率之后，关于全要素生产率理论的研究主要集中在全要素生产率测算的精度上。[①]

索洛余值法测算全要素生产率存在的暗含假设是：经济体中所有的生产者都以最优的生产效率进行生产。但在实际生产中，由于无法获得经济体所有生产者最优效率生产的产量数据，一般都采用实际产量数据作为样本来进行参数估计。而实际产量数据与最优产量数据之间存在差距，导致估计的生产函数与理论上的生产函数之间存在着误差，进而使测算的全要素生产率与实际全要素生产率之间存在着偏误。产生这种误差的原因在于，理论上所期望的一定投入要素组合与最大产出量之间关系的生产函数为边界生产函数或前沿生产函数，而以实际数据为样本估

[①] 李征：《中国区域全要素生产率演变研究》，博士学位论文，吉林大学，2016年，第24页。

计的生产函数，估算的产量有可能在边界生产函数的上方，也有可能在边界生产函数的下方。①

为了改进测量误差的影响，Farrell（1957）首次提出了前沿面生产函数概念，前沿面生产函数的所有观测点要么在生产前沿面上，要么位于生产前沿面的下方。前沿面生产函数是利用等产量线衡量不同经济单位相对投入的产出效率。生产前沿面代表技术上的最高水平，前沿面上的投入产出组合技术最具效率，且距离等产量线越近的组合，相对技术效率越高。② 按照是否可以设定函数表达式，生产前沿面测算全要素生产率增长率可以分为数据包络法（DEA）和随机前沿分析法（SFA）。DEA法利用数学规划，将表征相对效率的距离函数测算转换为线性规划目标函数的求解过程，DEA法不涉及生产函数的设定，也不涉及任何参数的估计，因此，数据包络法也被称为非参数方法；SFA法需要设定具体的函数形式，通过在生产函数中引入随机扰动项，随机扰动项被分成表示各种随机因素对前沿生产面影响的误差项以及衡量非技术效率的单边误差项。③ DEA法的优点是，不需要考虑投入和产出的生产函数形态，且投入产出变量的权重由数学规划模型自动产生，不受人为主观因素的影响；该方法的缺点是，易受到随机因素的影响。SFA法从一定程度上消除了随机因素对前沿生产函数的影响；SFA法的缺点是，设定的生产函数估计的参数太多，且生产函数中的一些二次项无法从经济学角度给出合理的解释。④ 近年来，EDA法和SFA法被广泛应用于全要素生产率的测量研究，从而使全要素生产率的测算结果更加客观准确，测量结果也更加接近经济现实。⑤

无论是基于参数的SFA方法还是基于非参数的DEA方法测算全要

---

① 金剑：《生产率增长测算方法的系统研究》，博士学位论文，东北财经大学，2008年，第33页。
② 蔡跃洲、付一夫：《全要素生产率增长中的技术效应与结构效应——基于中国宏观和产业数据的测算及分解》，《经济研究》2017年第1期，第73页。
③ 同上。
④ 段文斌、尹向飞：《中国全要素生产率研究评述》，《南开经济研究》2009年第2期。
⑤ 李征：《中国区域全要素生产率演变研究》，博士学位论文，吉林大学，2016年，第5页。

素生产率,都忽略了全要素生产率是多种因素影响的综合,但现有的参数估计方法只注重主要影响因素,从而导致全要素生产率测算的偏误[1];另外,参数方法具有较高的精确程度,但适用性较差,不能处理较为复杂的经济现象;非参数方法有较强的适用性,可以应用于许多参数计量经济模型无法解决问题的情形,但其估计结果难以用于外延预测和分析。[2] 基于此,奥利和帕克斯(Olley and Pakes,1996)开创了全要素生产率测算的半参数估计。半参数模型融合了参数回归模型和非参数回归模型,它既含有参数分量又含有半参数分量,在用于受到各种确定性和不确定性因素影响的生产率增长测算时具有更强的适应性,其拟合效果明显优于其他参数估计方法。[3]

4. 成熟阶段

随着社会经济的不断进步,环境保护和资源节约逐渐成为人们的关注点。基于此,许多经济研究者开始将资源环境因素纳入传统的生产率模型中,考虑环境因素的全要素生产率理论开始成为研究的热点。[4]

对于环境全要素生产率方面的研究,早期的一些文献将资源环境因素作为投入变量纳入模型分析中,这种处理方法易导致全要素生产率增长率测算出现偏误。[5] 主要原因在于环境因素中有"好"的也有"坏"的环境因素,"坏"的环境因素是一种"非期望产出"。因而,将环境因素作为投入要素直接纳入分析框架存在着一定的缺陷。有鉴于此,胡晓琳(2016)将能源要素作为与劳动、资本并列的生产投入要素,将环境污染作为非期望产出测算环境全要素生产率。[6]

(三)全要素生产率增长率的测算方法

全要素生产率增长率的测算方法最早可追溯到索洛(1957)的新

---

[1] 金剑、蒋萍:《生产率增长测算的半参数估计方法:理论综述和相关探讨》,《数量经济技术经济研究》2009年第9期,第23页。

[2] 同上书,第23页。

[3] 同上书,第27页。

[4] 胡晓琳:《中国省际环境全要素生产率测算、收敛及其影响因素研究》,博士学位论文,江西财经大学,2016年,第17页。

[5] 同上。

[6] 同上。

古典经济增长模型，索洛（1957）将产出增长分解为投入增长和余值增长两个部分。[①] 按照索洛（1957）的经济增长理论，余值增长部分就是全要素生产率增长率，索洛余值自此成为国内外学者测算全要素生产率增长率的基本方法。[②] 目前，现有文献关于全要素生产率增长率的核算方法主要有三种[③]：第一种是增长核算法，主要通过索洛余值的核算方法来计算全要素生产率增长率；第二种方法为非参数方法，如指数法、DEA—Malmquist 生产率指数法；第三种方法为参数法。参数测算全要素生产率增长率的方法主要从异质性和内生性两个方面对传统的 OLS 方法进行扩展[④]，主要包括三类：一是随机前沿分析法；二是从如何缓解内生性问题演化出工具变量法（IV）、广义矩估计（GMM）[⑤]；三是半参数法，如 OP、LP 等半参数生产率增长测算方法。[⑥]

1. 索洛余值法

索洛在假定规模报酬不变、技术是中性的前提下，假设总量生产函数为：

$$Q = A(t)f(K, L)$$

将上式对时间 t 进行全微分，等式两边同时除以 Q，可以得到：

$$\frac{\Delta Q}{Q} = \frac{\Delta A}{A} + A\frac{\partial f}{\partial K}\frac{\Delta K}{Q} + A\frac{\partial f}{\partial L}\frac{\Delta L}{Q}$$

在上式中，Δ 表示增加量，$\frac{\Delta Q}{Q}$ 表示经济增长率。假定 α、β 分别表示资本和劳动投入的产出弹性，根据总量生产函数，可得：

$$\frac{\partial Q}{\partial K} = A\frac{\partial f}{\partial K};\ \frac{\partial Q}{\partial L} = A\frac{\partial f}{\partial L}$$

根据弹性的定义，可知：

---

① 田友春、卢盛荣、靳来群：《方法、数据与全要素生产率测算差异》，《数量经济技术经济研究》2017 年第 12 期，第 22 页。
② 同上。
③ 同上。
④ 同上书，第 24 页。
⑤ 同上。
⑥ 余泳泽：《异质性视角下中国省际全要素生产率再估算：1978—2012》，《经济学》（季刊）2017 年第 3 期，第 1053 页。

$$\alpha = \frac{\partial Q}{\partial K}\frac{K}{Q}; \quad \beta = \frac{\partial Q}{\partial L}\frac{L}{Q}$$

将 $\alpha = \frac{\partial Q}{\partial K}\frac{K}{Q}$、$\beta = \frac{\partial Q}{\partial L}\frac{L}{Q}$ 代入全微分表达式，可得：

$$\frac{\Delta Q}{Q} = \frac{\Delta A}{A} + \alpha\frac{\Delta K}{K} + \beta\frac{\Delta L}{L}$$

将上式进行变形，可得：

$$\frac{\Delta A}{A} = \frac{\Delta Q}{Q} - \alpha\frac{\Delta K}{K} - \beta\frac{\Delta L}{L}$$

$\frac{\Delta Q}{Q}$ 就是全要素生产率增长率，它是扣除资本产出的变化和劳动产出的变化后的剩余部分，也被称为索洛余值。索洛余值代表的是实际产出增长率与实际要素投入增长率之差，是所有投入要素产出效率整体提升的结果，索洛余值的测算开启了全要素生产率测算的先河。[1]

利用索洛余值法测算全要素生产率时，存在着如下三点不足[2]：一是利用索洛余值法进行全要素生产率的测算时需要设置函数形式，而函数形式设置及函数参数估计的正确与否对全要素生产率的估算具有较大影响。现有文献利用索洛余值法测算全要素生产率时，设置的总量生产函数形式有柯布—道格拉斯（Cobb-Douglas）生产函数（C—D 生产函数）、CES（Constant Elasticity Substitutions）生产函数、超越对数的生产函数。相对来说，CES 生产函数、超越对数生产函数需要估计的参数较多，容易产生多重共线问题，从而导致出现估计偏误。[3] 利用 C—D 生产函数测算全要素生产率时也存在着参数的估计问题，现有文献对于 C—D 生产函数的参数估计方法主要有经验估计法、比值法和回归法。经验估计法一般采取经验估计参数，存在一定的主观随意性。[4] 比值法

---

[1] 李平：《提升全要素生产率的路径及影响因素——增长核算与前沿面分解视角的梳理分析》，《管理世界》2016 年第 9 期，第 2 页。
[2] 段文斌、尹向飞：《中国全要素生产率研究评述》，《南开经济研究》2009 年第 2 期。
[3] 苏洪：《中国全要素生产率测算比较及增长源泉研究》，博士学位论文，重庆大学，2016 年，第 30 页。
[4] 段文斌、尹向飞：《中国全要素生产率研究评述》，《南开经济研究》2009 年第 2 期，第 132 页。

是通过用资本（劳动力）在要素总成本中所占比重来近似资本（劳动力）的产出弹性，或者资本（劳动力）在要素总产出中所占比重来近似资本（劳动力）的产出弹性，这种方法成立的前提条件是完全竞争、利润最大化和规模报酬不变。① 回归法较经验估计法在参数估计方面更贴近实际，但忽略了经济体系是动态时变的，要正确估计生产函数中的参数，必须通过生产要素需求的联立方程体系，而不是一个单方程的简单回归分析。② 二是将技术进步看作外生变量。索洛（1957）将索洛余值归结为技术进步，并且这种技术进步由所考虑的经济系统以外的因素决定，因而这种技术进步不需要新投入，但在现实中技术进步的发生是以一定的资本积累或一定的资本密集程度为前提的。③ 三是测算的全要素生产率增长率被当作残差对待，也不能将全要素生产率增长率从整个索洛余值中分离开来。④ 乔根森和格里利切斯（Jorgenson and Grilliches, 1967）认为，运用索洛余值法测算的索洛余值部分既包括全要素生产率增长率也包含估计误差，并且索洛余值法无法将全要素生产率增长率与误差分离开来。⑤ 因而，采用索洛余值法测算的全要素生产率增长率存在着较大局限性。

针对索洛余值法测算全要素生产率增长率存在的不足，丹尼森（1962）将索洛余值法进行了拓展，主要是把索洛（1957）投入要素进行了更加细化的分类。丹尼森（1962）认为，索洛余值法在核算全要素生产率增长率时，由于未考虑到要素投入的异质性影响，导致核算的全要素生产率增长率偏大。丹尼森（1962）将资本要素分为住宅建筑和住宅土地、非住宅建筑和设备、非住宅土地及存货，将劳动要素按年

---

① 段文斌、尹向飞：《中国全要素生产率研究评述》，《南开经济研究》2009 年第 2 期，第 132 页。
② 同上。
③ 同上。
④ 同上书，第 133 页。
⑤ 徐杰：《中国全要素生产率的估算及其对经济增长的贡献研究》，博士学位论文，昆明理工大学，2010 年，第 9 页。

龄、性别、就业、教育程度、工时进行分类。[1] 通过将投入要素分类，丹尼森（1962）将索洛余值中包含的因素分为规模经济效应、资源配置的改进和组织管理改善、知识上的延时效应以及资本和劳动质量的提升[2]，从而推动了核算全要素生产率增长率的发展。在丹尼森（1962）研究的基础上，乔根森和格里利切斯（1967）充分考虑资本和劳动的异质性，以工资率和资本租赁价格作为计算劳动与资本投入不同类别的权数，并分别估算了资本和劳动投入中数量增长和质量增长对经济增长的贡献。[3]

2. 指数法

指数法是一种基于非参数测算全要素生产率增长率的一种分析方法，其基本思想是用产出指数与投入要素加权之比来测算全要素生产率指数。[4] 目前，现有文献中关于指数法全要素生产率增长率的方法有 Laspeyres 指数法、Fisher 指数法、Divisia 指数和 Tornqvist 指数。指数法的优点是不需要设定函数形式，同时计算量也很小，指数法只需要价格和数量指标，就可以进行计算，但是，如果价格数据是不可靠的或不可得到，则不能用指数法来测算全要素生产率。指数法测算全要素生产率的基本思想如下[5]：

假定生产中资本要素的投入为 K_t，劳动要素的投入为 L_t，资本要素的价格为 w_t，劳动的价格即工资为 r_t，生产的产品价格为 P_t，产量为 Q_t。假定市场是完全竞争的并且规模收益不变，那么此时总产出等于总成本，即：

$$P_t Q_t = K_t r_t + w_t L_t$$

但在实际生产中，受技术进步等因素的影响，总产出等于技术进步

---

[1] 崔传斌：《全要素生产率国外研究文献综述》，《未来与发展》2010年第10期，第98页。

[2] 同上。

[3] 徐杰：《中国全要素生产率的估算及其对经济增长的贡献研究》，博士学位论文，昆明理工大学，2010年，第11页。

[4] 郭庆旺、贾俊雪：《中国全要素生产率的估算：1979—2004》，《经济研究》2005年第6期，第52页。

[5] 同上。

与总成本的乘积。因此，可以得到如下关系式：

$$P_0 Q_t = TFP_t(K_t r_0 + w_0 L_t)$$

式中，r_0、w_0、P_0 分别表示基期的资本价格、劳动价格和产品价格，将上式进行变形，可得：

$$TFP_t = \frac{P_0 Q_t}{r_0 K_t + w_0 L_t}$$

3. DEA – Malmquist 生产率指数法

全要素生产率测算的非参数 DEA——Malmquist 指数法，是基于非参数的 DEA 模型构建的生产前沿和基于 DEA 距离函数构造的 Malmquist 生产率指数的整合[1]，其基本思想是通过使用非参数 DEA 模型构建生产前沿面，并基于 DEA 距离函数构造 Malmquist 生产率指数。[2] DEA 方法将企业（决策单元）的效率定义为产出与加权投入之比，其实质是每个企业单位产出的投入与其余所有企业相应投入的线性组合相比较。查尼斯、库珀和罗德斯（Charnes, Cooper and Rhodes, 1978）最早提出规模报酬不变情况下的 DEA 方法。[3] 由于规模报酬不变的假设条件不符合实际经济情况，班克、查尼斯和库珀在查尼斯、库珀和罗德斯（1978）研究的基础上提出了规模报酬可变的 BCC 模型。与 CCR 模型相比，BCC 模型能够将纯技术效率和规模效率区分开来。[4]

非参数 DEA 模型本质上是一种静态效率分析，而全要素生产率的变动则需要借助动态效率分析方法来考察。[5] Farrell（1957）在德布勒和库普曼斯（Debreu and Koopmans, 1951）的基础上，提出了可以动态测度出多种投入要素的厂商效率的方法。1994 年，Färe、Grosskopf 和 Norris 等（1994）建立了用来考察全要素生产率的 Malmquist 生产率指

---

[1] 李征：《中国区域全要素生产率演变研究》，博士学位论文，吉林大学，2016 年，第 38 页。

[2] 同上。

[3] 柳荻、尹恒：《企业全要素生产率估计新方法——全要素生产率估计的结构方法及其应用》，《经济学动态》2015 年第 7 期，第 137 页。

[4] 李建勇、杨海波、彭维瀚：《新常态下我国信托业发展有效率吗——基于利率市场化创新驱动视角的实证分析》，《财经研究》2016 年第 11 期，第 39 页。

[5] 李征：《中国区域全要素生产率演变研究》，博士学位论文，吉林大学，2016 年，第 40 页。

数，运用 Shephard 距离函数将全要素生产率变化分解为技术变动和技术效率的变动，DEA—Malmquist 生产率指数法是一种最常用的非参数前沿效率分析方法，目前此法已经成为一种与传统计量经济方法并驾齐驱的投入产出效率的研究方法。Färe、Grosskopf 和 Norris 等（1994）定义基于产出的 Malmquist 生产率变化指数如下：

$$m_o(y_{t+1}, x_{t+1}, y_t, x_t) = \left[\frac{d_o^t(x_{t+1}, y_{t+1})}{d_o^t(x_t, y_t)} \times \frac{d_o^{t+1}(x_{t+1}, y_{t+1})}{d_o^{t+1}(x_t, y_t)} \right]^{1/2}$$

此表达式阐述了生产点（x_{t+1}，y_{t+1}）相对于生产点（x_t，y_t）的生产率，如果计算的值大于 1 则表示从时期 t 到时期 t+1 有正的生产率的增长。实际计算出的生产率是以两个产出为基础的 Malmquist 生产率指数的几何平均值。其中，一个是第 t 期的技术，另外一个用到 t+1 期的技术，计算上述生产率变化的指数，需要通过求解四个线性规划问题计算四个成分距离函数。在规模报酬不变的条件下，计算 $d_o^t(x_t, y_t)$ 需用到基于产出的不变规模报酬线性规划问题。

$$[d_o^t(x_t, y_t)]^{-1} = \text{Max}_{\phi,\lambda} \phi$$

$$-\phi y_{it} + Y_t \lambda \geq 0$$

$$x_{it} - X_t \lambda \geq 0$$

$$\lambda \geq 0$$

同理，可以求其他三个距离函数的线性规划，Caves、Christensen 和 Diewert（1982）利用 t 和 t+1 时期的产出距离的比率计算 Malmquist 生产率指数。Malmquist 生产率指数的分解是基于产出的，Wu、Walker 和 Devadoss 等（2001）的基本做法是，考虑 K 个观察值，每个观察值在 t 时期使用 N 种要素生产 S 种产出，根据 Shephard 的定义，t 时期的产出距离函数为：

$$D^t(x^t, y^t) = \inf\{\theta: (x^t, y^t/\theta) \in I^t, \theta \geq 0\}$$

$$= [\sup\{\theta: (x^t, \theta y^t) \in I^t, \theta \geq 0\}]^{-1}$$

在这里，inf(sup) 算子可以找到数据的上确界或下确界，θ 是数量指标，x^t 和 y^t 是 t 时期的投入和产出向量。I^t 表示 t 时期的技术水平。距离函数 $D^t(x^t, y^t)$ 是 Farrell 计算的技术效率的倒数，它测算了产出向量 y 最大的可行的半径扩张，给定要素投入向量能生产出的产量。下面给出 Wu、Walker 和 Devadoss 等（2001）的求解方法总结，具体情况见表 1-1。

表 1-1　　　　　　距离函数和相对应的线性规划模型

模型 1	模型 2	模型 3
$[D^t(x_{ik}^t, y_k^t \mid_{CRTS})]^{-1}$ $\underset{(z,\theta)}{\text{Max}}\theta_k$ s.t. $\sum_{k=1}^{K} x_{ik}^t z_k^t - x_{ik}^t \leq 0, \forall i$ $\sum_{k=1}^{K} y_k^t z_k^t - \theta_k y_k^t \geq 0$ $z_k \geq 0,\ \theta_k$ 取任意值	$[D^{t+1}(x_{ik}^{t+1}, y_k^{t+1} \mid_{CRTS})]^{-1}$ 如模型 1，只不过上标 t 改成 t+1	$[D^t(x_{ik}^{t+1}, y_k^{t+1} \mid_{CRTS})]^{-1}$ $\underset{(z,\theta)}{\text{Max}}\theta_k$ s.t. $\sum_{k=1}^{K} x_{ik}^t z_k^t - x_{ik}^t \leq 0, \forall i$ $\sum_{k=1}^{K} y_k^t z_k^t - \theta_k y_k^t \geq 0$ $z_k \geq 0,\ \theta_k$ 取任意值
$[D^{t+1}(x_{ik}^t, y_k^t \mid_{CRTS})]^{-1}$ 模型 3 的上标 t 和 t+1 互换	$[D^t(x_{ik}^t, y_k^t \mid_{VRTS})]^{-1}$ 模型 1 加上 $\sum_{k=1}^{K} z_k^t - 1 = 0$	$[D^{t+1}(x_{ik}^{t+1}, y_k^{t+1} \mid_{VRTS})]^{-1}$ 模型 2 加上 $\sum_{k=1}^{K} z_k^{t+1} - 1 = 0$
模型 7	模型 8	
$[D^t(x_{ik}^{t+1}, y_k^t \mid_{CRTS})]^{-1}$ $\underset{(z,\theta)}{\text{Max}}\theta_k$ s.t. $\sum_{k=1}^{K} x_{ik}^t z_k^t - x_{ik}^{t+1} \leq 0, \forall i$ $\sum_{k=1}^{K} y_k^t z_k^t - \theta_k y_k^t \geq 0$ $z_k \geq 0,\ \theta_k$ 取任意值	$[D^{t+1}(x_{ik}^{t+1}, y_k^t \mid_{CRTS})]^{-1}$ $\underset{(z,\theta)}{\text{Max}}\theta_k$ s.t. $\sum_{k=1}^{K} x_{ik}^{t+1} z_k^{t+1} - x_{ik}^{t+1} \leq 0, \forall i$ $\sum_{k=1}^{K} y_k^{t+1} z_k^{t+1} - \theta_k y_k^t \geq 0$ $z_k \geq 0,\ \theta_k$ 取任意值	

注：表中 θ 表示效率水平的数量，x_{ik} 表示第 k 地区实际使用的第 i 种要素的数量，y_k 表示第 k 地区的实际产出，z 表示 a 个 k 维待估计的密集型向量，CRTS 表示规模报酬不变，VRTS 表示可变规模报酬。

资料来源：Wu, Walker and Devadoss et al., "Productivity Growth and Its Components in Chinese Agriculture after Reforms", *Review of Development Economics*, 2001, 5 (3): 378。

Färe、Grosskopf 和 Norris 等（1994）利用两个时期的投入产出数据和与各个时期技术有关的距离函数的比值将 Malmquist 生产率指数变化变化定义为 M^t、M^{t+1} 的几何值，用 $M(x^{t+1}, y^{t+1}, x^t, y^t)$ 表示，则：

$$M(x^{t+1}, y^{t+1}, x^t, y^t) = \left[\frac{D^t(x^{t+1}, y^{t+1})}{D^t(x^t, y^t)} \times \frac{D^{t+1}(x^{t+1}, y^{t+1})}{D^t(x^t, y^t)} \right]^{\frac{1}{2}}$$

因此，Malmquist 生产率变化指数可以改写成：

$$M(x^{t+1}, y^{t+1}, x^t, y^t) = \left[\frac{D^t(x^{t+1}, y^{t+1})}{D^{t+1}(x^{t+1}, y^{t+1})} \times \frac{D^t(x^t, y^t)}{D^{t+1}(x^t, y^t)} \right]^{\frac{1}{2}} \times$$

$$\left[\frac{D^{t+1}(x^{t+1}, y^{t+1})}{D^t(x^t, y^t)} \right]$$

$$= TC \times EC$$

技术变化（TC）表示两个距离函数比率的几何平均值，代表 t 时期和 t+1 时期产出观察值的移动。效率变化（EC）用两个距离函数的比率测算，表示每年实际产出与最佳前沿距离的变化。效率变化又可以进一步分解为规模效率变化（SC）和纯效率变化（PC），SC 测量从 t 时期到 t+1 时期时，从不变规模报酬前沿变化到可变规模报酬前沿比率的变化，PC 是可变规模报酬前沿效率的变化。效率变化的分解过程如下：

$$EC = \left[\frac{D^t(x^t, y^t \mid_{VRTS})}{D^t(x^t, y^t \mid_{CRTS})} \times \frac{D^{t+1}(x^{t+1}, y^{t+1} \mid_{CRTS})}{D^{t+1}(x^{t+1}, y^{t+1} \mid_{VRTS})} \right] \times$$

$$\left[\frac{D^{t+1}(x^{t+1}, y^{t+1} \mid_{VRTS})}{D^t(x^t, y^t \mid_{VRTS})} \right]$$

$$= SC \times PC$$

DEA - Malmquist 生产率指数法的优点是无须对生产函数进行假定，无须对无效率项的分布进行假定，其方法是利用决策单元的实际观测数据，运用线性规划技术将决策单元组合，构造最佳实践前沿面，并由此来评估决策单元的相对效率。缺点是没有考虑随机误差的影响，从而最终会影响前沿面上的效率数值。

4. 关于参数的随机前沿法

参数的随机前沿方法首先是由 Aigner、Lovell 和 Schmidt（1977）、

Meeusen 和 Broeck（1977）分别独立提出的，Aigner、Lovell 和 Schmidt，Meeusen 和 Broeck 等为了更准确地描述生产者行为，把生产无效率（不能达到生产可能性边界）归结为受随机扰动和技术非效率两个因素影响，从而开创了随机前沿方法的先河，根据 Kumbhakar 和 Lovell （2000）的总结，随机前沿生产函数模型的一般形式可以表示如下：

$$y_{it} = f(x_{it}, t; \beta) \exp(v_{it} - u_{it})$$

式中，y_{it} 表示生产者 i 时期 t 的产出；x_{it} 表示投入向量；误差项为复合结构，第一部分 v_{it} 表示观测误差和其他随机因素，第二部分 u_{it} 表示技术非效率所引起的误差。

在随机前沿分析模型中，全要素生产率的组成部分一般包括技术进步和技术效率的提高。技术进步表示同样的要素投入，在技术进步后，能够生产出更多的产出。技术效率的提高意味着生产向前沿靠近。Mieko Nishimizu 和 John M. Page Jr.（1982）提出了全要素生产率分解示意图（见图 1-1）。

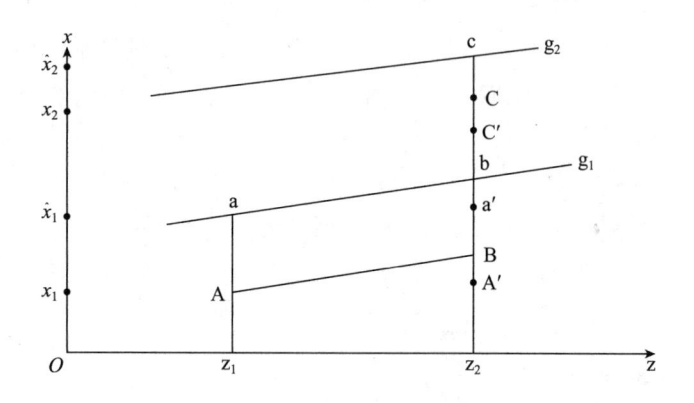

图 1-1　全要素生产率分解示意

资料来源：Mieko Nishimizu and John M. Page Jr., "Total Factor Productivity Growth, Technological Progress and Technical Efficiency Change: Dimensions of Productivity Change in Yugoslavia, 1965-1978", *World Bank Reprint Series*, No. 245, 1982, p. 924.

AC 的垂直距离 A'C 为产出的增长，分解为三部分，A'C = A'B + BC' + C'C。A'B 表示要素增长的贡献，BC' = bc 表示技术进步，C'C =

C′c − Cc = Aa − Cc 表示技术效率的改进。

在 Mieko Nishimizu 和 John M. Page Jr.（1982）研究的基础上，Kumbhakar 和 Lovell（2000）将随机前沿模型分解为四个部分来测算全要素生产率增长率（具体分解的公式推导见第二章）。根据 Kumbhakar 和 Lovell（2000）的方法，全要素生产率增长率可以分解为：

$$\frac{\Delta TFP}{TFP} = \frac{\partial \ln f(X,t)}{\partial t} - \frac{\partial U}{\partial t} + (RTS - 1)\sum_j \lambda_j \frac{\Delta X_j}{X_j} + \sum_j (\lambda_j - s_j)\frac{\Delta X_j}{X_j}$$

式中，$\frac{\Delta TFP}{TFP}$ 表示全要素生产率增长率，$\frac{\partial \ln f(X,t)}{\partial t}$ 表示技术进步变化率，$\frac{\partial U}{\partial t}$ 表示技术效率变化率，$(RTS-1)\sum_j \lambda_j \frac{\Delta X_j}{X_j}$ 表示规模经济效应变化率，$\sum_j (\lambda_j - s_j)\frac{\Delta X_j}{X_j}$ 表示资源配置效率变化率。即全要素生产率的增长率可以分解为前沿技术进步变化率、技术效率变化率、规模经济效应变化率和资源配置效率变化率，通过将随机前沿模型进行分解，可以分别测算出前沿技术进步变化率、技术效率变化率、规模经济效应变化率和资源配置效率变化率，进而测算出全要素生产率增长率。

5. 非参数混合径向 EBM 和 Malmquist—Luenberger 指数法

随着资源和环境因素对经济增长的约束增强，考虑资源和环境约束的全要素生产率测算方法逐渐成为研究的热点，Tone 和 Tsutsui 于 2010 年开创性地提出了包含径向与非径向两类距离函数的混合模型——EBM（Epsilon－Based Measure）模型，来弥补传统的 DEA 模型和 SBM 模型在测算考虑环境和资源约束的全要素生产率中的缺陷。[①] EBM 模型主要表达式如下：

$$\gamma^* = \min\theta - \varepsilon_x \sum_{i=1}^{m} \frac{\omega_i^- s_i^-}{x_{ik}}$$

$$s.t. \sum_{j=1}^{n} x_{ij}\lambda_j + s_i^- = \theta x_{ik}, i = 1,\cdots,m$$

[①] 胡晓琳：《中国省际环境全要素生产率测算、收敛及其影响因素研究》，博士学位论文，江西财经大学，2016 年，第 37 页。

$$\sum_{j=1}^{n} y_{rj}\lambda_j \geq y_{rk}, r = 1,\cdots,s$$

$$\lambda_j \geq 0, s_i^- \geq 0$$

式中，γ^* 表示最佳效率值；x_{ik} 和 y_{rk} 分别表示第 k 个决策单元的第 i 种投入和第 r 种产出；m 和 s 分别表示投入与产出的数量；λ 为决策单元的线性组合系数；θ 为径向部分的规划参数；s_i^- 表示第 i 个投入要素的松弛变量；ω_i^- 表示各项投入指标的相对重要程度，并且满足 $\sum_{i=1}^{m}\omega_i^- = 1(\omega_i^- \geq 0)$；$\varepsilon_x$ 是一个联系径向和非径向松弛条件的关键参数，并且满足 $0 \leq \varepsilon_x \leq 1$。考虑到非期望产出的问题，将上式扩展为非导向的、非期望产出的 EBM 模型①，则上式可以变化为：

$$\gamma^* = \min \frac{\theta - \varepsilon_x \sum_{i=1}^{m}\frac{\omega_i^- s_i^-}{x_{ik}}}{\varphi + \varepsilon_y \sum_{r=1}^{s}\frac{\omega_r^+ s_r^+}{y_{rk}} + \varepsilon_b \sum_{p=1}^{q}\frac{\omega_p^{b-} s_p^{b-}}{b_{tk}}}$$

$$\text{s.t.} \sum_{j=1}^{n} x_{ij}\lambda_j + s_i^- = \theta x_{ik}, i = 1,\cdots,m$$

$$\sum_{j=1}^{n} y_{rj}\lambda_j - s_r^+ = \varphi y_{rk}, r = 1,\cdots,s$$

$$\sum_{p=1}^{n} b_{ij}\lambda_j + s_p^{b-} = \varphi b_{tk}, p = 1,\cdots,q$$

$$\lambda_j \geq 0, s_i^-, s_r^+, s_p^{b-} \geq 0$$

式中，b_{tk} 表示第 k 个决策单元的第 t 种非期望产出；s_r^+ 和 s_p^{b-} 分别表示第 r 种期望产出和第 p 种非期望产出的松弛变量；ω_r^+ 和 ω_p^{b-} 分别表示第 r 种期望产出和第 p 种非期望产出指标的权重。② Malmquist—Luenberger 指数是 Zofio 于 2007 年在 Malmquist 指数分解方法基础上，进一步将技术进步分解为纯技术变化和规模技术变化。

从以上分析中可以看出，全要素生产率增长率的测算方法都或多或

---

① 胡晓琳：《中国省际环境全要素生产率测算、收敛及其影响因素研究》，博士学位论文，江西财经大学，2016 年，第 38 页。

② 同上。

少存在不足,主要表现在要素度量的不准确和模型本身的缺陷,而要提高全要素生产率测算的精度,需要从改进度量投入要素、改进测算方法等方面进行展开。① 在改进度量投入要素方面,要强化投入要素的质量和数量之间的关系,注重投入要素的异质性关系,在实际研究过程中,不能不加区别地度量投入要素。在测算全要素生产率的方法方面,要注重投入要素的内生化方面的研究,将动态研究与静态研究相结合,以及一些测算方法的融合。②

(四) 我国全要素生产率方面的研究进展及简要评述

我国对生产率的研究始于20世纪50年代,但当时的研究主要局限于劳动生产率,1978年后开始吸收国外的研究成果,并对我国全要素生产率的研究,取得了一些重大的研究成果。国内学者在全要素生产率的研究方面,主要体现在如下四个方面:

1. 关于总体全要素生产率研究

克鲁格曼(1994)认为,东亚国家和地区的经济增长,主要依靠资本积累和劳动力投入,而不是全要素生产率增长。③ 依据边际报酬递减规律,东亚国家和地区的经济增长是不可持续的。克鲁格曼(1994)关于经济增长模式和全要素生产率问题引起了国内外学者的广泛关注,在此影响下,我国越来越多的学者加入到全要素生产率方面的研究中。如沈坤荣(1997)对中国总的全要素生产率进行了研究,其采用索洛增长核算方法,得出的结论是,中国的全要素生产率对经济增长的贡献是36.97%。关于总体全要素生产率方面的研究,王丽萍(2012)将其划分为三个时间段④:一是2000年之前关于总体全要素生产率方面的研究。此阶段的研究都得出了全要素生产率对中国经济增长的贡献为正值。二是2000—2005年关于总体全要素生产率方面的研究。此阶段研

---

① 段文斌、尹向飞:《中国全要素生产率研究评述》,《南开经济研究》2009年第2期,第138页。
② 同上。
③ 蔡昉:《中国经济增长如何转向全要素生产率驱动型》,《中国社会科学》2013年第1期,第57页。
④ 王丽萍:《我国经济增长模式转变研究——经济增长源泉的角度》,博士学位论文,2012年,南开大学,第28—31页。

究得出的结论是全要素生产率对中国经济增长的贡献为负。因此，判断我国的经济增长模式为要素驱动型增长模式。郭庆旺等（2005）估算了我国1979—2004年的全要素生产率增长率，分析表明，1979—2004年，我国全要素生产率增长率及其对经济增长的贡献率较低，此阶段我国的经济增长主要是要素驱动型，造成我国全要素生产率增长率较低的原因在于技术进步率偏低、技术效率低下和资源配置不合理。[1] 三是2006年以来关于总体全要素生产率方面的研究。相对于前两个阶段的研究，此阶段关于全要素生产率方面的研究更加深入，具体表现在：除了估算全要素生产率，还估算了要素投入的贡献，从而为正确判断我国经济模式提供了参考价值。如吴延瑞（2008）通过分析经济增长的源泉，研究发现，中国的经济增长大部分由要素投入来驱动，全要素生产率增长对我国经济增长的平均贡献为27%。[2]

2. 关于产业和企业层面的全要素生产率研究

在产业层面全要素生产率的研究方面，具体研究了我国三次产业全要素生产率的变化情况。如林毅夫（1987）对中国的农业生产率进行了测度，研究结果表明，中国农业全要素生产率增长的20%应归功于家庭联产承包责任制的实施。邹至庄（1994）认为，中国工业部门的全要素生产率没有表现出增长的趋势，中国工业的增长主要源自生产要素投入的增加，而不是归功于技术进步。李健等（2015）利用非参数的前沿模型，分析我国各地区1998—2011年工业全要素生产率增长率变迁问题，研究结果表明，中国整体工业全要素生产率呈现震荡式的上升，年均增长率为5.2%。[3] 杨向阳等（2006）用非参数Malmquist指数方法分析了我国服务业全要素生产率的增长状况。研究表明，1990—2003年我国服务业全要素生产率平均增长率为0.12%，主要原因是技

---

[1] 郭庆旺、贾俊雪：《中国全要素生产率的估算：1979—2004》，《经济研究》2005年第6期，第51页。

[2] 吴延瑞：《生产率对中国经济增长的贡献：新的估计》，《经济学》（季刊）2008年第3期，第838页。

[3] 李健、卫平、付军明：《中国地区工业生产率增长差异及收敛性研究——基于三投入DEA实证分析》，《产业经济研究》2015年第5期，第21页。

术进步水平的提高,但技术效率下降产生的负面影响也不可忽视。①

在企业层面全要素生产率的研究方面。涂正革等(2005)利用 1995—2002 年的年度企业数据,对中国 37 个两位数企业全要素生产率增长趋势进行了分析,其所用到的方法是随机前沿分析法,研究的主要结论是,行业全要素生产率年均增长率为 6.8%,并呈逐年上升的趋势。苏锦红等(2015)使用 OP 法估算了企业全要素生产率,分析了要素配置效率对企业全要素生产率的影响。实证研究表明,贸易自由化没有促进要素配置效率的明显提高。②

3. 关于区域层面的全要素生产率方面的研究

王志刚等(2006)利用 1978—2003 年省际数据采用超越对数的生产函数的随机前沿模型,对改革开放以来中国区域间的全要素生产率进行了分析,研究结果表明,东部地区的全要素生产率最高,其次是中部地区和西部地区,全要素生差率增长率主要由技术进步率决定。魏婧恬等(2017)利用全国工业企业微观数据,分析制度环境对不同制度依赖性行业的企业全要素生产率的影响。实证研究表明:制度可以显著提升企业的全要素生产率,但对于制度依赖性产业的促进作用更强。③ 闫志俊等(2017)分析政府补贴对企业全要素生产率的影响,实证研究表明:政府补贴对企业生产率的提升产生了显著的负面效应。④

4. 关于全要素生产率收敛性研究

关于全要素生产率收敛性研究是基于经济增长收敛性研究的基础上发展而来的,在全要素生产率收敛性检验方法方面,从 σ 收敛性检验、绝对 β 收敛检验、面板条件 β 收敛检验到空间计量经济分析方法的引

---

① 杨向阳、徐翔:《中国服务业全要素生产率增长的实证分析》,《经济学家》2006 年第 3 期,第 68 页。

② 苏锦红、兰宜生、夏怡然:《异质性企业全要素生产率与要素配置效率——基于 1999—2007 年中国制造业微观数据的实证分析》,《世界经济研究》2015 年第 11 期,第 109 页。

③ 魏婧恬、葛鹏、王健:《制度环境、制度依赖性与企业全要素生产率》,《统计研究》2017 年第 5 期,第 38 页。

④ 闫志俊、于津平:《政府补贴与企业全要素生产率——基于新兴产业和传统制造业的对比分析》,《产业经济研究》2017 年第 1 期,第 1 页。

入，检验方法逐步完善，精准性不断提高。① 余泳泽（2015）在考虑了全要素生产率空间外溢效应的情况下，对我国全要素生产率空间收敛性进行了检验，实证研究表明，我国省际全要素生产率的收敛速度加快，收敛周期缩短，主要得益于规模效率和技术效率的空间收敛。②

综合全要素生产率方面的研究综述可以看出，国内外学者在全要素生产率研究上呈现如下两个特点：

一是在研究对象上呈现出多元化的发展趋势。在研究对象上，全要素生产率研究从开始的产业层面（工业部门、农业部门、服务业）的全要素生产率研究开始向行业层面和区域经济层面转移。在农业全要素生产率研究方面，Fan（1991）的研究结果表明，1965—1985 年中国农业产出增长的 27% 源自技术效率提高的贡献，16% 源自技术进步的贡献。Wu（1995）也得到了基本一致的结论，即改革开放以来，特别是 20 世纪 80 年代前半时期农业生产率显著提高。在中国工业全要素生产率研究方面，Chow（1985）和 Tidrick（1986）认为，改革开放初期，工业全要素生产率呈下降趋势。在中国行业的全要素生产率研究方面，Jefferson 等（1992）通过对中国 293 家企业的研究得出了中国的国有企业在改革开放后全要素生产率有所增长，并且集体企业全要素生产率增长更高。但 Woo 等（1994）的研究却得出了相反的结论，其研究表明，中国国有企业的全要素生产率增长几乎为零。Wu（1995）、Jefferson 等（1996）通过对中间产品投入实际值、非生产性投入进行剔除，得出的中国国有企业的全要素生产率在 20 世纪 80 年代末有下降的趋势。在中国区域全要素生产率研究方面，Fleisher 和 Chen（1997）认为，非沿海区域的生产率低下是造成非沿海地区经济增长速度相对缓慢的主要原因。

二是在研究方法上不断精确。在全要素生产率测算方法的研究中，从开始的采用索洛余值法度量中国的全要素生产率，到更加多样化度量

---

① 胡晓琳：《中国省际环境全要素生产率测算、收敛及其影响因素研究》，博士学位论文，江西财经大学，2016 年，第 24—28 页。

② 余泳泽：《中国省际全要素生产率动态空间收敛性研究》，《世界经济》2015 年第 10 期，第 30 页。

全要素生产率，之所以在研究方法上出现了创新，主要原因在于计量方法上的不断进步，从而使在全要素生产率度量上不断进步。Wang 和 Yao（2003）对全要素生产率测度采用简单的增长核算方法，即索洛余值法；Wu（2003）采用基于参数的随机前沿方法测度了中国区域的全要素生产率；Zheng 和 Hu（2004）采用基于 DEA—Malmqusit 生产率指数法测度全要素生产率。

三　金融发展与全要素生产率关系的研究综述

（一）金融发展影响全要素生产率增长的文献综述：基于理论分析视角

从理论分析来看，现有文献认为，金融具有动员储蓄、优化资源配置、分散风险、缓解技术创新融资约束、监督公司形成公司治理五大金融功能。[1] 通过这五大功能的发挥，金融能够促进金融资源的优化配置和推进技术进步，从而推进一国的全要素生产率增长，促进一国经济的可持续发展。[2] 在动员储蓄与全要素生产率增长关系的研究方面，动员储蓄的功能在新古典理论分析框架下被弱化了，因为新古典增长理论强调资本的边际报酬递减，强调全要素生产率的增长是外生的。在内生增长理论的分析框架下，全要素生产率的增长具有内生性，通过研发资金的投入，能够促进全要素生产率的增长，而金融机构通过动员储蓄，形成资本积累，为研发提供资本支持，从而最终推动全要素生产率的增长。[3]

在优化资源配置的研究方面，Greenwood 和 Jovanovic（1990）认为，金融中介通过收集和分析投资项目的信息，并将资金配置到具有最高期望报酬的项目上，从而促进了全要素生产率的提高，促进了经济增长。Bencivenga 和 Smith（1991）认为，金融中介在经济发展过程中通

---

[1] 姚耀军、曾维洲：《金融发展和全要素生产率：一个文献回顾》，《浙江社会科学》2011 年第 3 期，第 148 页。

[2] 陈志刚、郭帅：《金融发展影响全要素生产率增长研究述评》，《经济学动态》2012 年第 8 期，第 134 页。

[3] 姚耀军、曾维洲：《金融发展和全要素生产率：一个文献回顾》，《浙江社会科学》2011 年第 3 期，第 144 页。

过提高流动性和风险分散及转移风险的功能，改善了资金配置效率，进而促进了全要素生产率提高。Bose 和 Cothren（1996）认为，随着金融发展程度的不断提升，资源配置的效率将得到较大的改善，从而更有利于一国经济的可持续发展。

在分散风险的研究方面，圣－保罗（Saint－Paul，1992）认为，资本市场通过金融多样化分散风险，金融多样化通过服务于不同的技术市场，分散不同的技术市场带来的风险，从而通过技术进步，最终促进全要素生产率增长。Acemoglu 和 Zilibotti（1997）认为，金融发展程度越高，越有利于提供风险分散服务，有效地解决因风险分散问题引致的投资资金不足问题，将高回报、高风险投资项目的风险分散，促进资金的优化配置，提升全要素生产率。

在缓解技术创新融资约束的研究方面，King 和 Levine（1993）认为，金融的最大功能是通过降低信息不对称，为面临技术创新约束的企业提供资金支持，从而推动企业的技术进步，提升企业的全要素生产率。Brown、Fazzari 和 Petersen（2009）认为，金融发展程度越高，就越有利于金融资源投向高风险、回报周期长的技术创新项目，越有利于缓解技术创新项目的融资约束，从而促进技术进步，促进全要素生产率增长。

在监督公司形成公司治理的研究方面，Schieifer 和 Vishny（1997）认为，发达的金融市场能够促进公司治理功能的形成，从而通过形成对公司的监督管理弱化道德风险，实现公司价值和股东利益的最大化。[①]

（二）金融发展影响全要素生产率增长的文献综述：基于实证分析视角

在金融发展与全要素生产率增长率实证研究方面，主要通过运用国家、产业与企业层面的时间序列或面板数据，由于在金融发展指标、控制变量和估计方法选择方面的差别，所以，实证结论并非完全一致。但

---

① 陈志刚、郭帅：《金融发展影响全要素生产率增长研究述评》，《经济学动态》2012 年第 8 期，第 132 页。

从总体上看，大多实证研究支持金融发展促进了全要素生产率的增长。[①] 从实证研究来看，现有文献主要从三个方面来分析金融发展与全要素生产率增长之间的关系。

1. 验证金融发展是否促进全要素生产率增长

主要表现在金融发展促进经济增长到底是通过物质资本积累渠道还是全要素生产率提升渠道，进行这个步骤的讨论主要是回答金融发展对经济发展到底是粗放型投入还是集约型，这其实也是在回答经济发展方式的转变问题，关系着经济的可持续发展问题。Nourzad（2002）运用1966—1990年29个国家、1970—1990年28个国家两组面板数据，采用随机前沿方法进行极大似然估计，研究结果表明，金融中介部门和股票市场越发达，即金融发展程度越高，全要素生产率就越高，经济增长就越快，并且发达国家和发展中国家的金融发展都降低了生产的无效率，但发达国家金融发展对生产无效率的影响要大于发展中国家。赵勇等（2010）认为，金融发展水平的提高可以推动经济增长方式的集约式转变，即金融发展水平的提高可以促进全要素生产率增长，但效应的大小与经济发展的阶段有关。

2. 验证金融发展促进全要素生产率增长的途径

Benhabib和Spiegel（1997）的研究表明，金融中介通过促进技术进步途径，提升全要素生产率进而促进了经济增长，这种途径比通过要素积累的途径更重要一些。拉简和津盖尔斯（1998）运用42个国家36个产业的面板数据，研究发现，金融中介通过提高必要的金融支持推动了研发密集型产业使用高新技术，推动了生产率提高。贝克等（2000）运用动态广义矩法估计（GMM）研究金融发展对经济增长的贡献，研究发现，金融发展主要是通过提高全要素生产率的途径而不是资本积累或提高储蓄—投资的转化作用促进经济增长。Benhabib和Spiegel（2000）的研究发现，金融发展对全要素生产率增长、物质资本和人力资本积累都存在相关关系，但金融发展对全要素生产率增长的影响不同

---

① 陈志刚、郭帅：《金融发展影响全要素生产率增长研究述评》，《经济学动态》2012年第8期，第132页。

于其他两者的影响，特别对于流动性负债指标对全要素生产率有正的影响。Rioja 和 Valev（2004）采用动态广义矩法估计来检验金融发展与全要素生产率之间的关系，研究结果表明，在中等收入国家和高收入国家，金融中介主要是通过全要素生产率的提高途径来促进经济增长，但对于低收入国家，金融发展主要是通过加速资本积累来对经济增长产生影响。阿里斯蒂斯等（2006a）采用数据包络法（DEA）计算了 OECD 国家的技术效率，从总体和截面两个角度，分析了 OECD 国家金融发展对技术效率的影响，研究结果表明，在技术效率低的国家，金融发展与技术效率关系较弱且负相关；在技术效率高的国家金融，发展与技术效率关系较强且正相关。阿里斯蒂斯等（2006b）对非 OECD 国家的研究表明，金融发展对技术效率有稳健的正面影响。

国内学者韩延春（2003）通过建立金融发展与经济增长的数理模型，发现金融发展能够通过加速储蓄向投资转化的作用，从而有利于投资增加以及资本积累，而投资增加与资本积累必然导致产出水平的增长，最终推动经济增长。王永中（2007）构建了包含金融部门的技术创新内生增长模型，金融部门通过分散投资风险，给企业在技术创新和新技术应用上以金融支持，从而促进技术进步，最终促进经济增长。张军等（2005）通过索洛余值的简单增长核算方法，估计了中国的全要素生产率，研究结果表明，金融发展与全要素生产率增长之间存在显著为正的关系。随着计量方面研究的不断深入，对全要素生产率的度量方法不断精确，何枫等（2003）利用随机前沿模型来研究金融发展与全要素生产率之间的关系，研究结果表明，我国以四大国有银行主导的金融体系不利于生产率的进步。袁云峰等（2007）运用我国 1978—2004 年的省际面板数据，并采用 Battese 和 Coelli（1995）提出的无效率随机前沿模型研究我国金融发展与技术效率之间的关系，研究结果表明，我国金融发展与技术效率之间存在着明显的时空特征，金融发展是通过资本积累的途径促进了经济增长，而不是通过提高技术效率的途径促进经济增长。朱承亮等（2009）运用我国 1985—2007 年的省际面板数据，运用基于对数型柯布—道格拉斯生产函数的随机前沿模型研究了我国金融发展与技术效率的关系，研究表明，金融发展总体上对技术效率的提高具有较大的促进作用，但金融机构的存款业务和贷款业务均对技术效率的提高具有抑制作用。陈刚等（2009）通过数据包络法将全要素生产率分解为技术进步率和技术效率两部分，再利用广义矩法估计分析金融发展与全要素生产率和金融发展与全要素生产率两部分（技术进步和技术效率）之间的关系，研究结果表明，金融发展阻碍了技术进步和技术效率的改善。姚耀军（2010）利用界限检验法、基于 ARDL 法的协整系数估计、向量误差修正模型及其格兰杰因果关系检验等计量技术，分析金融发展与全要素生产率之间的关系，研究结果表明，金融发展与全要素生产率存在着长期的均衡关系，金融发展是全要素生产率变动的原因，但在短期内这种关系不存在。

3. 验证不同的金融结构的发展在促进全要素生产率增长是否存在差异

Levine 和 Zervos（1998）认为，金融中介和股票市场两种不同的金融结构在促进资本积累和生产率提升方面无明显的差异。[①] Rioja 等（2014）认为，在低收入国家，银行有利于资本积累，但股票市场既不利于资本积累，也不利于生产率增长；在高收入国家，股票市场既促进了资本积累，也促进了生产率增长，而银行则影响资本积累。[②]

4. 验证金融开放或金融一体化背景下金融发展是否有利于全要素生产率提升

科斯等（Kose et al., 2009）的研究表明，金融开放有利于促进全要素生产率的增长，但如果衡量金融开放的指标发生变化，比如，采用对外负债总额与 GDP 之比来衡量金融开放指标，则金融开放对全要素生产率的增长产生负面影响。[③]

[①] Levine, Ross and Zervos, Sara, "Stock Markets, Banks, and Economic Growth", *American Economic Review*, Vol. 88, No. 3, 1998, pp. 537–558.

[②] Rioja, Felix and Vales, Neven, "Stock Markets, Banks and the Sources of Economic Growth in Low and High Income Countries", *Journal of Economics & Finance*, Vol. 38, No. 2, 2014, pp. 302–320.

[③] Kose, M. A., Prasad, E. S. and Terrones, M. E., "Does Openness to International Financial Flows Raise Productivity Growth?", *Journal of International Money and Finance*, Vol. 28, No. 4, 2009, pp. 554–580.

（三）关于金融发展影响全要素生产率增长的文献评述

国内外学者关于金融发展和全要素生产率关系的研究，派生于金融发展与经济增长关系的研究之中，即金融发展和全要素生产率的研究是随着金融与经济增长研究的不断深入过程中产生的。国内外大量的理论与实证研究表明，金融发展对全要素生产率增长具有积极的促进作用。金融发展通过促进资源的优化配置和技术进步，推动全要素生产率增长和经济的可持续发展。[①] 全要素生产率问题是研究经济发展方式转变的核心问题，而从金融发展的视角来分析全要素生产率增长，对于一个国家制定正确的金融发展政策，推进金融改革具有非常重要的理论和现实意义。

中国作为一个新兴的市场经济国家，正经历着从计划经济向市场经济的转型，虽然中国的市场化改革取得了一定的成效，但金融市场化改革相对滞后，在金融发展进程中，动员储蓄、优化资源配置、分散风险、促进交易和监督公司管理者并形成公司治理这五个金融功能能不能充分发挥，对资源配置效率的改进及技术创新都具有重要的影响[②]，从而在很大程度上制约着金融发展对全要素生产率增长的促进作用。另外，在研究金融发展与中国全要素生产率增长时，由于西方发达国家的金融市场化相对比较完善，而我国的金融市场正处于以银行为主的金融发展向以市场为主和两者混合发展的过程中。因而，在进行金融发展与全要素生产率增长之间的实证研究时，西方主流经济学实证研究中所普遍采用的反映金融中介与金融市场的规模、活动和效率的金融发展指标，并不能充分、准确地反映中国的实际[③]，再加上中国一些地区数据资料收集方面的限制。在研究中国的金融发展与全要素生产率增长之间的关系时，不能全盘照搬西方主流经济学的方法，而应该从中国的实际

---

① 陈志刚、郭帅：《金融发展影响全要素生产率增长研究述评》，《经济学动态》2012年第8期，第134页。
② 姚耀军、曾维洲：《金融发展和全要素生产率：一个文献回顾》，《浙江社会科学》2011年第3期，第148页。
③ 陈志刚、郭帅：《金融发展影响全要素生产率增长研究述评》，《经济学动态》2012年第8期，第134页。

出发，构建科学可行的符合中国实际的金融发展指标，从而为我国促进全要素生产率增长、转变经济发展方式，实现长期的、健康的经济增长提供有用的决策参考。

四 现有研究的不足

综观金融发展与全要素生产率之间关系的研究，无论是从理论上还是从实证上看，文献十分丰富，但现有研究存在以下不足：

第一，在一些研究中，对全要素生产率的概念，以及全要素生产率和全要素生产率增长的概念存在着混淆。一些文献中，将资本的边际产出误解为全要素生产率，如王晓芳和高继祖（2006）采用资本的边际产出作为全要素生产率处理，黄炳艺和曾五一（2005）也将资本的边际产出当作全要素生产率来使用。另外，现有研究中，全要素生产率与全要素生产率增长也存在着概念混用，全要素生产率是单位（全要素）投入的产出，表征的是投入的产出效率；而全要素生产率增长率指的是扣除资本投入和劳动投入的贡献以后，其他所有能够实现经济增长的因素贡献的总和。因此，在对全要素生产率测算时，一般是指对全要素生产率增长率进行测算。

第二，对全要素生产率与金融发展关系的研究大多止步于金融发展与技术效率之间的关系。金融发展和全要素生产率增长之间的相关关系已经得到理论和实证上的验证，根据 Kumbhakar 和 Lovell（2000）关于全要素生产率增长的分解方法，全要素生产率还可以进一步分解为技术进步、技术效率变化、规模经济效应变化和资源配置效率变化四个部分，金融发展和其他部分之间到底存在着什么样的关系？现有文献没有具体分析，而对金融发展和全要素生产率各部分之间的影响进行分析，对于我国制定适宜的金融发展战略具有非常重要的意义。

第三，关于全要素生产率增长方面的研究，对于制约全要素生产率增长的因素缺乏深入分析。本书将全要素生产率分解后，对于全要素生产率的各部分进行深入解剖，分析制约我国全要素生产率及其各部分增长的根源，并据此提出相应的政策建议。

第四，在金融发展指标的选取方面，不能准确地反映我国经济转轨和金融发展的特征，从而使得出的结论存在不一致。基于以上不足，有必要进行深入研究。

第三节　研究方法、研究内容和创新点

一　研究方法

本书采用理论与实证相结合的研究方法，分析金融发展和全要素生产率之间的关系。运用金融发展理论、全要素生产率等相关理论从理论视角阐释两者之间的关系，并利用省际面板数据对我国的金融发展与全要素生产率增长之间的关系做出全面系统的评价。本书围绕金融发展和全要素生产率增长之间的关系，主要采用如下计量分析方法。

第一，运用基于参数的随机前沿（SFA）方法分析金融发展与全要素生产率之间的关系。在此基础上，将全要素生产率进行分解，运用面板 Tobit 模型、差分 GMM 以及系统 GMM 等方法分析金融发展与全要素生产率各部分之间的关系，从而能够清晰地了解金融发展和经济增长的关系到底是由全要素生产率的哪个部分带来的，为我国制定适宜的金融发展政策提供指导。

第二，汉森（Hansen，1999）门槛面板模型的计量分析方法的运用。由于我国地区间的金融发展水平存在着巨大的差异，在不同的金融发展水平下，金融发展对不同地区间的全要素生产率及全要素生产率各部分之间的作用是不一样的。因此，金融发展与各区域全要素生产率增长及全要素生产率各部分之间可能存在非线性关系。基于此，本书利用汉森（1999）门槛面板模型对我国的金融发展与区域全要素生产率及全要素生产率各部分增长之间的关系进行验证。

第三，数理分析方法的运用。为了更好地从理论上阐述金融发展与全要素生产率增长之间的关系，本书采用一些数理模型分析方法，通过数理模型的阐释，能够更为直观地了解金融发展与全要素生产率增长之间的关系，增加理论分析的价值。

二　研究内容

全要素生产率是实现经济可持续发展的核心问题，随着我国金融体

制改革日益走向深水区，金融对我国经济发展方式转变的作用日益凸显。如何更好地发挥金融体系的作用，为转变我国经济的发展方式提供动能支持显得尤为重要。金融发展能够促进全要素生产率增长，已经得到理论和实证方面的支持，但金融发展通过何种渠道促进全要素生产率增长，现有研究存在着不足。基于此，本书从金融发展是如何促进全要素生产率增长的渠道入手，分析金融发展在我国促进新旧动能转换过程中的作用，从而为我国制定正确的金融发展战略提供决策支持。

本书的研究共分为导论、结论及展望和正文七章。第一章主要介绍选题的背景、研究意义、研究方法、文献综述及研究的创新点。

第二章主要针对金融发展指标的选取，从各方面利弊，阐述选取的理由，在此基础上，对我国的金融发展水平进行指标量化。并根据我国区域金融发展水平之间的差距，采用 Dagum 基尼系数方法对我国区域金融发展水平之间的差距进行分析；根据我国区域金融发展水平之间的差距，利用 σ 收敛、β 收敛和俱乐部收敛，对我国区域金融发展水平的差异进行收敛性检验。

第三章利用 Kumbhakar 和 Lovell（2000）关于全要素生产率增长率的分解方法，根据设定的超越对数随机前沿生产函数模型，对我国全要素生产率增长进行测算。并从四大经济区域角度分析我国全要素生产率之间的区域差距，在此基础上，对我国区域全要素生产率之间的差距产生原因进行分析，并从技术进步偏向性角度分析我国区域全要素生产率产生差距的原因。最后对我国区域全要素生产率之间的差距进行相关的收敛性检验。

第四章主要从理论和实证两个方面对金融发展与全要素生产率增长之间的关系进行分析。理论方面主要采用数理模型，阐述金融发展与全要素生产率增长之间的关系，实证方面采用动态面板模型，分析两者之间的关系，在此基础上，论述在金融发展程度不高、存在金融资源错配的情况下，金融资源借配对全要素生产率增长的影响。

第五章在 Battese 和 Coelli（1995）随机前沿分析模型中，将金融发展指标作为影响技术无效率因素纳入分析框架，主要分析金融发展对技术效率的影响。研究发现，金融发展不利于技术效率的改进，这也意味着金融发展不能通过技术效率改进的途径，促进全要素生产率的增长。在此基础上，分析金融发展不利于我国技术效率改善的原因，我国金融发展从总体上不利于技术效率改善的原因是金融发展对技术效率的改善存在门槛效应。

第六章主要分析金融发展是否通过技术进步促进（抑制）全要素生产率增长。实证研究表明，金融发展促进了技术进步，并且技术进步在全要素生产率增长中所占比例较大，从而也表明金融发展通过技术进步渠道促进全要素生产率增长。

第七章主要分析金融发展是否通过规模效应渠道促进（抑制）全要素生产率增长。

第八章主要分析金融发展是否通过资源配置效应渠道促进（抑制）全要素生产率增长。

第九章主要对金融发展与全要素生产率增长之间的关系进行总结和研究展望。通过实证研究表明，金融发展能够促进我国的全要素生产率增长，但金融发展主要是通过技术进步、资源配置效应渠道来促进我国全要素生产率增长，金融发展通过其他渠道对全要素生产率增长的作用不大。其原因在于，我国的金融体制存在制度性扭曲，要通过金融体制改革，扫清金融发展障碍，使我国的金融在经济增长发展方式转换方面提供动能支持。

三　研究思路及框架

随着我国金融发展规模的不断扩大，金融发展对经济增长的贡献日益凸显，金融发展能够促进全要素生产率增长，进而影响长期的经济增长，已经得到理论和实证方面的支持，由于全要素生产率增长率可进一步分解为技术进步变化率、技术效率变化率、规模效应变化率和资源配置效率变化率，金融发展是通过何种渠道促进了全要素生产率的增长？基于金融发展影响全要素生产率增长的渠道，本书从四个方面研究金融发展通过何种渠道影响全要素生产率增长，具体研究框架如图1-2所示。

```
┌─────────────────┐         ┌──────────────┐
│金融发展与技术效率│ ←── 金 │ 技术效率变化率│ ──┐
│变化率之间的关系 │    融   └──────────────┘   │
└─────────────────┘    发                      │
                       展   ┌──────────────┐   │  全
┌─────────────────┐    与  │ 技术进步变化率│ ──┤  要
│金融发展与技术进步│ ←── 全 └──────────────┘   │  素
│变化率之间的关系 │    要                      │  生
└─────────────────┘    素                      │  产
                       生   ┌──────────────┐   │  率
┌─────────────────┐    产  │ 规模效应变化率│ ──┤  增
│金融发展与规模效应│ ←── 率 └──────────────┘   │  长
│变化率之间的关系 │    增                      │  的
└─────────────────┘    长                      │  分
                       之   ┌──────────────┐   │  解
┌─────────────────┐    间  │资源配置效应变化率│─┘
│金融发展与资源配置│ ←── 的 └──────────────┘
│效应变化率之间的关系│   关
└─────────────────┘    系
```

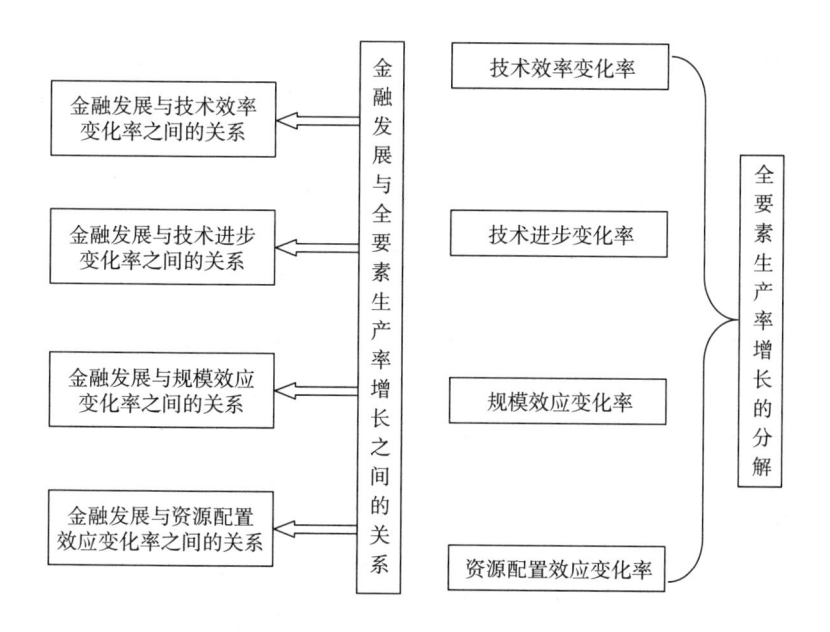

图 1-2 研究框架

第一，讨论金融发展与技术效率之间的关系。采用基于 Battese 和 Coelli（1995）随机前沿分析模型，分析金融发展对技术效率的影响。主要目的在于，中国的金融发展对中国技术效率的演进是否产生影响，纠正金融制度性扭曲对我国技术效率提升的意义。

第二，讨论金融发展对技术进步的影响。通过构建金融发展与技术进步的内生增长模型，分析金融发展与技术进步的关系；在此基础上，利用面板 Tobit 模型，分析金融发展与技术进步之间的关系，并利用汉森（1999）门槛面板模型，分析金融发展与技术进步之间存在的门槛关系。

第三，讨论金融发展与规模效应变化率之间的关系。建立面板单位根、面板协整模型，分析金融发展与规模效应变化率之间是否存在长期的相关关系。

第四，讨论金融发展与资源配置变化之间的关系。要素配置问题对全要素生产率增长具有非常重要的影响，运用资源配置相关原理和实证方法，着重分析金融发展对资源配置效应变化率的影响。

四 主要创新点

本书集中讨论了金融发展与全要素生产率增长之间的关系，与现有研究相比，具有以下三个方面的创新。

第一，在研究方法上，采用基于参数的随机前沿分析方法，分析金融发展与全要素生产率之间的关系。在分析两者之间的关系时，对金融发展指标和全要素生产率均进行了重新量化。在此基础上，运用 Kumbhakar 和 Lovell（2000）方法，将全要素产率分解为技术进步变化率、技术效率变化率、规模效应变化率和资源配置效率变化率，分别讨论金融发展与技术进步变化率、技术效率变化率、规模效应变化率和资源配置效率变化率之间的关系，着重分析金融发展通过全要素生产率的哪一部分促进（抑制）了全要素生产率的增长。

第二，注重区域差异在实证分析中的应用。由于我国区域经济发展不平衡，随着各区域之间经济发展水平差距的不断扩大，各区域之间金融发展水平也存在着巨大的差异，各区域之间金融发展水平的差异对各区域全要素生产率及全要素生产率各部分的影响是不同的，因而，区域金融发展与全要素生产率及全要素生产率各部分之间的关系很难具有一致性，这就意味着区域金融发展水平与全要素生产率及全要素生产率各部分之间的关系可能是非线性的。基于此，本书运用汉森（1999）的门槛面板模型，探讨金融发展与全要素生产率及全要素生产率各部分之间的关系，并从四大经济区域视角为我国金融发展更好地服务于区域实体经济发展提出相应的政策建议。

第三，现有研究中，大多在"要素配置有效"的隐含假设下，把全要素生产率增长分解为技术进步和技术效率变动，没有考虑要素配置效率对全要素生产率增长的影响。然而，我国要素市场化水平滞后，要素错配问题严重，要素配置的扭曲严重影响了全要素生产率的增长。因此，提高要素配置效率对转变我国经济发展方式、提高我国经济增长质量具有重要的现实意义。基于此，本书运用资源配置理论，分析资源配置效应对全要素生产率的影响。

第二章 区域金融发展水平度量

第一节 我国金融体系演进过程

一 我国金融体系的演进过程及发展现状

（一）我国金融体系的演进过程

1. 我国银行体系的演进过程

新中国成立以后，中国人民银行在石家庄成立。从新中国成立到改革开放以前，中国人民银行既承担对外存贷款业务，又担负着货币政策的实施、货币发行等行政职能。总体而言，中国人民银行这种"大一统"的管理模式，与我国高度集中的计划经济管理模式是相适应的，有利于国家货币政策、经济政策的贯彻与实施，提高了经济运行的效率，促进了我国的经济发展。[1] 改革开放以后，为适应经济发展的需要，四大国有商业银行从中国人民银行中分离出来，相继成立了中国农业银行（1979年2月成立）、中国银行（1979年3月成立）、中国人民建设银行（1979年8月成立[2]）、中国工商银行（1984年1月成立），从而使中国人民银行从具体的银行业务中解脱出来，不再经营商业银行业务。[3] 在组织架构上，我国四大国有商业银行自上而下建立各级机构，

---

[1] 王陆雅：《金融发展与经济增长的关系——基于双变量动态门限面板模型的分析》，博士学位论文，对外经济贸易大学，2016年，第29页。

[2] 1996年3月26日，中国人民建设银行正式更名为中国建设银行。

[3] 王陆雅：《金融发展与经济增长的关系——基于双变量动态门限面板模型的分析》，博士学位论文，对外经济贸易大学，2016年，第29页。

实行总行和省、市、自治区政府双重领导；在业务上，以总行领导为主。至此，我国初步形成了中央银行体制与四大国有专业银行共存的金融体系。①

随着我国金融体制改革的进一步推进，一些国有股份制银行和一些股份制商业银行相继成立。交通银行作为我国国有股份制商业银行于1987年4月重新营业，招商银行、中信银行、深圳发展银行、兴业银行、中国光大银行、华夏银行、上海浦东发展银行等相继设立，这些股份制银行的成立，较好地满足了非公有制经济与地方经济发展对资金和金融服务的需求。这些金融机构的设立，使我国形成了以中国人民银行为核心，四大国有商业银行为主体，多种股份制金融机构并存的金融体系。

2. 我国资本市场的演进过程

为了更好地促进经济的发展，1990年，我国成立了上海证券交易所，在上海证券交易所的基础上，我国在1991年又成立了深圳证券交易所。上海证券交易所和深圳证券交易所的成立，标志着我国的资本市场初步建立起来。随着《中华人民共和国证券法》等一批证券法律法规的颁布，我国的股票市场逐步向规范化和法制化的轨道迈进。

为了弥补国家建设财政资金上的不足，扩大政府建设资金来源，我国发行了地方政府债券。从我国地方政府债券的发展来看，大致经历了五个阶段②：新中国成立初期至1981年为我国债券零星发行阶段；1981—1995年为我国债券市场逐步叫停阶段；1995—2007年为全面禁止阶段；2007—2009年为政策松动阶段；2009年至今为实践探索阶段。我国债券市场在经历了四个发展阶段后，债券的种类不断增多，债券市场也逐步形成了场内和场外共存的良好的市场化发展格局。③

3. 我国保险市场的演进过程

为适应不断变化的国内外宏观经济环境和金融环境，1979年，中

---

① 洪正、胡勇锋：《中国式金融分权》，《经济学》（季刊）2017年第2期，第552页。
② 贺俊程：《我国地方政府债券运行机制研究》，博士学位论文，财政部财政科学研究所，2013年，第53页。
③ 王陆雅：《金融发展与经济增长的关系——基于双变量动态门限面板模型的分析》，博士学位论文，对外经济贸易大学，2016年，第32页。

国人民银行全国行长会议做出了关于恢复国内保险业务的重大决策。自此，停办近 20 年的国内保险业得到了全面恢复和快速发展。[1] 为进一步发展和繁荣保险事业，国务院于 2006 年印发了《关于保险业改革发展的若干意见》，为我国保险事业的发展指明了发展方向和发展目标。

我国保险业的发展经历了从无到有、从小到大的过程。可以说，我国保险业的发展壮大与我国坚定不移地推动保险业的改革分不开。通过一系列全方位、多层次的改革措施，我国保险业在提升整体实力、完善保险市场体系建设、推动保险资金运用等方面取得了巨大成就。[2] 从保险经营体制改革来看，我国保险市场实现了从混业经营向分业经营转变，从而使我国的保险业在向专业化经营、防范保险经营风险等方面发挥了重要作用；从公司治理结构改革来看，国有保险公司和非国有保险公司向股份制改造迈进，股份制改革不仅增强了保险业的整体实力，而且优化了保险公司的股权结构，充实了保险公司的资金，提高了保险公司的偿付能力。[3]

从我国保险业对外开放的实践来看，我国的保险业开放经历了对外开放的准备阶段、对外开放的试点阶段、加入世界贸易组织过渡期阶段和全面对外开放阶段。我国保险业对外开放的实践极大地提升了我国保险业的经营理念、管理方式和保险产品，促进了我国保险市场结构的优化，提升了我国保险业在国际保险市场的影响力。[4]

（二）我国金融体系的发展现状及特征

1. 我国金融各部门的发展现状分析

从我国银行机构的发展来看，随着我国经济的持续稳定增长，我国银行机构的存贷规模得到了快速发展，如表 2 – 1 所示。2000—2015 年，我国存款年均增长率为 16.14%，贷款年均增长率为 15.07%，存贷和年均增长率为 15.68%。

---

[1] 孙蓉、杨馥：《改革开放三十年：中国保险业的变迁与发展》，《保险研究》2008 年第 12 期，第 7 页。

[2] 同上。

[3] 同上书，第 8 页。

[4] 同上。

表 2-1　　　　我国金融机构存贷款业务基本情况　　　单位：亿元、%

年份	存款余额	贷款余额	存贷和	存款增长速度	贷款增长速度	存贷和增长速度
2000	123804.4	99371.1	223175.5	13.81	6.01	10.20
2001	143617.2	112314.7	255931.9	16.00	13.03	14.68
2002	170917.4	131293.9	302211.3	19.01	16.90	18.08
2003	208055.6	158996.2	367051.8	21.73	21.10	21.46
2004	241424.3	178197.8	419622.1	16.04	12.08	14.32
2005	287163	194690.4	481853.4	18.95	9.26	14.83
2006	335459.8	225347.2	560807	16.82	15.75	16.39
2007	389371.2	261690.9	651062.1	16.07	16.13	16.09
2008	466203.3	303394.6	769597.9	19.73	15.94	18.21
2009	597741.1	399684.8	997425.9	28.21	31.74	29.60
2010	718237.9	479195.6	1197434	20.16	19.89	20.05
2011	809368.3	547946.7	1357315	12.69	14.35	13.35
2012	917554.8	629909.6	1547464	13.37	14.96	14.01
2013	1043847	718961	1762808	13.76	14.14	13.92
2014	1138645	816770	1955415	9.08	13.60	10.93
2015	1357022	939540	2296562	19.18	15.03	17.45

资料来源：2001—2016 年《中国金融统计年鉴》，经笔者收集整理。

从我国股票市场的发展来看，2000—2015 年，我国股票市场在规模上得到了迅猛发展，上市公司数量、股票市值和成交额呈上升趋势（见表 2-2）。上市公司数量从 2000 年的 1088 家增加到 2015 年的 2827 家，股票市值从 2000 年的 48121.51 亿元增加到 2015 年的 531463 亿元，股票市场成交金额从 2000 年的 60835.19 亿元增加到 2015 年的 2550541 亿元。从股票市值占 GDP 比重来看，其比重从最低值 17% 到最高值 121% 之间变化；从流通市值占 GDP 比重来看，其比重从最低值 6% 到最高值 49% 之间变动。

表2-2　　　　　　　我国股票市场发展基本情况　　　　单位：亿元、家

年份	上市公司	股票市值	流通市值	成交金额	股票市值占GDP比重	流通市值占GDP比重
2000	1088	48121.51	16098	60835.19	0.48	0.16
2001	1160	43582.9	14488.82	38325.39	0.39	0.13
2002	1224	38338.79	12487.2	27993.91	0.31	0.10
2003	1287	42477.63	13185.13	32115.27	0.31	0.10
2004	1377	37080.95	11701.2	42333.95	0.23	0.07
2005	1381	32446.02	10638.01	31664.78	0.17	0.06
2006	1434	89441.35	25021.11	90468.89	0.41	0.11
2007	1550	327291.3	93140.66	460556.2	1.21	0.34
2008	1625	121541.1	45303.02	267112.7	0.38	0.14
2009	1718	244103.9	151342.1	535986.8	0.70	0.43
2010	2063	265422.6	193110.4	545633.5	0.64	0.47
2011	2342	214758.1	164921.3	421644.6	0.44	0.34
2012	2494	230357.6	181658.3	314583.3	0.43	0.34
2013	2489	239077.2	199579.5	468728.6	0.40	0.34
2014	2613	372547	315624.3	742385.3	0.58	0.49
2015	2827	531463	417881	2550541	0.48	0.16

资料来源：2001—2016年《中国统计年鉴》，经笔者收集整理。

从我国债券市场的发展来看，2000—2015年，我国债券期末余额从2000年的13881.63亿元增长到2015年的487494.58亿元（见表2-3），年均增长率为24.9%。我国的债券市场基本形成了以商业银行间为主、证券交易所市场为辅和柜台市场为补充的债券市场体系。[1]

表2-3　　　　　　　我国债券市场发展基本情况　　　　　　单位：亿元

年份	国债期末余额	央行票据期末余额	金融债券期末余额	非金融企业债券期末余额	债券期末余额
2000	13020	—	—	778.63	13881.63

---

[1] 王陆雅：《金融发展与经济增长的关系——基于双变量动态门限面板模型的分析》，博士学位论文，对外经济贸易大学，2016年，第40页。

续表

年份	国债期末余额	央行票据期末余额	金融债券期末余额	非金融企业债券期末余额	债券期末余额
2001	15618	—	—	861.63	15618.00
2002	19336.1	—	—	—	19336.10
2003	22603.6	—	—	—	22603.60
2004	25777.6	—	—	—	25777.60
2005	28774	—	—	—	28774.00
2006	31448.7	—	—	—	31448.70
2007	48741	—	—	—	56922.73
2008	49767.83	—	41330.58	7683.3	105408.88
2009	57949.98	—	50990.71	6891.76	134048.00
2010	67684.9	—	58789.99	10970.67	164730.15
2011	73826.5	—	74598.22	14597.4	200052.80
2012	71993.6	13380	92281.6	17884.93	251666.98
2013	95471	5462	106182.21	25512.2	299152.65
2014	107275	4222	125489	39302	352840.25
2015	154524	4222	184596	42869	487494.58

资料来源：2016年《中国证券期货统计年鉴》，经笔者收集整理。

从我国保险市场的发展来看，2000—2015年，我国的保费收入从2000年的1598亿元增加到2015年的24282.52亿元（见表2-4），保险业的实力得到了较大提升。从我国保险业的保险深度来看，我国的保险深度经历了先上升后下降再上升的过程，整体上呈现M形的发展趋势；从我国的保险密度来看，我国的保险密度在稳步提升，从2000年的126.21元/人提升到2015年的1775.27元/人，年均增长率为17.97%。

表2-4　　　　　　　　我国保险市场发展基本情况

年份	保费收入（亿元）	保险深度（%）	保险密度（元/人）
2000	1598	1.79	126.21

续表

年份	保费收入（亿元）	保险深度（%）	保险密度（元/人）
2001	2109	2.2	168.98
2002	3054	2.98	237.64
2003	3880.4	3.33	287.44
2004	4323.55	3.39	332.16
2005	4931.27	2.7	375.64
2006	5640.34	2.8	431.3
2007	7035.76	2.93	532.42
2008	9784.1	3.25	740.66
2009	11137.3	3.27	834.42
2010	12974.21	3.7	972.33
2011	14339.25	3.04	1046.64
2012	15487.93	2.98	1130.51
2013	17222.24	3.03	1265.67
2014	20234.81	3.18	1518.21
2015	24282.52	3.6	1775.27

资料来源：统计数据来源于2001—2016年《中国统计年鉴》，经笔者收集整理。

2. 我国金融体系的发展特征

纵观我国金融70多年的发展历程，金融的整体创新能力和竞争能力不断增强。在其发展过程中，金融发展的中国特色特征明显。[1]

第一，我国金融发展具有浓厚的阶段化特征。从1948年12月中国人民银行在石家庄成立到1978年改革开放之前，我国金融发展呈现出"大一统"的单一金融体制；改革开放以后至今，我国金融发展逐步向金融市场化方向过渡，日益形成以中国人民银行为中心、四大国有商业银行为主体、股份制银行为辅的多元化金融体制，金融市场化趋势明显。

第二，我国金融发展的路径选择是政府主导下的金融体制。新中国

---

[1] 兰日旭：《新中国金融业变迁及其特征：基于金融职能变化的视角》，《河北师范大学学报》（哲学社会科学版）2017年第6期，第38页。

成立到改革开放以前，我国的金融体制在政府主导下实现了从新中国成立初期的多元化金融格局向高度统一的金融管理体制的转变，以适应高度集中的计划经济体制发展的客观需求。[1] 在改革开放以后，为适应社会主义市场经济发展的需要，"大一统"的中国人民银行的商业化功能不断地被剥离出来，新设立的金融机构仍具有政策性和商业性职能，并接受各级政府部门的管理，从而具有较浓厚的行政化色彩。[2] 在从计划经向市场经济转型过程中，我国的金融体制经历了从"大一统"的单一金融体制（非市场化）、单一金融体制到市场调节的金融体制之间的过渡体制（市场与政府间的"游移"）、金融市场化发展历程。在整个金融体制由计划经济到市场经济的发展过程中，许多计划经济时期的行为理念和管理方式影响着我国金融体制的发展。用政府手段替代市场手段，对我国的金融体制进行干预，通过政府干预影响我国金融体制变迁，这种政府主导的金融体制有利于政府集中有限的资金，实现重工业发展战略，在新中国成立之初发挥了重要作用。但在改革开放以后，长期的政府干预，无法发挥市场对金融资源的有效配置，导致金融资源配置扭曲。[3] 在此背景下，政府的角色经历了由"过度介入"到"适度介入"以及"适当退出"的发展过程。同时，政府主导的金融体制也经历了强制变迁与渐进变迁并存，并逐步向渐进性变迁过渡的过程。

第三，我国金融发展不完善，以银行为基础的间接融资方式特征明显。从目前我国的金融结构来看，我国仍然是银行主导型金融结构，银行在社会融资中发挥着主导作用。[4] 2016 年《中国人民银行年报》的统计数据表明，在社会融资规模增量中，2015 年新增人民币贷款额为 112693 亿元，占 73.1%；企业债券融资和非金融类企业股票融资仅占 24%，其中，企业债券融资占 19.1%，非金融企业境内股票融资占

---

[1] 兰日旭：《新中国金融业变迁及其特征：基于金融职能变化的视角》，《河北师范大学学报》（哲学社会科学版）2017 年第 6 期，第 39 页。

[2] 同上。

[3] 同上书，第 40 页。

[4] 巴曙松、沈长征：《从金融结构角度探讨金融监管体制改革》，《当代财经》2016 年第 9 期，第 48 页。

4.9%。2016年，新增人民币贷款额为124372亿元，占整个社会融资规模增量的69.9%；企业债券融资和非金融类企业股票融资仅占23.8%，其中，企业债券融资占16.8%，非金融企业境内股票融资占7%。这也说明当前我国经济发展的资金配置仍然过度依赖于间接融资的银行体系，以资本市场为融资渠道的直接融资方式发展不足。

第四，我国的金融发展具有非平衡性，各区域之间的金融发展水平差异明显。由于金融资源供给与金融资源需求在空间分布上的差异性，中国金融运行呈现明显的地域差异。[1] 再加上改革开放以来，我国采取非均衡的区域发展战略，各地经济发展差距不断拉大。[2] 由于金融具有较强的外部性，其发展状况与经济、社会发展状况等密切相关[3]，导致我国区域金融同步陷入非均衡发展的局面，而地区金融发展的差异正是我国区域非均衡特征在资本配置层面的重要体现。[4]

第二节　我国金融发展水平度量

一　我国金融发展水平的度量

（一）我国金融发展指标选择范围的界定

关于金融发展指标范围的选取，现有研究存在着分歧。一些学者认为，我国属于银行主导的金融体系，银行业间接融资作为中国金融业的主体，在中国社会经济发展中发挥着举足轻重的作用。因而，在衡量金融发展指标时，金融发展指标的选取范围应界定在金融中介部门，而不能把货币因素、股票、保险类相关的指标纳入分析范畴；另外一些学者

---

[1] 李敬、冉光和、孙晓铎：《中国区域金融发展差异的度量与变动趋势分析》，《当代财经》2008年第3期，第34页。

[2] 孙晓羽、支大林：《中国区域金融发展差异的度量及收敛趋势分析》，《东北师范大学学报》（哲学社会科学版）2013年第3期，第47页。

[3] 周立、胡鞍钢：《中国金融发展的地区差距状况分析（1978—1999）》，《清华大学学报》（哲学社会科学版）2002年第2期，第60页。

[4] 刘军：《中国金融发展中的总量结构与地区差异》，《中南财经政法大学学报》2010年第6期，第56页。

认为，自改革开放以来，随着以市场化为导向的金融体制改革的推进，我国金融体系从原来的以银行为主逐渐向银行业、证券业和保险业全面发展的方向转变，证券业和保险业对我国经济发展的积极作用日益重要。[①] 1996—2013 年，我国股票市场交易总额与银行信贷的混合比例由 0.15% 上升至 0.33%，且股票市场资本形成总额与银行信贷的混合比例也由 0.34% 上升至 0.65%。[②] 因此，要想更全面地考察我国的金融发展水平，应该将股票市场、保险市场纳入分析范围。

主张金融发展指标的选择范围界定在金融中介部门的研究者认为，我国的金融体系是一个以银行主导的金融体系，在衡量我国金融发展指标时，采用的金融发展指标只能界定在金融中介部门，而不能把货币因素、股票、保险市场等纳入分析范畴。赵楠（2007）从理论和实践角度分析了金融发展指标的选取范围界定在金融中介部门的原因[③]：一是从广义货币 M_2 指标的功能来看，不宜将广义货币 M_2 指标纳入金融发展指标分析的范围。由于广义货币 M_2 指标反映了一个国家宏观层面以及社会总需求的变化，官方的各种统计数据中只有国家的统计数据，而没有地区层面的广义货币 M_2 的具体统计数据。因而，采用 M_2/GDP 来衡量我国区域金融发展水平可能会高估区域金融发展水平，如 Hao（2006）采用 M_2/GDP 计算了我国的金融发展水平，研究发现，我国的 M_2/GDP 在 2002 年高达 194.7%，居世界之首。之所以出现这种情况，是因为我国是金融主导型金融结构，金融业主要集中在银行，再加上银行部门金融工具单一，银行不良资产率较高且得不到及时冲销导致我国 M_2/GDP 的比率较高。另外，采用 M_2/GDP 度量金融发展水平，也不能反映我国各区域之间金融发展水平的差异。二是从股票市场与全社会固定资本投资之间的关系来看，不宜将股票市场纳入金融发展指标分析的范围。（1）我国股票市场对投资的影响力度存在争议，大量的实证研

[①] 王永剑、刘春杰：《金融发展对中国资本配置效率的影响及区域比较》，《财贸经济》2011 年第 3 期，第 55 页。

[②] 刘贯春、张军、丰超：《金融体制改革与经济效率提升》，《管理世界》2017 年第 6 期，第 10 页。

[③] 赵楠：《中国各地区金融发展的统计学描述》，《统计研究》2007 年第 7 期。

究表明，我国股票市场对投资、资本形成以及资本配置效率的影响非常微弱，甚至对于我国股市是否影响经济增长也存在着较大的争议；（2）从股票市场对全社会固定资产投资的影响来看，我国通过股票市场筹资在全社会固定资产投资总额中所占的比例很小，股票市场对全社会固定资产投资的影响甚微；（3）从微观层面来看，我国股市对企业投融资的决策影响甚微；（4）从数据可得性角度来看，地区层面的股票市场数据难以获得，沪深股票市场的现金流动反映的是全国性的现金流动。三是从保险市场的功能来看，不宜将保险市场纳入金融发展指标分析的范围。一方面，我国的保险市场发展严重滞后，保险市场占整个金融资产中的份额较小，对结论的影响不大；另一方面，我国保险市场的相关数据统计不完全，也影响了金融发展指标的测算精度。

主张金融发展指标的选择范围不仅包括金融中介部门，而且还应将资本市场、保险市场纳入分析的范畴。这些研究者认为，由于金融发展反映的是金融总量由小变大、金融结构由简单到复杂、金融系统由低级到高级、金融功能由旧质到新质的运动变化过程[1]，体现在行业上的变化表现为银行业、证券业及保险业的全面发展，在这一过程中，金融发展既伴随着量的变化，也伴随着质的转变。因此，要综合度量金融发展水平，并考察金融发展水平对经济发展的影响，应将金融中介、证券市场和保险市场综合起来考虑。尤其是在当今金融混业经营成为金融发展趋势的情况下，金融结构日趋复杂化，单一指标难以满足对金融发展整体水平及区域差异的判断与评估，而复合指标能够更好地反映我国区域金融发展的差异问题，并且能够更好地对区域在空间上存在的聚类特征进行相应的诠释。[2]

主张金融发展指标界定在金融中介部门，对于金融发展指标的度量，现有文献大多沿用戈德史密斯（1969）提出的金融相关率测算方法。张军等（2005）认为，金融发展主要表现为金融机构自主化、减

---

[1] 成春林、华桂宏：《金融发展差异的多重因素：文献综述及其引申》，《改革》2013年第5期，第60页。

[2] 邓向荣、杨彩丽：《极化理论视角下我国金融发展的区域比较》，《金融研究》2011年第3期，第87页。

少和消除指令性贷款以及金融决策市场化。另外，四大国有商业银行在我国金融业中一直处于垄断地位，四大国有商业银行垄断了大部分存款和贷款，并且四大国有银行的贷款大部分流向了效率低下的国有企业，从而对非国有企业存在着信贷歧视，这种金融资源的配置方式显然不利于我国的经济增长。既然是这样的话，用各地区银行存贷款总额占GDP的比重来衡量金融发展指标可能高估了我国金融发展程度。有鉴如此，张军等（2005）采用各地金融机构配置给非国有部门的信贷总额与GDP之比来衡量金融发展水平。在具体计算时，由于《中国统计年鉴》从2002年以后不再提供国有企业产出的数据，假定各省份分配到国有企业的贷款和该省份国有企业的固定资产投资额成正比，因而可以用国有固定资产与全部固定资产之比替代国有企业贷款与国有企业产出之比，则非国有部门贷款可表示为①：总贷款额×（1－国有固定资产投资总额/全社会固定资产投资额）。

主张金融发展指标的选择范围包含金融中介部门、资本市场和保险市场，对于金融发展水平的度量。现有文献大多采用综合指标衡量我国金融发展水平。王志强等（2003）认为，以非国有经济获得银行贷款的比例表示整个金融系统的金融发展水平不甚妥当，主要原因在于，非国有经济获得银行贷款的比例侧重于度量金融发展的深度，不足以代表一国金融发展的水平，尤其在发展中国家，由于法律及其执行、制度和信息基础的不完善，仅从金融中介部门来考察发展中国家的金融发展水平，并不能完全反映发展中国家金融发展状况。② 他认为，应将金融中介和证券市场结合起来考察，从金融规模、金融结构和金融效率三个方面构建反映我国金融发展水平的指标；在王志强等（2003）的基础上，田菁（2011）从金融中介、资本市场和保险市场三个方面构建反映我国金融发展程度的指标，来综合测算我国的金融发展水平；与田菁（2011）的研究相似，邓向荣等（2011）从金融中介、资本市场和保险

---

① 黄凌云、徐磊、冉茂盛：《金融发展、外商直接投资与技术进步——基于中国省际面板数据的门槛模型分析》，《管理工程学报》2009年第3期，第19页。

② 王永剑、刘春杰：《金融发展对中国资本配置效率的影响及区域比较》，《财贸经济》2011年第3期，第55页。

市场三个方面,从总量指标、效率指标和结构指标三个维度,构建反映我国金融发展水平的综合指数。

(二) 我国金融发展水平的度量

为了更好地测算我国金融发展水平,本书采用两种方式对我国金融发展水平进行测算,在此基础上,将两种测算方式进行比较,选择最好的测算方式对我国金融发展水平进行度量。本书度量金融发展水平的两种方式是:①从单一的金融中介部门选取相关指标计算我国金融发展水平;②从金融中介、资本市场和保险市场三个方面,构建金融发展水平指标,来度量我国的金融发展水平。在此基础上,将两种方式计算所得到的金融发展水平进行比较分析。

关于金融发展指标界定在金融中介部门金融发展水平的度量。现有文献对金融发展指标的度量,大多沿用戈德史密斯(1969)曾提出的金融相关率指标,即金融相关率等于全部金融资产价值与全部实物资产价值之比。麦金农(1973)在戈德史密斯(1969)的基础上进行了改进,采用广义货币存量 M_2 与国内生产总值之比来衡量一国的金融发展水平。贝克等(1999)采用的指标是 M_2/GDP 和银行部门对私人部门贷款/GDP。但 Rousseau 和 Wachtel(2000)认为,采用 M_2/GDP 反映的可能是经济货币化程度或者金融体系提供流动性的能力,而不是反映金融发展水平。如果采用 M_2/GDP 来反映中国金融发展水平,可能会高估我国金融发展水平。金和莱文(1993)采用三个指标来衡量我国金融发展水平:金融中介的流动性负债与 GDP 比重、国内存款货币银行的信贷总量占中央银行和存款货币银行信贷总量的比重以及银行向私人部门的信贷与 GDP 和金融机构信贷总量的比率。

对于我国金融发展水平的度量,大多采用周立(2004)的衡量方法,即金融发展水平为各地区银行机构年末存贷余额与 GDP 的比值。如国内学者李广众(2002)、史永东(2003)都采用这种方法来度量我国金融发展水平。与周立(2004)不同的是,章奇等(2004)采用银行信贷余额占 GDP 比重来衡量我国金融发展水平。Hao(2006)、Guariglia 和 Poncet(2008)采用固定资产投资中银行贷款与财政拨款之比来衡量中国金融发展水平。姚耀军(2010)采用固定资产投资中国内贷款与国家预算内资金之比来衡量中国金融发展水平。赵勇等（2010）采用三个指标来衡量我国金融发展水平：金融相关率指标、私人信贷部门指标和中央政府信贷干预指标。金融相关率指标用金融机构存贷款总额占 GDP 比重表示；私人信贷部门指标用非国有部门的信贷数量与 GDP 之比表示；中央政府信贷干预指标采用金融机构存款与贷款之比来表示。盛雯雯（2017）将总贷款分为私人部门信贷和国有部门信贷，用私人部门信贷/GDP、国有部门信贷/GDP 和总信贷/GDP 三个指标来度量我国金融发展水平。张军等（2005）认为，金融发展可定义为金融机构自主化、减少和消除指令性贷款以及金融决策市场化，既然是这样的话，用各地区银行存贷款总额占 GDP 的比重来衡量我国金融发展水平，可能会高估我国金融发展程度。由于中国银行部门存在政策导向的贷款和大量的不良资产，有鉴于此，张军等（2005）采用各地金融机构配置给非国有部门的信贷总额与 GDP 之比来衡量金融发展水平；李敬（2007）也采取同样的方法估计了我国金融发展水平。张军等（2005）的基本做法是，假定全部银行信贷包括国有企业信贷和非国有企业的信贷，而银行配置给国有企业的信贷额与国有企业的产出份额存在密切关系。因此，可以采用间接方法估计金融机构配置给非国有企业部门的信贷总额。张军等（2005）采用的是残差结构一阶自相关固定效应面板模型来估算配置给非国有企业的贷款额，由于国有企业贷款额与国有企业产出占总产出的份额高度相关，故建立如下回归方程：

$$loan_{it} = \alpha + \beta \times soe_{it} + \eta_i + v_{it}$$

$$v_{it} = \rho \times v_{i,t-1} + \varepsilon_{it}, \ |\rho| < 1$$

式中，$\beta \times soe_{it}$ 表示配置给国有企业贷款比重，则配给到非国有部门的贷款为 $loan_{it} - \beta \times soe_{it}$，它由三部分构成：常数项 α，省份的虚拟变量 η_i 和误差项 v_{it}，分省份的虚拟变量 η_i 用来控制不随时间变化但随省份变化的因素的影响。采用一阶自回归过程来调整误差项中的序列相关问题，则区域金融发展水平 $= \dfrac{loan_{it} - \beta \times soe_{it}}{GDP}$。在具体计算时，由于《中国统计年鉴》从 2002 年起不再提供国有企业产出的数据，为获得非国有企业贷款/GDP 的估计值，假定各省份配给到国有企业的贷款和该省份国有企业的固定资产投资额成正比，因而可以用国有固定资产与全部固定资产之比替代国有企业贷款与国有企业产出之比，则非国有部门贷款可表示为①：总贷款额×（1－国有固定资产投资总额/全社会固定资产投资额）。其具体计算过程如下：

$$\frac{总贷款}{GDP} = \frac{国有企业贷款}{GDP} + \frac{非国有企业贷款}{GDP}$$

$$= \frac{总贷款}{GDP} \times \frac{国有企业贷款}{总贷款} + \frac{非国有企业贷款}{GDP}$$

$$= \beta \times \frac{总贷款}{GDP} \times \frac{国有企业固定资产投资}{全社会固定资产投资} + \frac{非国有企业贷款}{GDP}$$

将上式变形，则有：

$$\frac{非国有企业贷款}{GDP} = \frac{总贷款}{GDP} - \beta \times \frac{总贷款}{GDP} \times \frac{国有企业固定资产投资}{全社会固定资产投资}$$

式中，$\frac{非国有企业贷款}{GDP}$表示张军等（2005）的方法测算的金融发展水平。

金融发展指标的选取界定在金融中介部门，关于金融发展水平的度量，一般都采用张军等（2005）的方法。为了便于比较，本书将计算出没有经过调整的金融发展水平（直接利用贷款余额/GDP）和经过调整后的金融中介发展水平。

关于金融发展指标选取范围为整个金融体系（包括金融中介部门、金融市场以及保险市场）的金融发展水平的度量。王永剑等（2011）从金融中介（银行）、证券市场和保险市场中选取反映我国金融发展水平的指标体系，指标体系主要从规模、结构和效率等方面选取反映金融发展水平。为了防止选取的各种指标之间可能存在多重共线问题，王永剑等（2011）通过因子分析法将多个指标浓缩为相互独立的少数几个因子，通过因子分析法建立反映我国金融发展水平的复合指标。邓向荣等（2011）就从总量指标、效率指标和结构指标三个方面，构建7个反映区域金融发展差异的二级层级指标，并运用主成分分析法，测算我国

---

① 黄凌云、徐磊、冉茂盛：《金融发展、外商直接投资与技术进步——基于中国省际面板数据的门槛模型分析》，《管理工程学报》2009年第3期，第19页。

区域的金融发展综合指数。之所以采用综合发展指标来反映我国区域金融发展差异，邓向荣等（2011）认为，无论采用戈德史密斯（1969）的金融相关率（FIR）指标、麦金农（1973）的$\frac{M_2}{GDP}$指标还是 Odedokun（1996）的信贷存量/GDP 指标，都不能很好地反映我国区域金融发展水平的差异。其原因在于：一是货币存量是中央银行对全国范围的统计，没有分地区的统计；二是采用金融相关率指标测量金融发展水平，要求区域金融资产的相关统计数据，但是，我国各地区金融资产统计数据难以获得；三是采用信贷存量/GDP 指标，可能会高估我国各区域金融发展水平。[①] 因此，邓向荣等（2011）建议采用金融发展综合指数来度量我国区域金融发展水平。田菁（2011）从金融中介、资本市场和保险市场中选取 6 个指标，构建反映我国金融发展水平的指标体系，并采用主成分因子分析法来测算我国的金融发展水平。与田菁（2011）的研究思路类似，斯琴塔娜（2015）也从金融中介、资本市场和保险市场来选取反映金融发展水平的指标，通过选取 7 个指标，斯琴塔娜（2015）构建了测算金融发展水平的指标体系，并用主成分因子分析法测算了民族地区的金融发展水平。葛鹏飞等（2018）从金融规模、金融结构、金融效率和金融深化 4 个维度，衡量金融发展水平，金融规模用银行信贷规模占 GDP 比重来度量，金融结构为股票市场交易额占 GDP 比重，金融效率使用资本形成总额占国内总储蓄比重，金融深化用私营部门国内信贷占 GDP 占比重来表示。[②] 总体来看，从金融中介、资本市场和保险市场选取的指标主要有总量（规模）指标、结构指标和效率指标。对于总量（规模）指标的量化，现有文献一般采用某一时点上现有金融资产总额与国民财富的比率来衡量。国民财富在早期文献中一般用 GNP 来表示，由于国民经济核算体系的变化，现有文献都采用 GDP 来代替 GNP。在早期文献中，金融资产一般采用广义货币存

[①] 邓向荣、马彦平、杨彩丽：《金融开放背景下我国区域金融发展的收敛性与差异分析——基于参数和非参数的估计》，《现代财经》2012 年第 1 期，第 27 页。

[②] 葛鹏飞、黄秀路、徐璋勇：《金融发展、创新异质性与绿色全要素生产率提升——来自"一带一路"的经验证据》，《财经科学》2018 年第 1 期，第 5 页。

量 M_2 来表示，由于用广义货币存量 M_2 代理我国金融资产测算金融发展水平存在着缺陷，并且我国的主要金融资产集中在银行，而银行的主要资产就是存款和贷款。因而，现有文献一般采用金融机构年末存贷款余额来替代。对于结构指标，朱建芳（2006）采用衡量金融机构资产相对规模指标、衡量金融体系中融资结构指标、衡量金融资产配置状况指标、反映存款银行与中央银行相对地位 4 个指标来衡量。[①] 对于效率指标，一般采用银行机构年末存款与贷款之比来表示。

为了更好地度量我国金融发展水平，本书将两种方式［张军等（2005）方法和指标体系法］测算的金融发展水平进行比较，通过比较，选择最优的符合我国金融发展水平的度量方式。由于张军等（2005）方法前面已进行详细的介绍，下面着重介绍指标体系法，构建的指标体系从规模、结构和效率三个维度反映金融中介、资本市场和保险市场来选取。综合参考王永剑等（2011）、田菁（2011）和葛鹏飞等（2018）指标选取原则，选取的指标体系见表 2-5。

表 2-5　　我国金融发展综合评价指标体系

指标类别	指标符号	指标度量方式
金融中介发展指标	credit	金融机构年末信贷总额/GDP
	private	非国有企业贷款总额/GDP
资本市场发展指标	stock	年末流通股票市价总值/GDP
	bond	年末上市公司数量（个）
保险市场发展指标	Insd（保险密度）	保费收入/GDP
	Insp（保险深度）	保费收入/总人口

资料来源：参见田菁《中国区域金融发展：差异、特点及政策研究》，《财经问题研究》2011 年第 2 期，第 64 页；王永剑、刘春杰《金融发展对中国资本配置效率的影响及区域比较》，《财贸经济》2011 年第 3 期，第 55 页。本书选择的指标略有改变。

---

① 朱建芳：《区域金融发展差距：理论与实证分析》，博士学位论文，浙江大学，2006 年，第 36—37 页。

根据选择的指标评价体系，利用主成分因子分析法，测算我国的综合金融发展水平指数。主成分因子分析法的核心思想是把多个变量（指标）简化为少数几个综合变量（综合指标），而这几个综合变量（指标）可以反映原来多个变量（指标）的大部分信息，是一种通过降维来简化数据结构的分析方法，陈爽英等（2008）用数理模型对因子分析法原理进行了阐述。[①]

设在 p 个变量 x_1，x_2，$\cdots$，x_n 所描述的事物总体中抽取一个样本，共有 n 个样本 x_{i1}，x_{i2}，$\cdots$，x_{ip}（$i=1, 2, \cdots, n$）。其中，数据 x_{ij} 是第 i 个样本的第 j 个变量的值。为消除变量的量级影响，在构成相似性变量时，对原始数据做标准化处理，进而把变量 x_1，x_2，$\cdots$，x_p 变换成一组互不相关的变量 y_1，y_2，$\cdots$，y_p。变换关系式的矩阵形式为：$Y^T = VZ^T$，为了使变换前后空间中两点距离保持不变，λ_i 与矩阵 V^{-1} 的第 i 列满足关系式[②]：

$$(C - \lambda I)\begin{bmatrix} v_{i1} \\ v_{i2} \\ K \\ V_{ip} \end{bmatrix} = 0 (i = 1, 2, \cdots, p)$$

式中，I 是 P 阶单位方阵，λ_i 是 C 的特征值，$(v_{i1}, v_{i2}, \cdots, v_{ip})$ 是属于 λ_i 的特征向量。当得到 λ_i 及对应向量的单位向量时，λ_i 是新变量 $y_i = v_{i1}z_1 + v_{i2}z_2 + \cdots + v_{ip}z_p$（$i = 1, 2, \cdots, p$）的方差。一般选择前 m 个 λ_i 使得：

$$\sum_{i=1}^{m} \lambda_i / \sum_{i=1}^{p} \lambda_i \geq 80\%$$

在确定了 m 之后，原有样本中第 i 个样本由新变量值（y_{i1}，y_{i2}，$\cdots$，y_{im}）提供的数据进行。根据以上两种方法［张军等（2005）方法、综合指标法］，分别测算得出 2000—2015 年我国整体的金融发展

---

① 余利丰：《长江中游城市群次中心城市选择实证研究——基于协调发展理念分析的视角》，《江汉学术》2017 年第 4 期，第 110 页。
② 陈爽英、唐小我、邵云飞：《基于因子分析的中国城市循环经济发展水平的聚类研究》，《管理工程学报》2008 年第 4 期，第 155 页。

水平，如表2-6所示。

表2-6 2000—2015年两种方式计算的我国金融发展水平比较

年份	金融中介部门计算的金融发展水平		综合指标法测算的金融发展水平
	非国有企业贷款/GDP	银行信贷余额/GDP	
2000	0.5022	1.0847	-1.5078
2001	0.5601	1.1187	-1.2681
2002	0.6265	1.1605	-0.8005
2003	0.7117	1.2284	-0.4113
2004	0.6911	1.1246	-0.4319
2005	0.6417	1.0232	-0.7272
2006	0.6705	1.0154	-0.6182
2007	0.6775	0.9885	-0.5196
2008	0.6375	0.9351	-0.4455
2009	0.7428	1.1315	0.2630
2010	0.7876	1.1536	0.6330
2011	0.7953	1.1156	0.5413
2012	0.8419	1.1585	0.7830
2013	0.8806	1.2161	1.0226
2014	0.9298	1.2877	1.3952
2015	0.9886	1.3930	2.0916

资料来源：经计算整理所得，所计算的金融发展水平均不包含西藏地区。下同。

从以上分析中可知，尽管综合指标法测算的金融发展水平更能反映我国金融发展水平，但综合指标法也存在一些缺陷：一是综合指标法采用主成分因子分析法时，得到的综合因子数值可能为负数，尽管综合因子数值只是反映相对金融发展水平，但这与我国实际金融发展水平不相符；二是综合指标法采用因子分析时，经过主成分分析，缩减了一些指标，这说明在综合指标体系中也只是采用部分指标来测算我国金融发展水平。从运用因子分析法测算金融发展水平的过程来看，银行中介部门的指标体系在因子分析法分析中占70%左右［见王永剑（2011）的分析]。有鉴于此,本书将金融发展指标的选择范围界定在金融中介部门,这样选择与我国的银行主导型金融结构相符合。金融发展水平的测算采取与张军等(2005)相同的方法进行测算。根据表2-6中的数据,采用张军等(2005)方法以及戈德史密斯(1969)金融相关率指标测算的金融发展水平数据,可以绘制出2000—2015年我国的金融发展水平折线图。

从图2-1中可以看出,张军等(2005)度量的金融发展水平要远低于戈德史密斯(1969)金融相关率度量的金融发展水平,且两者在变化趋势上基本一致,但前者金融发展水平的变动趋势小于后者金融发展水平的变动趋势。

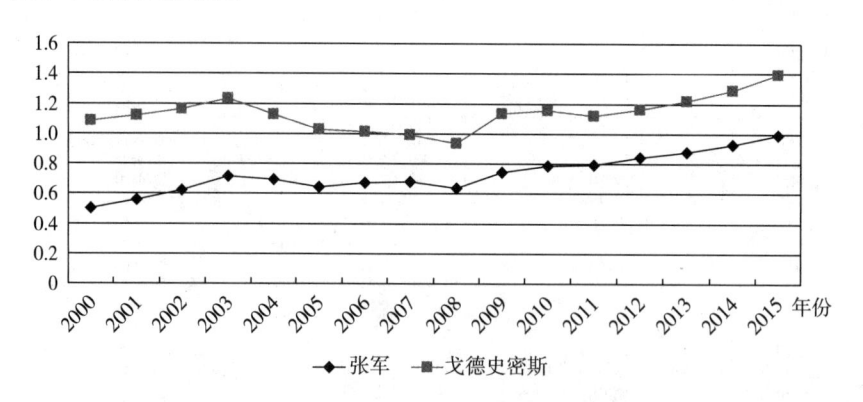

图2-1 张军等(2005)方法测算的金融发展水平和戈德史密斯(1969)金融相关率测算的金融发展水平

从区域角度来看,根据张军等(2005)度量金融发展水平的方法,可以测算出我国东部、中部、西部和东北地区2000—2015年的金融发展水平的平均值,测算结果见表2-7。

表2-7 我国东部、中部、西部和东北地区2000—2015年的金融发展水平的平均值

年份	东部地区	中部地区	西部地区	东北地区
2000	0.5622	0.4480	0.4710	0.5251
2001	0.6791	0.4483	0.5094	0.5725

续表

年份	东部地区	中部地区	西部地区	东北地区
2002	0.7564	0.5090	0.5612	0.6684
2003	0.8762	0.5816	0.6401	0.6862
2004	0.8519	0.5502	0.6297	0.6624
2005	0.8066	0.5233	0.5767	0.5673
2006	0.8546	0.5333	0.5970	0.6010
2007	0.8439	0.5438	0.6288	0.5688
2008	0.8058	0.5059	0.5856	0.5299
2009	0.9387	0.5984	0.6730	0.6348
2010	1.0280	0.6147	0.7035	0.6404
2011	1.0290	0.6119	0.7294	0.6247
2012	1.0713	0.6473	0.7843	0.6773
2013	1.1230	0.6968	0.8041	0.7201
2014	1.1807	0.7544	0.8335	0.7973
2015	1.2332	0.8370	0.8773	0.8851

资料来源：经相关数据计算整理所得。

根据表2-7中的数据，可以绘制出2000—2015年我国东部、中部、西部（不包含西藏）和东北地区的金融发展水平折线图，从图2-2中可以看出，从区域角度来看，2000—2015年，东部地区的平均金融发展水平高于中部、西部和东北地区，西部、东北地区的平均金融发展水平略高于中部地区的平均金融发展水平。2000—2005年，东北地区的平均金融发展水平高于西部地区的平均金融发展水平，但2005—2014年，西部地区的平均金融发展水平略高于东北地区的平均金融发展水平。从总体上看，东部、中部、西部和东北地区的平均金融发展水平在波动中呈现总体上升趋势，相比较而言，东部地区的平均金融发展水平从2008年以后呈现大幅度上升的态势，中部、西部和东北地区的平均金融发展水平在2008年以后呈现小幅上升趋势。

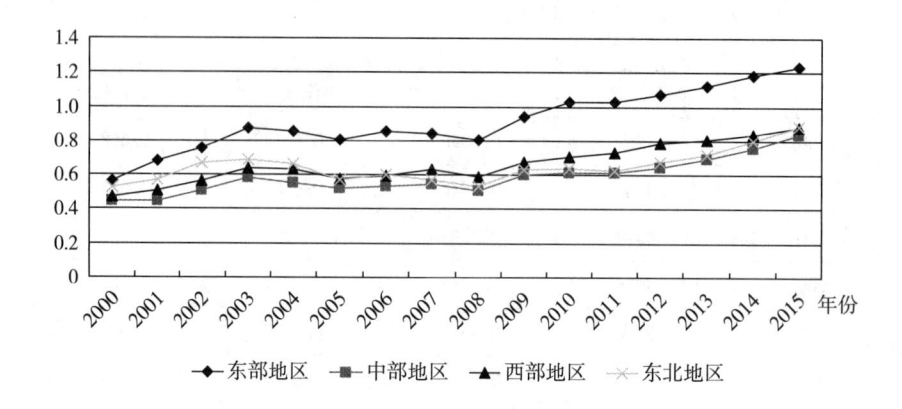

图 2-2 我国东部、中部、西部和东北地区的金融发展水平

第三节 我国区域金融发展差异分析

一 我国区域金融发展差异的形成及原因分析

(一) 我国金融发展差异的形成

从银行业区域发展的差异性来看（见表 2-8），东部地区的银行业金融机构数量为 88408 个，从业人员数量为 1640816 人，银行业金融机构资产总额 1123925.3 亿元；中部地区的银行业金融机构数量为 53044 个，从业人员数量为 817466 人，银行业金融机构资产总额 312169.7 亿元；西部地区的银行业金融机构数量为 60418 个，从业人员数量为 927464 人，银行业金融机构资产总额 379404.4 亿元；东北地区的银行业金融机构数量为 20954 个，从业人员数量为 410440 人，银行业金融机构资产总额 144139.7 亿元。从以上的分析中可以看出，在银行业金融机构数量、从业人员数量、银行业金融机构资产总额方面，东部地区都领先于其他三个区域。

从银行业地区发展的差异性来看（见表 2-8），银行业金融机构数量位居前三位的分别是广东省、山东省、四川省；银行业金融机构从业人员数量位居前三位的分别是广东省、山东省、浙江省；银行业金融机构资产总额位居前三名的分别是广东省、北京市、江苏省。而从银行业金融机构数量、从业人员数量、银行业金融机构资产总额方面来看，广东省都要领先于其他地区。

表2-8 我国银行业金融机构地区分布基本情况（2016年数据）

区域	省份	机构数量（个）	从业人员（人）	资产总额（亿元）
东部地区	北京	4691	118583	215952
	天津	3174	64859	47038.1
	河北	11538	172740	68345.7
	上海	3994	115995	143896
	江苏	13228	242062	156188
	浙江	12840	244580	132403.46
	福建	6622	122827	93278
	山东	15328	248782	109924
	广东	17322	347647	221128
	海南	1517	23600	14242.1
	合计	88408	1640816	1123925.3
中部地区	山西	7068	124394	39288.1
	安徽	8434	121726	54253
	江西	7140	106706	37346
	河南	12986	202693	69601.77
	湖北	7690	128846	59773
	湖南	9726	133101	51907.83
	合计	53044	817466	312169.7
西部地区	内蒙古	5874	101818	31622
	广西	6606	96194	33679.5
	重庆	4114	71363	43160
	四川	14183	229076	85060
	贵州	5259	71141	30810
	云南	5647	78434	36842
	西藏	686	9244	5233.3
	陕西	7034	101724	45201
	甘肃	5810	64118	24637

续表

区域	省份	机构数量（个）	从业人员（人）	资产总额（亿元）
西部地区	青海	1215	19345	8453
	宁夏	1333	23466	8309
	新疆	3596	60630	26544
	合计	60418	927464	379404.4
东北地区	辽宁	9217	187138	76181
	吉林	5080	105958	32352
	黑龙江	6657	124464	35828.6
	合计	20954	410440	144139.7

资料来源：统计数据参见中国人民银行《2016年中国区域金融运行报告》，经笔者整理。

从证券业区域发展的差异性来看（见表2-9），东部地区总部设在辖内的证券公司、基金公司、期货公司数量分别为84个、112个、105个，国内上市公司数量为2041个，当年国内股票（A股）筹资、国内债券筹资额分别为12116.7亿元、28833亿元；中部地区总部设在辖内的证券公司、基金公司、期货公司数量分别为12个、0个、14个，国内上市公司数量为421个，当年国内股票（A股）筹资、国内债券筹资额分别为2137.7亿元、12929.3亿元；西部地区总部设在辖内的证券公司、基金公司、期货公司数量分别为19个、2个、16个，国内上市公司数量为432个，当年国内股票（A股）筹资、国内债券筹资额分别为2313亿元、10650.3亿元；东北地区总部设在辖内的证券公司、基金公司、期货公司数量分别为6个、42个、7个，国内上市公司数量为152个，当年国内股票（A股）筹资、国内债券筹资额分别为811.5亿元、1971.3亿元。从以上分析可以看出，在总部设在辖内的证券公司、基金公司、期货公司数量，国内上市公司数量，当年国内股票（A股）筹资、国内债券筹资额方面，东部地区都领先于其他三个区域。

从证券业地区发展的差异性来看（见表2-9），总部设在辖内的证券公司、基金公司、期货公司数量位居前三位的分别是广东省、上海市、北京市；国内上市公司数量位居前三名的分别是广东省、浙江省、北京市；当年国内股票（A股）筹资、国内债券筹资额位居前三名的分别是浙江省、广东省、江苏省。

表2-9　　我国证券业机构分布基本情况（2016年数据）

区域	省份	总部设在辖内的证券公司、基金公司、期货公司数量（个）	年末国内上市公司数量（个）	当年国内股票额（A股）筹资、债券筹资额（亿元）
东部地区	北京	18，31，19	281	1504，—
	天津	1，1，6	45	71.7，1826.1
	河北	1，0，1	52	341.9，564.4
	上海	20，44，28	240	861，1920
	江苏	6，0，10	317	1703，8157
	浙江	5，2，12	329	2303，4049
	福建	3，5，3	107	440.5，3118.8
	山东	2，0，3	173	652，5049
	广东	26，29，21	474	2277，3715
	海南	2，0，2	28	649，424
	合计	84，112，105	2041	12116.7，28833
中部地区	山西	2，0，3	38	187，1928.9
	安徽	2，0，3	93	372，5417
	江西	2，0，1	36	201，931
	河南	1，0，2	74	413，1226
	湖北	2，0，2	96	435，829
	湖南	3，0，3	85	249，1922
	合计	12，0，14	421	2137.7，12929.3
西部地区	内蒙古	2，0，0	26	171.2，497.4
	广西	1，1，0	36	148，890
	重庆	1，1，4	44	196.9，1179.7
	四川	4，0，3	111	376.6，570.6
	贵州	2，0，0	23	92，814.4
	云南	2，0，2	32	171，1013
	西藏	0，0，0	14	263.1，849.2
	陕西	3，0，3	45	377.2，1651
	甘肃	1，0，1	30	99，302

续表

区域	省份	总部设在辖内的证券公司、基金公司、期货公司数量（个）	年末国内上市公司数量（个）	当年国内股票额（A股）筹资、债券筹资额（亿元）
西部地区	青海	1，0，1	12	53，-59
	宁夏	0，0，0	12	91，86
	新疆	2，0，2	47	274，856
	合计	19，2，16	432	2313，10650.3
东北地区	辽宁	3，0，3	76	62，1655
	吉林	2，64，2	41	207，272
	黑龙江	1，0，2	35	195，45
	合计	6，42，7	152	811.5，1971.3

资料来源：统计数据参见中国人民银行2016年《中国区域金融运行报告》，经笔者整理。

从保险业区域发展的差异性来看（见表2-10），在保险分支公司数量方面，截至2016年年末，东部地区的保险公司分支机构数量为769个，中部地区的保险公司分支机构的数量为359个，西部地区的保险公司分支机构数量为500个，东北地区的保险公司分支机构数量为195个；在保费收入方面，截至2016年年末，东部地区的保费收入为17041.6亿元，中部地区的保费收入为5678.7亿元，西部地区的保费收入为5807.6亿元，东北地区的保费收入为2358.3亿元；在保险密度方面，截至2016年年末，东部地区的保险密度领先于其他三个地区。[①] 从以上的分析中可以看出，在保险公司分支机构的数量、保费收入、保险密度方面，东部地区均领先于其他三个区域。

从保险业地区发展的差异性来看（见表2-10），在保险公司分支机构的数量方面，截至2016年年末，位居前三位的分别是河南省、四川省和浙江省；在保费收入方面，截至2016年年末，位居前三位的分别是江苏省、北京市和浙江省；在保费密度方面，截至2016年年末，位居前三位的分别是北京市、上海市和天津市。

---

① 参见中国人民银行2017年《中国区域金融运行报告》，第10页。由于中国人民银行2017年《中国区域金融运行报告》未给出具体的区域保险密度数据，故四大区域的保险密度数据空出。

表 2-10　　我国保险业机构分布基本情况（2016 年数据）

区域	省份	保险公司分支机构（个）	保费收入（亿元）	保费密度（元/人）
东部地区	北京	100	1839	8467.8
	天津	55	529.5	3389.5
	河北	65	1495.3	1995.7
	上海	99	1529	6320
	江苏	99	2690.2	3363.4
	浙江	3798	1784.9	3207.6
	福建	55	917.6	2368.6
	山东	91	2302	2315
	广东	103	3821	2752
	海南	24	133	1452
中部地区	山西	48	700.6	1902.8
	安徽	63	876	1252
	江西	42	609	1326
	河南	6259	1555	1640
	湖北	78	1052	1787
	湖南	52	886	1310
西部地区	内蒙古	39	486.87	1931.96
	广西	38	469	970
	重庆	58	602	1974
	四川	4948	1712.1	2087
	贵州	29	321.3	903.7
	云南	39	529	1116
	西藏	—	—	—
	陕西	55	714.7	1875
	甘肃	25	308	1183
	青海	16	69	1159
	宁夏	20	134	1985
	新疆	31	440	1864
东北地区	辽宁	115	1116	2546
	吉林	34	557	2038
	黑龙江	46	686	1798

资料来源：统计数据参见中国人民银行 2016 年《中国区域金融运行报告》，经笔者整理。

（二）我国区域金融发展差异形成的原因分析

一是客观环境对我国区域金融发展的影响。地理区位条件、自然禀赋影响我国区域金融的非均衡布局与发展。

二是中央政府干预导致我国区域金融发展的差异。不同时期的中央政府具有不同的经济发展偏好，因而对不同的区域也会采取有差别的区域发展金融政策。[①] 长期以来，中央政府采取向东部倾斜的发展政策，通过针对性的利率安排、针对性的金融机构准入安排以及针对性的区域直接融资政策，加剧了金融资源在东部、中部和西部地区的非均衡布局和发展。[②]

三是金融市场化改革对区域金融发展的影响。随着国有银行商业化改革的启动，"大一统"的行政化配置模式被打破，银行经营主体日趋多元化，竞争格局逐渐形成，伴随着金融资源在市场机制作用下的自由流动，三大区域金融差异的演进路径开始分化，金融资源从投资回报率低的中西部地区流向投资回报率高的东部地区，因此，区域间金融差异扩大。[③]

二　我国区域金融发展水平差异的测算方法

金融发展是金融总量由小变大、金融结构由简单到复杂、金融系统由低级到高级、金融功能由旧质到新质的运动变化过程。[④] 因而，金融发展差异蕴含了金融总量差异、金融结构差异、金融系统差异和金融功能差异。[⑤] 在如何量化金融发展差异方面，现有研究的测算方法主要有变异系数法、基尼（Gini）系数法、泰尔（Theil）指数法、对数离差均

[①] 崔光庆、王景武：《中国区域金融差异与政府行为：理论与经验解释》，《金融研究》2006年第6期，第86页。

[②] 徐云松：《我国西部区域金融发展的非均衡问题研究》，博士学位论文，中央财经大学，2013年，第245页。

[③] 俞颖、苏慧琨、李勇：《区域金融差异的演进路径与机理》，《中国工业经济》2017年第4期，第76页。

[④] 成春林、华桂宏：《金融发展差异的多重因素：文献综述及其引申》，《改革》2013年第5期，第60页。

[⑤] 同上。

值法等测算方法①以及 Dagum 基尼系数方法。

变异系数法量化区域金融发展水平差异的计算公式为：

$$V_i = \frac{\sqrt{\frac{1}{m}\sum_{j=1}^{m}(X_{ji}-\overline{X_i})^2}}{\frac{1}{m}\sum_{j=1}^{m}X_{ji}}$$

在变异系数的计算公式中，V_i 为区域金融发展水平差异的变异系数，$\sqrt{\frac{1}{m}\sum_{j=1}^{m}(X_{ji}-\overline{X_i})^2}$ 为区域金融发展水平的均值，$\frac{1}{m}\sum_{j=1}^{m}X_{ji}$ 为区域金融发展水平的标准差。

变异系数法的基本原理是利用各项指标所包含的信息来确定权重，指标变异程度越大，则表明该指标被评价对象的能力越强，应赋予较大权重；反之，应赋予较小的权重。②将 V_i 做归一化处理，得到各指标的权重为：

$$W_i = \frac{V_i}{\sum_{i=1}^{n}V_i}(i=1,2,\cdots,n)$$

基尼系数法量化区域金融发展水平差异的计算公式为：

$$Gini = -\frac{n+1}{n} + \frac{2}{n^2\mu_y}\sum_{i=1}^{n}iy_i$$

在基尼系数的计算公式中，n 表示样本数量；y_i 表示经过由低向高排列后的第 i 个区域的金融发展水平；μ_y 表示金融发展水平的均值。

泰尔指数法量化、对数离差均值法（Ge）量化区域金融发展水平差异的计算公式分别为：

$$泰尔指数 = \frac{1}{N}\sum_{i\in N}\frac{y_i}{\mu}\ln\frac{y_i}{\mu}$$

$$Ge = \frac{1}{N}\sum_{i\in N}\ln\frac{y_i}{\mu}$$

---

① 陈明华、刘华军、孙亚男：《中国五大城市群金融发展的空间差异及分布动态：2003—2013 年》，《数量经济技术经济研究》2016 年第 7 期，第 131 页。
② 何学松：《基于变异系数法的河南省金融供给发展水平实证研究：2000—2014》，《生产力研究》2017 年第 7 期，第 41 页。

在泰尔指数和对数离差均值（Ge）的计算公式中，N 表示地区的数量，μ 表示我国金融发展水平的均值，y_i 表示各区域的金融发展水平。为了更好地了解区域内的金融发展差距和区域间的金融发展差异，对泰尔指数进行分解。

假定集合 N 被分成 m 个组 N_k（k = 1, 2, …, m），每组对应的金融发展水平向量为 y^k，金融发展水平均值为 μ_k，区域数量为 n_k，金融发展水平均值的数量占总区域数量的份额为 $v_k = \dfrac{n_k}{n}$，[1] 则泰尔指数可以变为：

$$\begin{aligned}
Theil(y) &= T(y^1, y^2, \cdots, y^m) = \frac{1}{n}\sum_{k=1}^{m}\sum_{i\in N_k}\frac{y_i}{\mu_k}\ln\frac{y_i}{\mu_k}\\
&= \sum_{k=1}^{m}\frac{n_k}{n}\frac{\mu_k}{\mu_y}\frac{1}{n_k}\sum_{i\in N_k}\frac{y_i}{\mu_k}\ln\frac{y_i}{\mu_k} + \frac{1}{n}\sum_{k=1}^{m}\sum_{i\in N_k}\frac{\mu_k}{\mu_y}\ln\frac{\mu_k}{\mu_y}\\
&= \sum_{k=1}^{m} v_k \frac{\mu_k}{\mu_y}T(y^k) + \sum_{k=1}^{m} v_k \frac{\mu_k}{\mu_y}\ln\frac{\mu_k}{\mu_y}
\end{aligned}$$

在泰尔指数的分解式中，$\sum_{k=1}^{m} v_k \dfrac{\mu_k}{\mu_y}T(y^k)$ 表示金融发展水平的区域内差距，$\sum_{k=1}^{m} v_k \dfrac{\mu_k}{\mu_y}\ln\dfrac{\mu_k}{\mu_y}$ 表示金融发展水平的区域间差距。在实际计算中，$\sum_{k=1}^{m} v_k \dfrac{\mu_k}{\mu_y}T(y^k)$ 和 $\sum_{k=1}^{m} v_k \dfrac{\mu_k}{\mu_y}\ln\dfrac{\mu_k}{\mu_y}$ 的权重 $v_k \dfrac{\mu_k}{\mu_y}$，由第 k 组的金融发展水平占总金融发展水平的份额来决定。

同理，可以将对数离差均值（Ge）进行分解，其分解过程为：

$$\begin{aligned}
Ge(y) &= G(y^1, y^2, \cdots, y^m) = \frac{1}{n}\sum_{k=1}^{m}\sum_{i\in N_k}\ln\frac{\mu}{y_i}\\
&= \sum_{k=1}^{m}\frac{n_k}{n}\frac{1}{n_k}\sum_{i\in N_k}\ln\frac{\mu_k}{y_i} + \frac{1}{n}\sum_{k=1}^{m}\sum_{i\in N_k}\ln\frac{\mu}{\mu_k}\\
&= \sum_{k=1}^{m} v_k G(y^k) + \sum_{k=1}^{m} v_k \ln\frac{\mu}{\mu_k}
\end{aligned}$$

在对数离差均值分解式中，$\sum_{k=1}^{m} v_k G(y^k)$ 表示金融发展水平的区域内

---

[1] 李敬、冉光和、孙晓铎：《中国区域金融发展差异的度量与变动趋势分析》，《当代财经》2008 年第 3 期，第 35 页。

差距，$\sum_{k=1}^{m} v_k \ln \frac{\mu}{\mu_k}$ 表示金融发展水平的区域间差距。

对于基尼系数、泰尔指数和对数离差均值三种分析方法来测算我国区域金融发展水平之间的差异。李敬等（2008）认为，三种分析方法测算我国区域金融发展水平各有优缺点。基尼系数方法对中等的金融发展水平的变化比较敏感；泰尔指标方法对较高的金融发展水平的变化比较敏感；对数离差均值对较低的金融发展水平的变化比较敏感。[①] 既然三种指标都存在着各自的优缺点，因此，李敬等（2008）建议，在实际运用过程中，最好同时运用三种方法来综合反映我国区域金融发展水平的差异。

Dagum 基尼系数方法。Dagum 基尼系数方法是根据 Dagum 提出的按子群分解的基尼系数方法来对地区差距进行测算。该方法不仅从整体上描述了我国金融发展的地区间差距及其演变趋势，而且还对金融发展的地区内和地区间差距进行了分解，更为深入地剖析了我国金融发展的地区间差异。[②] Dagum 基尼系数方法量化我国区域金融发展水平差异的计算公式为：

$$G = \frac{\sum_{j=1}^{k}\sum_{h=1}^{k}\sum_{i=1}^{n_j}\sum_{r=1}^{n_h}|y_{ji}-y_{hr}|}{2n^2\mu}$$

$$\mu_h \leqslant \mu_j \leqslant \cdots \leqslant \mu_k$$

在 Dagum 基尼系数的表达式中，$y_{ji}(y_{hr})$ 是第 $j(h)$ 个区域内任意一省份的金融发展水平，μ 是我国四大经济区域 30 个省份的金融发展水平的平均值，n 是省份个数，k 是区域个数，$n_j(n_h)$ 是第 $j(h)$ 个区域内省份的个数。按照 Dagum 基尼系数分解方法，可以将其分解为三个部分：区域内差距的贡献 G_w，区域间净值差距的贡献 G_{nb}，超变密度的贡献 G_t，三者满足关系式 $G = G_w + G_{nb} + G_t$。其中，G_w、G_{nb} 和 G_t 的表

[①] 李敬、冉光和、孙晓铎：《中国区域金融发展差异的度量与变动趋势分析》，《当代财经》2008 年第 3 期，第 35 页。

[②] 沈丽、鲍建慧：《中国金融发展的地区间差距问题研究——基于 Dagum 基尼系数方法的分析》，《山东财政学院学报》2013 年第 4 期。

达式分别如下：

$$G_{jj} = \frac{\frac{1}{2\mu_j}\sum_{i=1}^{n_j}\sum_{r=1}^{n_j}|y_{ji} - y_{jr}|}{n_j^2}$$

$$G_w = \sum_{j=1}^{k} G_{jj} p_j s_j$$

$$G_{jh} = \frac{\sum_{i=1}^{n_j}\sum_{r=1}^{n_h}|y_{ji} - y_{hr}|}{n_j n_h (\mu_j + \mu_h)}$$

$$G_{nb} = \sum_{j=2}^{k}\sum_{h=1}^{j-1} G_{jh}(p_j s_h + p_h s_j) D_{jh}$$

$$G_t = \sum_{j=2}^{k}\sum_{h=1}^{j-1} G_{jh}(p_j s_h + p_h s_j)(1 - D_{jh})$$

其中，$p_j = \frac{n_j}{n}$，$s_j = \frac{n_j \mu_j}{n\mu}$，$j = 1, 2, \cdots, k$。$D_{jh} = \frac{d_{jh} - p_{jh}}{d_{jh} + p_{jh}}$表示第 $j(h)$ 个区域间的金融发展水平的相对影响；$d_{jh} = \int_0^\infty dF_j(y) \int_0^y (y - x) dF_h(x)$ 表示区域间金融发展水平的差值，可理解为第 j、h 个区域中所有 $y_{ji} - y_{hr} > 0$ 的样本值加总的数学期望；将 $p_{jh} = \int_0^\infty dF_h(y) \int_0^y (y - x) dF_j(y)$ 定义为超变一阶矩阵，可以理解为第 j、h 个区域中所有 $y_{hr} - y_{ji} > 0$ 的样本值加总的数学期望；$F_j(F_h)$ 表示第 $j(h)$ 个区域的累积密度分布函数[1]；G_{jj} 表示四大经济区域的区域内基尼系数，G_{jh} 表示四大经济区域的区域间基尼系数。[2]

三 我国四大经济区域金融发展水平的差异分析

从研究方法来看，变异系数方法无法揭示金融发展的空间差异来源；泰尔指数方法在测度不同组别之间的非均衡时没有考虑子样本的分布状况，导致空间差异分析结果的准确性有所降低；而 Dagum 基尼系

---

[1] 陈明华、刘华军、孙亚男：《中国五大城市群金融发展的空间差异及分布动态：2003—2013 年》，《数量经济技术经济研究》2016 年第 7 期，第 132 页。

[2] 王谦、董艳玲：《中国实体经济发展的地区差异及其分布动态演进》，《数量经济技术经济研究》2018 年第 5 期，第 80 页。

数方法则能够有效地解决样本数据间的交叉重叠问题以及区域差异来源问题，克服了传统基尼系数和泰尔指数的局限性。[1] 因此，本书将采用Dagum基尼系数方法对我国四大经济区域（东部、中部、西部和东北地区）金融发展的空间差异进行考察。其中，东部地区包括北京、天津、河北、上海、江苏、浙江、福建、山东、广东、海南；中部地区包括山西、安徽、江西、河南、湖北、湖南；西部地区[2]包括内蒙古、广西、重庆、四川、贵州、云南、陕西、甘肃、青海、宁夏、新疆；东北地区包括辽宁、吉林和黑龙江。

（一）四大经济区域金融发展的总体差异分析

根据Dagum基尼系数方法的计算公式，可以测算出我国四大经济区域的金融发展水平的总体空间差异（见表2-11和图2-3）。从表2-11和图2-3中可以看出，我国四大经济区域的金融发展水平的总体差异介于0.1335—0.1641之间。2000—2004年，我国四大经济区域金融发展水平差异呈现小幅上升趋势，2004年达到区间最大值0.1607；2004—2010年，四大经济区域的金融发展水平的差异呈现波动发展趋势，2010年达到峰值0.1641；2010—2015年，四大经济区域的金融发展水平的差异呈现减弱趋势，2015年金融发展水平差异降至最低值0.1335。

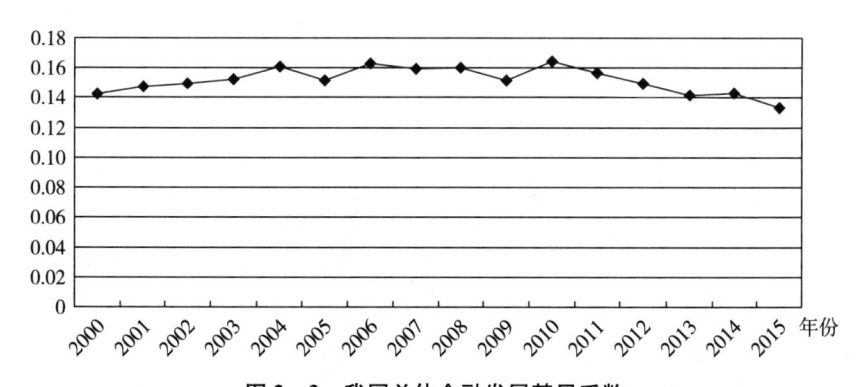

图2-3 我国总体金融发展基尼系数

---

[1] 陈明华、刘华军、孙亚男：《中国五大城市群金融发展的空间差异及分布动态：2003—2013年》，《数量经济技术经济研究》2016年第7期，第131页。

[2] 西藏地区由于统计数据不全，本书所涉及的西部地区均不包含西藏自治区。

表2-11 我国四大经济区域金融发展的总体水平及区域内基尼系数

年份	总体基尼系数	东部地区	中部地区	西部地区	东北地区
2000	0.1426	0.1103	0.0488	0.0436	0.0613
2001	0.1476	0.1014	0.0423	0.0538	0.0447
2002	0.1497	0.1013	0.0529	0.0526	0.0548
2003	0.1522	0.0991	0.0512	0.0594	0.0558
2004	0.1607	0.0993	0.0584	0.0656	0.0663
2005	0.1515	0.0980	0.0315	0.0602	0.0743
2006	0.1633	0.0979	0.0406	0.0708	0.0691
2007	0.1592	0.0904	0.0300	0.0796	0.0771
2008	0.1603	0.0904	0.0294	0.0755	0.0822
2009	0.1514	0.0877	0.0312	0.0669	0.0778
2010	0.1641	0.1003	0.0331	0.0624	0.0721
2011	0.1565	0.0930	0.0358	0.0534	0.0705
2012	0.1498	0.0884	0.0341	0.0531	0.0570
2013	0.1419	0.0805	0.0335	0.0514	0.0412
2014	0.1434	0.0818	0.0374	0.0640	0.0316
2015	0.1335	0.0779	0.0452	0.0552	0.0332
均值	0.1518	0.0936	0.0397	0.0605	0.0606

资料来源：经相关数据计算整理所得。

(二) 四大经济区域金融发展水平的区域内差异分析

2000—2015年，除中部地区外，我国其他三大经济区域内的金融发展水平差异在波动中呈现总体下降趋势（见图2-4）。其中，西部地区和东北地区的区域内金融发展水平差异均呈现先上升后大幅下降趋势，东部地区经历先上下降，再缓慢上升后缓慢下降趋势。中部地区在2000—2004年呈现波动中缓慢上升，从2004年起，开始大幅下降，到2005年下降到最低值，从2007年起，呈现波动中缓慢上升趋势。平均来看，东部地区的区域内金融发展水平差异最大，中部地区处于较低水平，西部和东北地区金融发展水平差异处于中等水平。

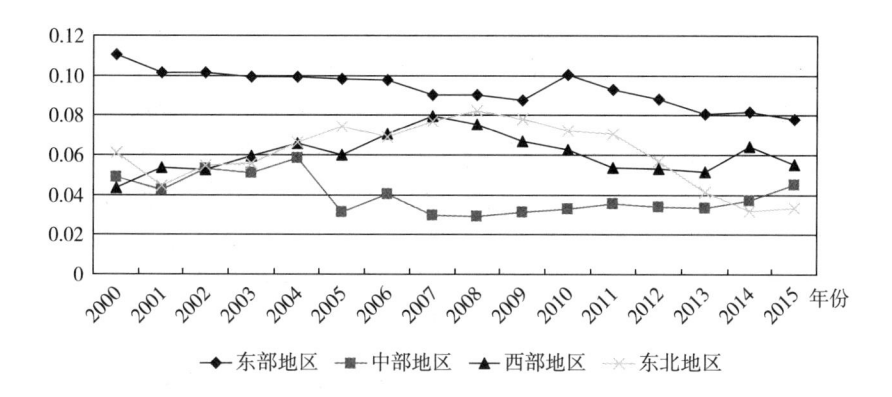

图 2-4　东部、中部、西部和东北地区内部的金融发展水平差异比较

(三) 四大经济区域金融发展水平的区域间差异分析

2000—2015 年，除中部与东北地区以外，四大经济区域间的金融发展水平差异在波动中呈现总体下降趋势（见图 2-5 和表 2-12），且呈现"上升—下降—上升—下降"的波动态势。中部与东北地区之间的金融发展水平差异，2000—2004 年，呈现"下降—上升—下降—上升"的趋势；2004—2014 年，中部与东北地区之间的金融发展水平差异呈现大幅下降趋势，但从 2014 年起，中部与东北地区的差异呈现上扬趋势。东部与中部之间的金融发展水平差异，2000—2010 年呈现波动发展态势，2010—2015 年，金融发展水平差异呈现大幅下降趋势。与东部与中部之间的金融发展水平差异的态势相似，东部与东北地区的金融发展水平差异也呈现先波动后大幅下降趋势。东部与西部之间的金融发展水平差异呈现波动小幅缓慢下降趋势。西部与东北地区之间的金融发展水平差异，2000—2007 年，呈现波动缓慢上升趋势；2007—2015 年，西部与东北地区之间的金融发展水平差异呈现大幅下降趋势。

平均来看，东部与中部、东部与西部、东部与东北地区之间的金融发展水平差异较大，且东部与中部之间的金融发展水平差异均值达到最大值，为 0.2324。中部与西部、中部与东北地区、西部与东北地区之间的金融发展水平差异处于中间水平，中部与西部之间的金融发展水平差异较小。

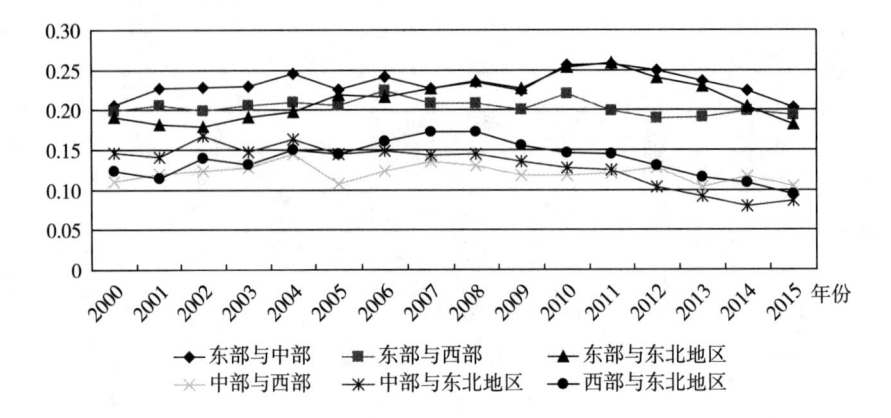

图 2-5 东部、中部、西部和东北地区之间的金融发展水平差异

表 2-12 我国四大经济区域金融发展的区域间基尼系数

年份	东部与中部	东部与西部	东部与东北地区	中部与西部	中部与东北地区	西部与东北地区
2000	0.2059	0.1993	0.1908	0.1106	0.1460	0.1230
2001	0.2276	0.2055	0.1820	0.1191	0.1412	0.1137
2002	0.2287	0.1996	0.1797	0.1236	0.1676	0.1389
2003	0.2301	0.2057	0.1918	0.1271	0.1473	0.1310
2004	0.2454	0.2094	0.1981	0.1446	0.1635	0.1494
2005	0.2256	0.2056	0.2194	0.1070	0.1448	0.1451
2006	0.2413	0.2238	0.2164	0.1233	0.1483	0.1610
2007	0.2269	0.2078	0.2273	0.1349	0.1439	0.1731
2008	0.2356	0.2088	0.2365	0.1300	0.1452	0.1725
2009	0.2241	0.2001	0.2269	0.1182	0.1350	0.1559
2010	0.2562	0.2200	0.2539	0.1184	0.1275	0.1466
2011	0.2575	0.1986	0.2591	0.1209	0.1246	0.1447
2012	0.2496	0.1898	0.2397	0.1272	0.1039	0.1297
2013	0.2367	0.1905	0.2294	0.1038	0.0911	0.1159
2014	0.2243	0.1995	0.2047	0.1169	0.0801	0.1085
2015	0.2025	0.1936	0.1816	0.1053	0.0860	0.0939
均值	0.2324	0.2036	0.2148	0.1207	0.1310	0.1377

资料来源：经相关数据计算整理所得。

(四) 四大经济区域金融发展的差异来源及其贡献分析

从图2-6和表2-13中可以看出,四大经济区域之间的金融发展差异来源及贡献率在波动中呈现总体上升的趋势,超变密度呈现总体下降的态势,而区域内金融发展水平差异基本处于平稳状态。2000—2007年,区域间的金融发展水平差异呈现"上升—下降—上升—下降"的震荡式波动;2007—2010年,区域间的金融发展水平差异呈现缓慢上升的发展态势;2010—2012年,区域间差异呈现小幅下降态势;2012—2013年,区域间差异呈现大幅上升态势;2013—2015年,区域间差异呈现小幅缓慢下降态势。从超变密度差异及贡献来看,2000—2005年,超变密度差异及贡献率呈现震荡式下降态势;2005—2007年,超变密度差异及贡献率呈现小幅上升态势;2007—2010年,超变密度差异及贡献率呈现又呈现小幅下降态势;2010—2015年,超变密度差异及贡献率呈现小幅波动态势。从区域内差异及贡献率来看,区域内金融发展差异基本在0.0191—0.0243之间,总体变化不大。

从来源大小来看,区域间差异最大,数值介于0.0295—0.0958之间;超变密度来源居中,数值介于0.0361—0.0915之间;区域内差异来源最小,数值介于0.0191—0.0243之间。从贡献率的大小来看,区域间差异贡献率最大,均值为48.68%;超变密度居中,数值介于26.07%—64.17%之间;区域内差异贡献率最小,均值为14.62%。因此,我国四大经济区域金融发展水平总体差异主要来自区域间差异。

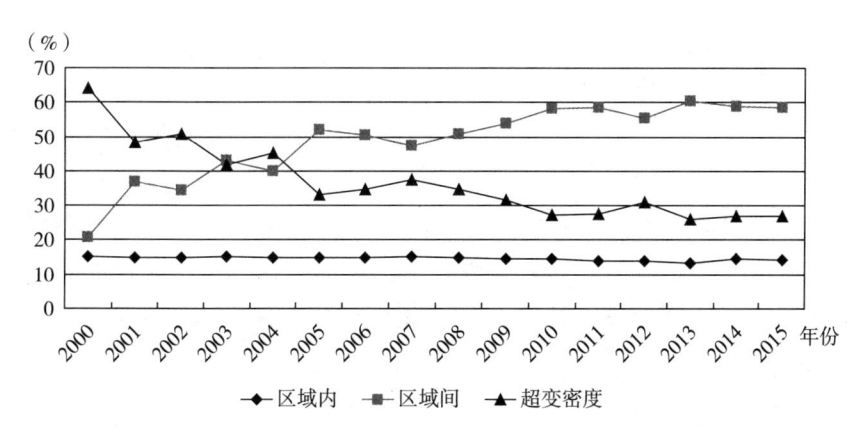

图2-6 东部、中部、西部和东北地区金融发展水平差异来源及贡献的演变态势

表 2-13　　我国四大经济区域金融发展的差异来源及其贡献

年份	区域内 差异来源	区域内 贡献率（%）	区域间 差异来源	区域间 贡献率（%）	超变密度 差异来源	超变密度 贡献率（%）
2000	0.0216	15.15	0.0295	20.69	0.0915	64.17
2001	0.0221	14.97	0.0543	36.79	0.0712	48.24
2002	0.0222	14.83	0.0516	34.47	0.0759	50.70
2003	0.0230	15.11	0.0657	43.17	0.0635	41.72
2004	0.0241	15.00	0.0641	39.89	0.0725	45.12
2005	0.0226	14.92	0.0787	51.95	0.0502	33.14
2006	0.0243	14.88	0.0823	50.40	0.0567	34.72
2007	0.0241	15.14	0.0752	47.24	0.0599	37.63
2008	0.0236	14.72	0.0813	50.72	0.0554	34.56
2009	0.0221	14.60	0.0814	53.76	0.0479	31.64
2010	0.0237	14.44	0.0958	58.38	0.0446	27.18
2011	0.0216	13.80	0.0916	58.53	0.0433	27.67
2012	0.0207	13.82	0.0829	55.34	0.0462	30.84
2013	0.0191	13.46	0.0858	60.47	0.0370	26.07
2014	0.0207	14.44	0.0842	58.72	0.0385	26.85
2015	0.0192	14.38	0.0782	58.58	0.0361	27.04
均值	0.0222	14.62	0.0739	48.68	0.0557	36.69

资料来源：经相关数据计算整理所得。

四　我国区域金融发展水平差异的收敛性分析

根据 Dagum 基尼系数方法的分析结果可知，我国区域金融发展水平的差异较大，那么区域金融发展水平之间的差距未来是进一步扩大还是缩小？这就涉及区域金融发展水平的未来变动趋势分析。为探讨四大经济区域金融发展水平差异的未来发展趋势，需要对我国区域金融发展进行收敛性分析。从现有文献的研究来看，收敛性主要包括 σ 收敛、β 收敛以及俱乐部收敛。其中，β 收敛分为绝对 β 收敛和条件 β 收敛两类。

（一）我国区域金融发展差异的 σ 收敛检验

区域金融发展的 σ 收敛是指一国或地区金融发展水平的绝对收敛，

反映一个国家或地区内部各经济体金融发展的离散程度。① 现有研究关于 σ 收敛的衡量指标有变异系数法、泰尔指数法、基尼系数法等。② 借鉴刘传明等 (2017) 的做法,本书也采用变异系数来衡量 σ 收敛,其计算公式如下:

$$\sigma = \frac{\sqrt{\frac{1}{N_j}\sum_{i}^{N_j}(F_{ij}-\overline{F}_{ij})^2}}{\overline{F}_{ij}}$$

式中,j 表示区域个数 ($j=1,2,3,4$),i 表示区域内省份的总数 ($i=30$),N_j 为各区域内省份的个数,F_{ij}、$\overline{F}_{ij}$ 分别表示区域 j 在 t 时期内的金融发展水平和平均值。

本书采用变异系数作为区域金融发展水平差异 σ 收敛的检验方法,变异系数的测算结果见表 2-14。图 2-7 展示了 2000—2015 年全国以及四大经济区域金融发展水平 σ 收敛系数的演变趋势。从全国金融发展水平变异系数的演变趋势来看,总体上呈现明显的下降趋势。其中,在 2000—2006 年,呈现缓慢的上升趋势;2006—2010 年,呈现"下降—上升—下降—上升"的波动状态;在 2010 年以后,呈现大幅度的下降趋势。从四大经济区域来看,东部、西部和东北地区的变异系数在样本考察期内呈现逐渐下降趋势,说明这些区域的金融发展存在收敛特征,中部地区的变异系数在样本考察期内呈现逐渐上升趋势,这也就意味着中部地区的金融发展存在发散特征。

(二) 我国区域金融发展差异的 β 收敛检验

区域金融发展的 β 收敛,是指不同省份的金融发展速度与区域金融发展水平负相关。依据是否考虑收敛条件,区域金融发展的 β 收敛又分为 β 绝对收敛和 β 条件收敛两类。β 绝对收敛意味着各省份的金融发展以相同的稳态进行,β 条件收敛意味着各省份金融发展的变化速度取决

---

① 孙晓羽、支大林:《中国区域金融发展差异的度量及收敛趋势分析》,《东北师范大学学报》(哲学社会科学版) 2013 年第 3 期,第 47 页。

② 刘传明、王卉彤、魏晓敏:《中国八大城市群互联网金融发展的区域差异分解及收敛性研究》,《数量经济技术经济研究》2017 年第 8 期,第 6 页。

104 / 金融发展与中国全要素生产率提升研究

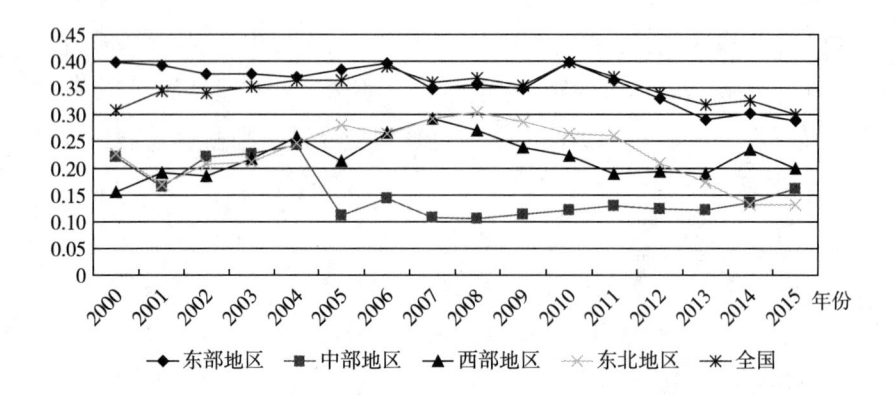

图 2-7 2000—2015 年我国区域金融发展 σ 收敛系数折线图

表 2-14　　　　　我国四大经济区域金融发展的 σ 收敛系数

年份	东部地区	中部地区	西部地区	东北地区	全国
2000	0.3974	0.2203	0.1554	0.2263	0.3095
2001	0.3927	0.1662	0.1902	0.1694	0.3452
2002	0.3773	0.2213	0.1844	0.2080	0.3411
2003	0.3757	0.2260	0.2175	0.2108	0.3530
2004	0.3712	0.2435	0.2592	0.2466	0.3644
2005	0.3833	0.1114	0.2124	0.2802	0.3639
2006	0.3959	0.1436	0.2663	0.2646	0.3907
2007	0.3494	0.1073	0.2920	0.2921	0.3605
2008	0.3556	0.1052	0.2717	0.3039	0.3674
2009	0.3483	0.1143	0.2383	0.2869	0.3542
2010	0.3979	0.1211	0.2228	0.2655	0.3991
2011	0.3640	0.1285	0.1887	0.2601	0.3709
2012	0.3300	0.1239	0.1922	0.2098	0.3409
2013	0.2917	0.1216	0.1887	0.1734	0.3177
2014	0.3031	0.1350	0.2355	0.1317	0.3267
2015	0.2882	0.1604	0.1993	0.1306	0.3007

资料来源：经相关数据计算整理所得。

于诸多外在因素。①

检验 β 绝对收敛采用的方程为：

$$\ln\left(\frac{FD_{i,t+1}}{FD_{i,t}}\right) = \alpha + \beta \ln FD_{i,t} + \varepsilon_{i,t}$$

检验 β 条件收敛采用的方程为：

$$\ln\left(\frac{FD_{i,t+1}}{FD_{i,t}}\right) = \alpha + \beta \ln FD_{i,t} + \phi X_{i,t} + \varepsilon_{i,t}$$

在模型的表达式中，FD 为各省份的金融发展水平，$\ln\left(\frac{FD_{i,t+1}}{FD_{i,t}}\right)$ 为 t 到 $t+1$ 期的平均增长率；α 和 ε 分别表示常数项和误差项；$\ln FD_{i,t}$ 表示考察期内 i 省份基期年份（如 1999 年）的金融发展水平；β 为收敛系数，如果 $\beta<0$ 且显著，则区域金融发展水平差异趋于收敛；如果 $\beta>0$，则区域金融发展水平差异趋于发散。ϕ 为系数矩阵，X 为影响 β 条件收敛的变量矩阵。

我国区域金融发展差异的形成主要受到政府干预以及经济发展因素的影响。② 因此，选取地区人均 GDP（AGDP）、财政支出占 GDP 比重（Gov）、市场化指标（Market）作为影响区域金融发展差异最主要的变量，检验是否存在 β 条件收敛。借鉴孙早等（2014）的做法，用各地区规模以上非国有工业总产值占地区全部工业总产值的比重来衡量市场化程度。③

1. 我国金融发展水平差异的 β 绝对收敛分析

从表 2－15 中可以看出，全国、东部、中部和西部地区变量 $\ln FD_{i,t}$ 的收敛系数 β 均显著且大于 0；东北地区的收敛系数 β 小于 0，但不显著，说明我国金融发展水平差异不具有 β 绝对收敛特征。

---

① 李树、鲁钊阳：《中国城乡金融非均衡发展的收敛性分析》，《中国农村经济》2014 年第 3 期，第 30 页。

② 崔光庆、王景武：《中国区域金融差异与政府行为：理论与经验解释》，《金融研究》2006 年第 6 期，第 75 页。

③ 孙早、刘李华、孙亚政：《市场化程度、地方保护主义与 R&D 的溢出效应——来自中国工业的经验证据》，《管理世界》2014 年第 8 期，第 83 页。

表 2-15　　　　金融发展水平差异的 β 绝对收敛检验

变量	全国	东部地区	中部地区	西部地区	东北地区
lnFD	0.0492***	0.2528	0.1223**	0.109***	-0.0023
α	0.0623***	0.0546***	0.1080***	0.0892***	0.0410
F 检验量及 P 值	12.64 (0.000)	5.18 (0.000)	4.4 (0.000)	3.66 (0.000)	5.51 (0.000)
R^2	0.0264	0.0049	0.1280	0.0462	0.0289
样本数	480	160	96	176	48

注：据 Stata 13.0 计算。***、**、* 分别表示在 1%、5%、10% 的显著性水平下显著；F 统计量括号内为 P 值。下同。

2. 我国金融发展水平差异的 β 条件收敛分析

从表 2-16 中可以看出，全国、东部、中部、西部和东北地区的变量 lnFD 的系数都大于 0，说明中国的金融发展没有表现出明显的 β 条件收敛特征。同时，检验结果显示，人均 GDP 只对中部地区的金融发展水平的差异有影响，随着中部地区人均 GDP 水平的提升，中部地区的金融发展水平差异会趋向收敛；政府干预只对西部地区的金融发展水平的差异有影响，政府干预会缩小西部地区金融发展水平的差异；市场化水平对东部地区、西部地区的金融发展水平差异会产生影响。随着市场化程度的进一步提升，东部地区的金融发展差异将会拉大，而西部地区的金融发展差异将会缩小。

表 2-16　　　　金融发展水平差异的 β 条件收敛检验

变量	全国	东部地区	中部地区	西部地区	东北地区
lnFD	0.0547***	0.0237	0.1441**	0.1372***	0.0113
AGDP	-0.0100	0.0250	-0.1374*	0.0094	0.158
Gov	0.0016	0.0356	-0.0860	-0.0671*	0.2227
Market	0.0344	0.1630**	0.0013	-0.1439*	-0.1222
α	0.1473	-0.249	1.2850	-0.0237	-1.0879
F 检验量及 P 值	11.84 (0.000)	5.24 (0.000)	4.12 (0.000)	3.73 (0.000)	4.58 (0.000)
R^2	0.0376	0.0024	0.0009	0.0468	0.0021
样本数	480	160	96	176	48

注：根据 Stata 13.0 计算所得。

(三) 我国区域金融发展差异的"俱乐部收敛"检验

区域金融发展的"俱乐部收敛"是指金融发展水平较低的区域和金融发展水平较高的区域内部存在 β 绝对收敛，而区域之间却没有收敛的现象。从表 2-16 中可知，东部、中部、西部地区均无明显的"俱乐部收敛"特征，东北地区尽管表现出"俱乐部收敛"的特征，但不显著。因此，东部、中部、西部和东北地区均没有明显的"俱乐部收敛"特征。

综合以上三种收敛性检验可知，我国区域金融发展的差异存在 σ 收敛，但无明显的 β 绝对收敛、β 条件收敛特征，也不具有"俱乐部收敛"特征。

第四节 本章小结

从我国金融体系发展的特征来看，我国金融体系的发展表现出鲜明的中国特色特征，我国金融体系的发展路径选择是政府主导的、以银行融资为主的金融发展特征，区域之间金融体系的发展非平衡性明显。通过运用 Dagum 基尼系数方法对我国 2000—2015 年区域金融发展的差异进行分析。研究发现：

第一，2000—2015 年，我国区域金融发展差异总体上呈现缩小趋势；从四大经济区域内来看，2000—2015 年，除中部地区外，我国其他三大经济区域内的金融发展水平差异在波动中呈现总体下降的趋势。其中，东部地区、东北地区的区域内金融发展水平差异均呈现先上升后大幅下降的趋势，西部地区经历先上升后大幅下降，再缓慢上升后缓慢下降的趋势。中部地区在 2000—2004 年呈现波动中缓慢上升，从 2004 年起，开始大幅下降，到 2005 年下降到最低值，从 2006 年起，呈现波动中缓慢上升趋势。平均来看，东部地区金融的发展差异区域内最大，中部地区处于较低水平，西部和东北地区金融发展水平差异处于中等水平。

从区域金融发展区域间的差异来看，中部与西部、中部与东北地区、西部与东北地区之间的金融发展水平差异处于中间水平，中部与西部之间的金融发展水平差异较小。从来源大小来看，区域间差异最大，区域内差异来源最小。从贡献率的大小来看，区域间差异贡献率最大，区域内差异贡献率最小。我国四大经济区域金融发展水平总体差异主要来自区域间的差异。

第二，从我国区域金融发展差异的收敛性检验来看，我国区域金融发展的差异存在着 σ 收敛，但无明显的 β 绝对收敛、β 条件收敛特征，也不具有"俱乐部收敛"特征。因此，应客观地认识我国区域金融发展的差异，通过完善国家财政转移支付制度，加大对金融发展水平落后区域的扶持力度，降低区域间金融发展水平的差异；同时，通过政府的宏观调控，降低区域内金融发展水平的差异。

第三章 我国全要素生产率增长率测算及区域差异分析

第一节 全要素生产率增长率测算方法

一 我国全要素生产率增长率测算模型

（一）全要素生产率增长率分解

关于全要素生产率增长率的测算，本书采用 Kumbhakar 和 Lovell（2000）的全要素生产率增长率分解法。在此基础上，通过设定随机前沿生产函数的计量模型，利用我国省际面板数据，求出各省份的全要素生产率增长率。假定随机前沿生产函数为 $Y_{it} = f(X_{it}, t)\exp(-u_{it})$，根据 Kumbhakar 和 Lovell（2000）的分解法，将随机前沿生产函数对时间 t 两边分别求导，为了方便求解，省略下标 it。

$$\frac{\Delta Y}{Y} = \frac{\partial \ln Y}{\partial t} = \frac{\partial \ln f(X,t)}{\partial t} + \sum_j \frac{\partial \ln f(X,t)}{\partial \ln X_j} \times \frac{\partial \ln X_j}{\partial X_j} \times \frac{dX_j}{dt} - \frac{\partial u}{\partial t}$$

$$= \frac{\partial \ln f(X,t)}{\partial t} + \sum_j \varepsilon_j \frac{\Delta X_j}{X_j} - \frac{\partial u}{\partial t}$$

式中，$\varepsilon_j = \frac{\partial \ln f(X, t)}{\partial \ln X_j}$ 是投入 j 的要素产出弹性，ΔX_j 是投入 j 的增长量，定义技术效率变化率为：$\frac{\Delta TE}{TE} = -\frac{\partial u}{\partial t}$。根据全要素生产率增长率的定义，全要素生产率增长率是产出增长率与投入增长率之差，即：

$$\frac{\Delta TFP}{TFP} = \frac{\Delta Y}{Y} - \sum_j s_j \frac{\Delta X_j}{X_j}$$

式中，s_j 是投入 j 的成本份额，将 $\frac{\Delta Y}{Y}$ 的表达式代入 $\frac{\Delta TFP}{TFP}$ 的表达式中，可得：

$$\frac{\Delta TFP}{TFP} = \frac{\partial \ln f(X,t)}{\partial t} - \frac{\partial u}{\partial t} + (RTS - 1)\sum_j \lambda_j \frac{\Delta X_j}{X_j} + \sum_j (\lambda_j - s_j)\frac{\Delta X_j}{X_j}$$

式中，$\frac{\Delta TFP}{TFP}$ 表示全要素生产率增长率，$\frac{\partial \ln f(X,t)}{\partial t}$ 表示技术进步变化率，$(RTS-1)\sum_j \lambda_j \frac{\Delta X_j}{X_j}$ 表示规模经济效应变化率，$\sum_j (\lambda_j - s_j)\frac{\Delta X_j}{X_j}$ 表示资源配置效率变化率，$\frac{\partial U}{\partial t}$ 表示技术效率变化率。按上式的排列顺序可以将全要素生产率增长率依次分解为技术进步变化率、技术效率变化率、规模经济效应变化率、资源配置效率变化率。

在规模效应变化率的表达式 $(RTS-1)\sum_j \lambda_j \frac{\Delta X_j}{X_j}$ 中，$\lambda_j = \frac{\varepsilon_j}{\sum_j \varepsilon_j}$，$RTS = \sum_j \varepsilon_j$ 为所有投入要素产出弹性之和，用来衡量行业规模经济效应，规模经济效应是指在其他条件不变的情况下产出比例高于要素规模综合增长比例。从规模效应变化率的表达式 $(RTS-1)\sum_j \lambda_j \frac{\Delta X_j}{X_j}$ 可以看出，当规模报酬递增时，要素投入有利于全要素生产率增长；反之，当规模报酬递减时，要素投入会阻碍全要素生产率增长。

在资源配置效应变化率的表达式 $\sum_j (\lambda_j - s_j)\frac{\Delta X_j}{X_j}$ 中，产出弹性份额比成本份额大的要素投入增长快有利于全要素生产率增长；反之，产出弹性份额比成本份额小的要素投入增长快则不利于全要素生产率增长。

为了简化的方便，设定 $\dot{TFP} = \frac{\Delta TFP}{TFP}$ 表示全要素生产率增长率，$\dot{TE} = \frac{\Delta TE}{TE}$ 表示技术效率变化率，$\dot{TP} = \frac{\Delta TP}{TP}$ 表示技术进步变化率，$\dot{SE} = \frac{\Delta SE}{SE}$ 表示规模效应变化率，$\dot{AE} = \frac{\Delta AE}{AE}$ 表示资源配置效率变化率，则全要

素生产率增长率分解可变为：TFP = TE + TP + SE + AE。

二 全要素生产率增长率测算方法简介：面板数据随机前沿生产函数

（一）面板数据随机前沿生产函数的基本形式

关于全要素生产率增长率的测算，本书采用面板数据随机前沿分析法。随机前沿分析法可以分为基于非参数估计的数据包络法和基于参数估计的随机前沿分析法两种。与基于非参数的数据包络法相比，基于参数估计的随机前沿分析法具有如下优势[①]：一是随机前沿分析法充分考虑到非投入因素对技术效率的影响，而数据包络法假设所有效率影响因素都被数据包络模型所覆盖；二是随机前沿分析法可以通过函数设定形式的有效性进行检验，能够保证较好的拟合效果；而数据包络法作为一种数学规划方法，无法进行模型的有效性检验。

根据 Kumbhakar 等（2000）的总结，面板数据随机前沿生产函数模型的一般形式可表示为：$y_{it} = f(x_{it}, \beta) \exp(v_{it} - u_{it})$。可以看出，面板数据随机前沿生产函数模型既包括前沿生产函数部分，又包括技术非效率函数部分。因此，在运用随机前沿分析法之前，首先要设定总量生产函数形式，而在生产函数的设定形式上，现有研究关于随机前沿生产函数的设定形式主要有两种：柯布—道格拉斯生产函数和超越对数生产函数。傅晓霞等（2006）通过对两种函数形式的优缺点进行比较，认为超越对数生产函数在理论上具有一定的优势，其优势是放宽了技术中性，并且允许要素间替代弹性可变；缺点是容易产生多重共线问题。谢建国（2006）也认为，柯布—道格拉斯生产函数暗含了所有样本都使用相同的生产技术假定。因而，采用柯布—道格拉斯生产函数遭到越来越多的批评。

在设定了随机前沿生产函数后，还需进一步设定技术非效率函数模型，在技术非效率函数模型设定上，现有研究中最常见的三种形式的随机前沿函数模型为：一是基于时不变技术效率随机前沿生产函数模型；

---

① 余泳泽：《中国省际全要素生产率动态空间收敛性研究》，《世界经济》2015 年第 10 期，第 34 页。

二是基于时变性技术效率随机前沿生产函数模型，也称为 Battese 和 Coelli（1992）模型；三是带 Z 变量的技术效率随机前沿生产函数模型，也称为 Battese 和 Coelli（1995）模型。Battese 和 Coelli（1992）模型与 Battese 和 Coelli（1995）模型的不同之处主要体现在技术无效率函数模型的设定上。

Battese 和 Coelli（1992）模型将技术效率定义为：$TE_{it} = \exp(-u_{it})$，且假定时变性技术效率指数 u_{it} 满足关系式：$u_{it} = u_i \exp[-\eta(t-T)]$，在 $u_{it} = u_i \exp[-\eta(t-T)]$ 表达式中，参数 η 表示技术效率指数变化率。将技术效率对时间 t 求导数，则技术效率变化率为：

$$\dot{TE} = -\frac{\partial u_{it}}{\partial t} = \eta \times u_i \exp[-\eta(t-T)] = \eta \times u_{it}$$

从上面的表达式中可以看出，技术效率变化率不仅与技术效率指数变化参数 η 有关，而且与技术效率本身也有关。为了测算区域全要素生产率增长率，还必须设定技术非效率函数模型。为此，采用 Battese 和 Coelli（1992）模型，将技术无效率函数模型设定为：

$$TE_{it} = \exp(-u_{it})$$
$$u_{it} = \{\exp[-\eta(t-T)]\}u_i$$
$$\gamma = \frac{\sigma_u^2}{\sigma_u^2 + \sigma_v^2}$$

式中，t 表示时间跨度，由于本书采集的数据是从 2000—2015 年，因此，时间跨度为 16 年，在 Fronter4.1 的软件命令中，一般假定 2000 = 1，2001 = 2，……，2015 = 16。$u_{it} = \{\exp[-\eta(t-T)]\}u_i$ 描述了时间因素对技术效率的影响，变量 η 是待估参数。当 $\eta > 0$ 时，$u_{it} = \{\exp[-\eta(t-T)]\}u_i > 0$，表明随时间的推移，表示技术效率会以递增的速率降低；当 $\eta < 0$ 时，$u_{it} = \{\exp[-\eta(t-T)]\}u_i < 0$，表示技术效率随着时间的推移而增加；当 $\eta = 0$ 时，此时 $u_{it} = u_i$，表明技术效率不随时间变化。

Battese 和 Coelli（1995）模型将技术非效率函数定义为：$u_{it} = z_{it}\delta$，式中，z_{it} 为影响技术非效率的具体因素，如本书中的金融发展变量。δ 为待估参数。u_{it} 是服从在零点截断的正态分布，即 $u_{it} \sim N(z_{it}\delta, \sigma_u^2)$，

且技术非效率项 u_{it} 与误差项 v_{it} 之间相互独立。

(二) 面板数据随机前沿生产函数的发展

生产率增长测算的随机边界分析法是在生产函数的基础上发展起来的，是生产函数法的扩展和补充，是生产函数法与随机边界理论相结合的产物。边界生产函数法最早由 Aigner 和 Chu (1968) 提出，边界生产函数经历了确定性边界生产函数和随机边界生产函数两个阶段。确定性边界生产函数将影响产出生产有效性的全部因素归入误差项，其模型为：$Y = f(X)e^{-u}$（$u \geq 0$），其中，$f(X)$ 为确定性生产边界，$0 \leq e^{-u} \leq 1$ 反映了生产的非有效性，Y 为实际产出量。确定性边界生产函数存在的缺陷是对观测数据的误差比较敏感，稳定性较差。由于模型将影响经济单位的外生扰动因素也计入内生的技术无效率之中，从而导致所测定的技术效率与真实的效率水平之间存在着较大的误差。针对确定性边界生产函数模型存在的问题，Aigner 等 (1977)、Meeusen 等 (1977) 和 Battese 等 (1977) 分别提出了随机前沿生产函数模型。与确定性随机前沿生产函数模型相比，随机前沿生产函数模型的最大特点是既考虑了技术无效率对产出的影响，又考虑了随机因素对产出的影响，从而使研究结果更接近于现实。[①] 随机前沿生产函数模型设定如下：

$$Y_{it} = f(X_{it}, \beta)e^{v_{it}-u_{it}}$$

式中，Y_{it} 表示区域 i 在时期 t 的实际产出；X_{it} 表示影响产出的投入向量；误差项为复合结构，第一部分 v_{it} 表示观测误差和其他随机因素，第二部分 u_{it} 表示技术非效率所引起的误差，$u_{it} \geq 0$。对 $Y_{it} = f(X_{it}, \beta)e^{v_{it}-u_{it}}$ 两边取对数，可得：

$$\ln(Y_{it}) = \ln f(X_{it}, \beta) + v_{it} - u_{it}$$

令 $y_{it} = \ln(Y_{it})$，$x_{it} = \ln(X_{it})$，则上式可写成线性形式，即：

$$y_{it} = x_{it}'\beta + v_{it} - u_{it}$$

Meeusen 等 (1977)、Aigner 等 (1977) 最初在截面数据中建立了随机前沿分析模型，由于截面数据模型要求对效率项的分布做出先验的

[①] 余敦涌、张雪花、刘文莹：《基于随机前沿分析方法的碳排放效率分析》，《中国人口·资源与环境》2015 年第 11 期增刊，第 22 页。

假设，因而假设不当容易造成效率值估计偏误。① 针对截面数据的不足，Pitt 和 Lee（1981）首次将随机前沿模型应用到面板数据中来，此后，面板数据随机前沿模型得到了广泛应用。② 从面板数据随机前沿生产函数来看，可以分为两种类型③：一是带有时间趋势项的随机前沿生产函数模型；二是带有影响技术效率因素的随机前沿生产函数模型。

带有时间趋势项的随机前沿生产函数模型，又可以分为技术效率不随时间变化的随机前沿生产函数模型和技术效率随时间变化的随机前沿生产函数模型两类。对于技术效率不随时间变化的随机前沿生产函数模型，即假定随机前沿生产函数模型的线性表达式中的 $u_{it} = u_i$，其线性的表达式可变为：

$$y_{it} = x_{it}'\beta + v_{it} - u_i$$

Pitt 和 Lee（1981）通过极大似然法对技术效率不随时间变化的随机前沿生产函数模型进行参数估计，研究发现，由于无法从复合残差值（$v_{it} - u_i$）中分离 u_i 的估计值 $\hat{u}_i$，所以，无法得到每个决策单元的效率值，而只能得到所有决策单元的效率均值。在 *Pitt & Lee*（1981）研究的基础上，Battese 和 Coelli（1988）假定 $u_i \sim N^+(\mu, \sigma_u^2)$，利用正态分布的条件期望，求出了单个决策单元的技术效率。从本质上看，技术效率不随时间变化的随机前沿生产函数模型就是传统的面板数据模型。④

对于技术效率随时间变化的随机前沿生产函数模型，Cornwell 等（1990）、Kumbhakar（1990）、Battese 和 Coelli（1992）、Lee 和 Schmidt（1993）、Greene（2004，2005）、Wang 和 Ho（2010）都提出了各自的效率随时间变化的随机前沿生产函数模型。Cornwell 等（1990）首次提出了技术效率随时间变化的随机前沿生产函数模型，其模型为：

---

① 边文龙、王向楠：《面板数据随机前沿分析的研究综述》，《统计研究》2016 年第 6 期。
② 同上书，第 14 页。
③ 沈汉溪：《中国经济增长源泉分解》，博士学位论文，浙江大学，2007 年，第 99—102 页。
④ 边文龙、王向楠：《面板数据随机前沿分析的研究综述》，《统计研究》2016 年第 6 期，第 15 页。

$$y_{it} = \alpha + x_{it}'\beta + v_{it} - u_{it} = x_{it}'\beta + \alpha_{it} + v_{it}$$

式中，Cornwell 等进一步假定 $\alpha_{it} = \theta_{i1} + \theta_{i2}t + \theta_{i3}t^2$，Cornwell 等允许了 u_{it} 随时间变化，其模型也不需要对 u_{it} 和 v_{it} 的分布做出假设，且允许 u_{it} 和 x_{it} 之间存在着相关性。①

Kumbhakar（1990）通过严格的分布假定，提出了技术效率随时间变化的随机前沿生产函数模型，其模型为：

$$y_{it} = x_{it}'\beta + v_{it} - u_{it}$$

在这个模型中，Kumbhakar 假定 $u_{it} = \gamma_t u_i$，且 $u_i \sim N^+(0, \sigma_u^2)$，$v_{it} \sim N(0, \sigma_v^2)$。$u_i$ 和 v_{it} 之间相互独立，且 u_{it} 和 x_{it} 之间不存在着相关性。其中，$\gamma_t = \dfrac{1}{1 + \exp(bt + ct^2)}$。

Battese 和 Coelli（1992）在 Kumbhakar（1990）的基础上，假定 $u_i \sim N^+(\mu, \sigma_u^2)$，并假定 $\gamma_t = \exp[-\eta(t-T)]$。在这个表达式中，$\eta$ 是未知的标量参数，T 是基期年份，则此时技术效率 $\mu_{it} = \gamma_t \mu_i = \exp[-\eta(t-T)]\mu_i$。当 $\eta > 0$ 时，技术效率随时间变化递增，但递增的速度越来越慢；当 $\eta < 0$ 时，技术效率随时间变化递减，但递减的速度越来越快；当 $\eta = 0$，技术效率不随时间变化。②

与 Battese 和 Coelli（1992）不同的是，Lee 和 Schmidt（1993）没有对 u_{it} 和 v_{it} 的分布做出任何假设，同时，u_{it} 和 x_{it} 允许之间存在着相关性。③ Lee 和 Schmidt（1993）的线性表达式为：

$$\begin{aligned} y_{it} &= \alpha + x_{it}'\beta + v_{it} - u_{it} \\ &= x_{it}'\beta + \alpha_{it} + v_{it} \\ &= x_{it}'\beta + \theta_t \delta_i + v_{it} \end{aligned}$$

式中，θ_t 可以是任何形式的参数。在对线性模型中，参数 β 进行参数估计时，Lee 和 Schmidt（1993）建议用固定效应模型中的估计值 β

---

① 边文龙、王向楠：《面板数据随机前沿分析的研究综述》，《统计研究》2016 年第 6 期，第 16 页。
② 沈汉溪：《中国经济增长源泉分解》，博士学位论文，浙江大学，2007 年，第 99 页。
③ 边文龙、王向楠：《面板数据随机前沿分析的研究综述》，《统计研究》2016 年第 6 期，第 16 页。

作为初值,进行迭代以减少迭代的次数。[1]

格林(Greene,2004,2005)认为,效率项中 u_{it} 每个决策单元也存在着异质性,且每个决策单元的异质性和真实的效率没有任何关系。因此,格林将随机前沿线性模型设定为:

$$y_{it} = \alpha_i + x_{it}'\beta + v_{it} - u_{it}$$

式中,α_i 表示每个决策单元之间存在着异质性。假定 $u_{it} \sim N^+(0, \sigma_u^2)$,$v_{it} \sim N(0, \sigma_v^2)$,且 u_{it} 和 v_{it} 之间相互独立,u_{it}、v_{it} 与 x_{it} 之间不相关。

Wang 和 Ho(2010)对格林模型进行了简化处理,解决了格林模型中存在的冗余参数问题。Wang 和 Ho(2010)假定 $u_{it} = h_{it} u_i$,$h_{it} = f(z_{it}\delta)$,且 $u_i \sim N^+(\mu, \sigma_u^2)$,并设定了与格林一样的线性模型:

$$y_{it} = \alpha_i + x_{it}'\beta + v_{it} - u_{it}$$

与格林模型不一样的是,Wang 和 Ho(2010)采取一阶差分方法,将决策单元 α_i 通过差分消去,从而得到如下表达式:

$$\Delta y_{it} = \Delta x_{it}'\beta + \Delta v_{it} - \Delta u_{it}$$

式中,$\Delta u_{it} = \Delta h_{it} u_i$,并通过极大似然估计对模型进行参数估计。Wang 和 Ho(2010)通过蒙特卡洛模拟发现,先差分再做极大似然估计的方法要优于其他估计方法。

带有影响效率因素的随机前沿分析模型,最常见的是 Battese 和 Coelli(1995)模型。在该模型中,Battese 和 Coelli(1995)假定 $u_{it} \sim N^+(\mu, \sigma_u^2)$,$v_{it} \sim N(0, \sigma_v^2)$,且 u_{it} 和 v_{it} 之间相互独立,$u_{it} = z_{it}\delta$,z_{it} 表示影响技术效率的因素,δ 表示影响技术效率因素的待估计参数。

在最初的随机前沿生产函数理论中,并没有把技术非效率效应的影响因素 u_{it} 纳入模型分析,因此,早期的实证模型对影响因素 u_{it} 的研究一般采用两阶段回归方法,如 Pitt 和 Lee(1981)以及 Kalirajan(1981)的研究。两阶段回归在第一阶段先假定非效率效应服从确定性分布,然后通过估算随机前沿生产函数得出一个技术非效率指数;在第二阶段再

---

[1] 边文龙、王向楠:《面板数据随机前沿分析的研究综述》,《统计研究》2016 年第 6 期,第 16 页。

引入相关变量，建立一个回归模型来解释技术非效率效应，但第二阶段的回归实际上违背了第一阶段技术非效率效应服从确定性分布的假定。意识到两阶段回归的不足，Kumbhakar 等（1991）提出了一个新的方法来估算技术非效率随机前沿生产函数模型，在给定适当的分布假定之后，生产函数与非效率模型可以同时估算出来，从而避免了两阶段回归假定前后不一致的情况，Schmidt 和 Wang 等（2002）运用蒙特卡洛数值模拟方法得出结论，认为两步回归的估计结果是有偏的，而一步回归分析可以减少偏误，从而使一步回归得到了广泛应用。[①] 基于参数的随机前沿方法的优点是允许随机误差项的存在，同时考虑了无效率项和随机扰动；其缺点是要事先设定函数形式，并对无效率项的分布事先设定，因而当函数形式不正确时，得出的结论可能不正确，并且对无效率项的分布也不一定服从预先的假设分布。因此，Battese 和 Coelli（1995）模型设定如下：

$$y_{it} = \alpha_i + x_{it}'\beta + v_{it} - u_{it}$$

$$u_{it} = z_{it}\delta$$

$$\gamma = \frac{\sigma_u^2}{\sigma_u^2 + \sigma_v^2}$$

式中，γ 为待估参数。Battese 和 Coelli（1995）认为，是否采用随机前沿生产函数模型需要进行检验，$\gamma = \frac{\sigma_u^2}{\sigma_u^2 + \sigma_v^2}$ 为检验的统计量。当 $\gamma = 0$ 时，误差项只有 v_{it}，对原模型进行参数估计时，只需进行最小二乘法回归分析即可。

Wang（2002）在 Battese 和 Coelli（1995）研究的基础上，对复合残差项方差做了进一步假定，Wang（2002）假定 u_{it} 的方差 σ_u^2 和 v_{it} 的方差 σ_v^2 存在异质性，且允许效率的影响因素对效率的"边际效应"存在着非单调的变化，边际效应的符号（正号或负号）随着影响因素的值发生变化；在 Battese 和 Coelli（1995）模型中，边际效应的符号与影响

[①] 余利丰、邓柏盛、王菲：《金融发展与中国生产率增长——随机前沿分析的视角》，《管理科学》2011 年第 4 期，第 106 页。

因素的符号相同。因此，Battese 和 Coelli（1995）模型无法体现边际效应的非单调性，从而在实际应用中存在缺陷。①

三 全要素生产率增长率测算模型设定

综合以上分析，本书采用 Battese 和 Coelli（1995）随机前沿生产函数模型来测算全要素生产率增长率。对于生产函数部分，本书设定为超越对数随机前沿生产函数。假定超越对数随机前沿生产函数模型形式为：

$$\ln Y_{it} = \beta_0 + \beta_l \ln L_{it} + \beta_k \ln K_{it} + \beta_t t + 0.5\beta_{ll}(\ln L_{it})^2 + 0.5\beta_{kk}(\ln K_{it})^2 + 0.5\beta_{tt}t^2 + \beta_{lk}(\ln L_{it})(\ln K_{it}) + \beta_{lt}(\ln L_{it})t + \beta_{kt}(\ln K_{it})t + (v_{it} - u_{it})$$

在上面设定随机前沿生产函数模型中，Y_{it} 为 i 地区第 t 年的实际 GDP；L_{it} 为 i 地区第 t 年的三次产业的总劳动从业人员度量劳动投入；K_{it} 为 i 地区第 t 年的年固定资本存量。对于技术非效率函数部分，本书设定如下：

$$u_{it} = \delta_0 + \delta_1 FD_{it} + \delta_2 Open_{it} + \delta_3 Gov_{it} + \delta_4 \ln fra_{it} + \delta_5 \ln AGDP_{it}$$

在技术非效率函数模型中，对外开放程度（Open）、政府支出（Gov）、基础设施水平（lnfra）和人均 GDP（lnAGDP）作为影响技术无效率的因素。

四 样本数据的选取及数据说明

本书所选取的数据来自中国 30 个省份 2000—2015 年的数据，其中，西藏地区由于数据统计不全而没有纳入分析。考虑到物价水平的因素，本书将各省份历年的统计数据全部以 2000 年为基期进行了折算。GDP 的原始数据来自《新中国五十五年统计资料汇编》以及各年的《中国统计年鉴》；劳动投入（L_{it}）的原始数据来源于 2001—2016 年各省份统计年鉴；资本存量投入（K_{it}）的数据来源于 2001—2016 年《中国统计年鉴》。技术非效率函数中，对外开放程度（Open）用进出口总额占 GDP 比重来衡量，政府支出（Gov）用财政支出占 GDP 比重来衡量，基础设施水平（lnfra）用各省份的公路里程数来衡量。另外，考虑

---

① 边文龙、王向楠：《面板数据随机前沿分析的研究综述》，《统计研究》2016 年第 6 期，第 19 页。

到物价水平的因素,各省份人均 GDP(AGDP)也以 2000 年的物价水平为基期进行平减。由于我国现行统计资料中没有资本存量数据,本书将采用永续盘存法,推算出我国各省份 2000—2015 年的资本存量,并以 2000 年为基期进行折算。下面本书将围绕永续盘存法的计算公式,对资本存量的估算进行详细的介绍。

(一) 资本存量的估算方法:永续盘存法简介

资本存量是一个非常重要的宏观经济变量,由于国家统计局没有公布资本存量(陈昌兵,2014)[①],导致资本存量的估算由于历史数据缺乏以及各种代表指标难以确定而变得相当复杂。[②] 为了研究的需要,国内外不少学者根据已有的相关统计数据,采用各种方法对资本存量进行估算(沈利生等,2015)。[③] 对于资本存量的估算,现有文献中最常见的方法是永续盘存法(Perpetual Inventory Method,PIM),该法是由戈德史密斯于 1951 年提出的,其基本公式为:

$$K_{it} = K_{it-1}(1 - \delta_{it}) + I_{it}/P_{it}$$

式中,K_{it} 表示第 i 地区第 t 年的资本存量,I_{it} 为第 i 地区第 t 年的投资额,δ_{it} 为第 i 地区第 t 年的折旧率,P_{it} 为投资品的价格指数。在这一公式中,主要涉及基期资本存量、当年投资额、投资品价格指数和折旧率 δ 4 个变量的确定。在这 4 个变量中,要较为准确地测算我国的资本存量,关键在于确定基期的资本存量和资本折旧率(陈昌兵,2014)[④],对于基期的资本存量和资本折旧率两个指标,折旧率的确定对资本存量的估算结果影响较大(李宾,2011)。[⑤]

[①] 陈昌兵:《可变折旧率估计及资本存量测算》,《经济研究》2014 年第 12 期,第 72 页。

[②] 古明明、张勇:《中国资本存量的再估算和分解》,《经济理论与经济管理》2012 年第 12 期,第 29 页。

[③] 沈利生、乔红芳:《重估中国的资本存量:1952—2012》,《吉林大学社会科学学报》2015 年第 4 期,第 122 页。

[④] 陈昌兵:《可变折旧率估计及资本存量测算》,《经济研究》2014 年第 12 期,第 73 页。

[⑤] 李宾:《我国资本存量估算的比较分析》,《数量经济技术经济研究》2011 年第 12 期,第 31 页。

1. 基期资本存量的确定

关于基期资本存量的推算，现有研究主要有三种方法[①]：一是通过资本—产出比计算基期的资本存量；二是利用增长法推算出基期的资本存量；三是利用计量法推算出基期的资本存量。

(1) 利用资本—产出比推算我国基期的资本存量。最初学者利用资本—产出比这一方法来推算我国基期的资本存量，存在的问题是资本—产出比的选取大多参考国外的数据，如张军扩（1991）参考帕金斯的方法，直接将我国的资本—产出比设定为3，进而推算出我国1952年的资本存量为2000亿元（1952年价格）。[②] 李宾（2011）利用资本—产出比对基期的资本存量进行敏感性分析，来确定最佳资本—产出比，进而推算出基期的资本存量。李宾（2011）首先将资本—产出比设定为0.6、1.0、1.4、1.8、2.2、2.6、3.0、3.4，通过资本—产出比的收敛性来选择1952年年末的资本存量。研究发现：1952年的资本—产出比应在1.4—2.0之间；尽管初始期1952年的资本存量最大相差5倍多，但1978年投资流量下的资本存量差距已经缩小到百分之十几，到1993年其差距更是缩小到2%左右。这也说明基期资本存量的选取对资本存量的估计结果影响较小。[③] 通过比较分析，李宾（2011）确定我国最佳资本—产出比为1.6，进而推算出基期的资本存量为4429.28亿元（2000年价格）。

(2) 利用增长法来推算我国基期的资本存量。这种推算方法是根据在经济增长稳态条件下资本存量的增长率与投资增长率是一致的即 $\left(\dfrac{\Delta K}{K} = \dfrac{\Delta I}{I}\right)$，这样，基期的资本存量 = 基期的投资额 /（投资的平均增长率 + 资本折旧率），即：

[①] 徐杰、王宏伟、李平：《中国资本存量测量述评》，《华东经济管理》2017年第6期；《可变折旧率估计及资本存量测算》，《经济研究》2014年第12期；陈昌兵：《可变折旧率估计及资本存量测算》，《经济研究》2014年第12期，第72页。

[②] 徐杰、王宏伟、李平：《中国资本存量测量述评》，《华东经济管理》2017年第6期，第154页。

[③] 李宾：《我国资本存量估算的比较分析》，《数量经济技术经济研究》2011年第12期，第29页。

$$K_0 = \frac{I_0}{g+\delta}$$

式中，K_0、I_0、g、δ 分别表示基期的资本存量、基期的资本投资量、投资的平均增长率和资本折旧率。在此基础上，Reinsdorf 等（2005）将公式 $K_0 = \frac{I_0}{g+\delta}$ 修正为：

$$K_0 = \frac{I_0(1+g)}{g+\delta}$$

（3）利用计量法推算基期的资本存量。这种方法一般采用 Chou (1995)[①] 的算法。假设基期的资本存量是过去所有投资的总和，则基期的资本存量与投资之间有如下关系式：

$$K_0 = \int_{-\infty}^{0} I(t)\,\mathrm{d}t = \frac{I(0)}{\theta}$$

式中，$I(t) = I(0)e^{\lambda t}$，将 $I(t) = I(0)e^{\lambda t}$ 两边取对数，可得：

$$\ln I(t) = \ln I(0) + \lambda t \quad (t = 1, 2, \cdots)$$

对上式进行回归分析，同时对序列相关进行处理，即可得到 $I(0)$ 和 λ。于是基期的资本存量为：

$$K(1) = \int_{-\infty}^{1} I(t)\,\mathrm{d}t = \frac{I(0)e^{\lambda}}{\lambda}$$

以后各年的资本存量为：

$$K(t) = K(t-1)(1-\delta) + I(t) \quad (t = 1, 2, \cdots)$$

根据上式，可以计算出我国各省份的资本存量数据。对于基期的资本存量的测算，本书采用增长法计算公式 $K_0 = \frac{I_0}{g+\delta}$ 来计算基期的资本存量。

2. 投资额的确定

现有文献对于投资额 I 的选取存在分歧，分歧主要体现在以下三个方面：一是采用积累额作为投资额；二是采用全社会固定资本投资作为

[①] Chou, J., "Old and New Development Models: The Taiwan Experience", in T. Ito and A. O. Krueger (eds.), *Growth Theories in Light of the East Asian Experience*, Chicago: University of Chicago Press, 1995, p. 105.

当年的投资；三是采用资本形成总额或固定资本形成总额作为当年的投资。

采用积累额作为投资额的优点是不需要考虑折旧问题，其缺陷是缺乏官方的统计数据。由于我国从 1993 年以后采用新的统计体系，不再公布积累额和积累额的价格指数数据。因而，从官方公开数据连续性的角度来看，不宜继续采用积累额作为投资流量指标。[①] 有鉴于此，张军等（2003）根据我国 1993 年以后的生产性积累的增速与全社会固定资产投资的增速保持一致的结论，拟合了我国 1993 年以后的生产性积累数据。[②]

采用全社会固定资本投资作为投资流量其优点是官方统计的数据比较全面，具有时间序列长且按资产和行业分类；其缺陷是，全社会固定资本投资中包含一些不可再生资本的支出。[③]

采用固定资本形成总额作为投资流量，是目前大多数研究者认同的指标。固定资本形成总额是在全社会固定资本投资的基础上，通过适当的剔除和调整得到的。比如，固定资本形成总额中剔除了全社会固定资产投资中的旧机器和房屋的支出费用、土地使用权费，同时增加了 50 万元以下零星固定资产投资完成额和土地改良支出等投资项目。[④] 张军等（2004）认为，固定资本形成总额是衡量当年投资 I 的合理指标，单豪杰（2008）也持相同的看法。但古明明等（2012）认为，采用固定资本形成总额数据导致部分在当期未被消费存货和非生产性投资被计算在总资本形成当中，从而导致资本存量估算结果可能会被系统夸大。本书对于当年投资的选取也采用固定资本形成总额这一指标。

3. 投资价格指数的确定

从官方公布的数据来看，国家统计局只公布了 1991 年之后的固定

[①] 徐杰、王宏伟、李平：《中国资本存量测量述评》，《华东经济管理》2017 年第 6 期，第 151 页。

[②] 张军、章元：《对中国资本存量 K 的再估计》，《经济研究》2003 年第 7 期，第 39 页。

[③] 徐杰、王宏伟、李平：《中国资本存量测量述评》，《华东经济管理》2017 年第 6 期，第 152 页。

[④] 同上。

资本投资价格指数。对于之前的数据，主要通过两种方式获得[①]：一是根据已有的相关价格数据替代投资价格指数；二是根据已有的相关价格指数测算和合成投资价格指数。

根据已有的相关价格数据替代投资价格指数。对于1991年以前投资价格指数的处理，黄勇峰等（2002）、孙琳琳等（2003）将资产按建筑和设备进行分类，分别使用建筑价格指数、零售价格指数和工业价格指数替代了投资价格指数；而对于1991年之后的数据，则使用国家统计局公布的固定资本投资价格指数。[②] 张军等（2003）通过将国家统计局公布的1991年以后的全国固定资本投资价格指数和上海市的固定资本投资价格指数进行对比，研究发现，全国的固定资本投资价格指数和上海市的固定资本投资价格指数波动是一致的。因此，张军等（2003）认为，用上海市的固定资本投资价格指数来替代全国的固定资本投资价格指数是可行的。[③]

根据已有的相关价格指数测算和合成投资价格指数。张军等（2004）根据《中国国内生产总值核算历史资料（1952—1995）》，计算了1995年以前的固定资本投资价格指数。研究发现，大部分省份的固定资本投资价格指数仅在1978年后才出现明显的变动，并且不同省份固定资本投资价格上涨的幅度和趋势有较大差异。因此，在估算各个省份的资本存量时，对于1978年以前的投资价格指数采用统一的价格指数，而对于1978年以后的投资价格指数，各省份应采用不同的价格指数而非统一的价格指数。[④] 基于这一假定，隐含的固定资本形成价平减指数被认为是最佳的[⑤]，此后，许多研究都借用了张军等（2004）的方法计算隐含的平减指数。随着国家统计局的官方统计资料《中国国内

[①] 徐杰、王宏伟、李平：《中国资本存量测量述评》，《华东经济管理》2017年第6期，第153页。

[②] 同上。

[③] 张军、章元：《对中国资本存量K的再估计》，《经济研究》2003年第7期，第38页。

[④] 张军、吴桂英、张吉鹏：《中国省际物质资本存量估算：1952—2000》，《经济研究》2004年第10期，第38页。

[⑤] 李宾：《我国资本存量估算的比较分析》，《数量经济技术经济研究》2011年第12期，第25页。

生产总值核算历史资料（1952—1995）》《中国国内生产总值核算历史资料（1995—2004）》等相关统计资料的不断推出，我国投资价格指数的测算越来越精确。由于本书采用的数据范围是2000—2015年，因而，不存在隐含的平减指数的计算问题，直接采用《中国统计年鉴》公布的各省份2000—2015年的固定资本形成总额价格指数对当年的投资流量进行平减。

4. 折旧率的确定

对于资本存量的折旧率，主要有三种方法可以用来确定我国的折旧率[①]：一是完全引用国外文献的折旧率，如采用Yong（2003）、Hall和Jones（1999）计算的折旧率（6%），以及采用Wang和Yao（2001）计算的折旧率（5%）。二是利用资本的相对效率和残值率计算折旧率，比较有代表性的有张军等（2004）以及单豪杰（2008）计算的折旧率。张军等（2004）计算出我国的折旧率为9.6%，单豪杰（2008）在张军等（2004）的基础上，对我国的折旧率进行了重新估算，估算出各省份的折旧率为10.96%。三是利用国民收入关系式推算折旧，从而推算出我国的折旧率。

利用资本的相对效率和残值率计算的折旧率，主要采取与永续盘存法计算资本存量一致的方法，假定资本品的相对效率按照几何方式递减，采用几何效率递减的余额折旧法计算折旧率。[②] 其基本计算公式如下：

$$d_t = (1-\delta)^t \quad (t=0, 1, \cdots)$$

式中，d_t表示资本品的相对效率，即旧资本品相对于新资本品的边际生产效率，δ表示折旧率，在相对效率几何递减模式假定下，折旧率在各年份保持不变。黄勇峰（2002）利用李京文等（1993）的残值率

[①] 陈昌兵：《可变折旧率估计及资本存量测算》，《经济研究》2014年第12期，第74页。

[②] 张军、吴桂英、张吉鹏：《中国省际物质资本存量估算：1952—2000》，《经济研究》2004年第10期，第38页。

和寿命期来估计相对效率。① 张军等（2004）直接采用我国法定残值率代替资本品相对效率，我国法定残值率为3%—5%，张军直接取我国法定残值率为4%。设残值率为S，则残值率S与折旧率δ之间存在着如下关系：

$$S = (1-\delta)^t \quad (t=0, 1, \cdots)$$

张军等（2004）认为，全社会固定资产投资可以分为建筑安装工程、设备工器具购置和其他费用三类，通过分别计算三类资产的折旧率，然后加权平均就可以得到折旧率。张军假定建筑安装工程的平均寿命期为45年，设备工器具购置的平均寿命期为20年，其他类型的投资的寿命期平均为25年，从而通过残值率S与折旧率δ之间的关系式，分别得到三类资本的折旧率为6.9%、14.9%和12.1%，假定三类资本的权重分别为63%、29%和8%，最终可以计算出固定资本折旧率为9.6%。与张军（2004）测算方法不同的是，单豪杰（2008）根据财政部《国有企业固定资产分类折旧年限表》，将其他资产合并在建筑安装工程和设备工器具购置上，通过残值率S与折旧率δ之间的关系式，计算得出建筑安装工程和设备工器具购置的寿命期限分别为38年和16年，并根据《中国统计年鉴》提供的两者加权比重，最终计算出固定资本折旧率为10.96%。② 雷辉（2009）假定我国建筑的平均寿命期为42年，设备的寿命期为20年，其他类型的投资假定为25年。根据残值率S与折旧率δ之间的关系式，则可以得到建筑投资、设备投资和其他类型的投资的折旧率分别为7.38%、14.9%和12.1%。根据1952—2007年三类投资占全社会固定资本总投资比重的平均数分别为：建筑安装工程权重为65%，设备工器具购置的权重为25%，其他费用的权重为10%，可以计算我国固定资本投资的年平均折旧率为：7.38% ×

---

① 黄勇峰、任若恩、刘晓生：《中国制造业资本存量永续盘存法估计》，《经济学》（季刊）2002年第2期，第383页。
② 单豪杰：《中国资本存量K的再估算：1952—2006》，《数量经济技术经济研究》2008年第10期，第23页。

65% + 14.9% × 25% + 12.1% × 10% = 9.732%。[1]

利用国民收入关系式推算折旧，进而计算出资本存量的折旧率。这种推算方法主要通过《中国统计年鉴》的间接核算法计算出固定资本折旧，如邹至庄（1993）就利用国民收入恒等式推算出我国的资本折旧额。在邹至庄（1993）的基础上，李治国等（2003）推算了我国1994年以后的折旧总额。进而由投资量、折旧额和资本价格计算出我国各年的资本折旧率。[2]

根据上述三种方法所得到的资本折旧率，由于参考和依据的标准不一致，所计算的资本折旧率相差较大。直接采用国外折旧率作为我国的资本折旧率，这种方法存在的问题是，在资本的使用及折旧机制上，我国与国外存在着本质上的区别。[3] 因而采用该方法测算我国的资本折旧率，其测算结果与国外存在着较大的差别；利用资本相对效率和残值率计算的折旧率，这种方法需要资本使用寿命的相关数据，但是，由于总固定资本使用寿命数据无法得到，因而影响了资本折旧率的测算。另外，固定资本划分及权重等因素也影响折旧率的测算[4]；利用国民收入关系式推算折旧，进而计算出资本存量的折旧率，这种计算方法的优势是充分利用了官方的统计数据，其不足之处是，这种折旧额是基于会计核算进行的"扣除"，没有与资本品的相对效率相联系，因而，不符合永续盘存法测算资本折旧率的基本要求。[5] 在资本折旧率的问题上，本书采用单豪杰（2008）的分析思路，将我国的折旧率统一规定为10.96%。

（二）我国资本存量的估算结果分析

在对资本存量估算过程中的4个主要变量进行阐述后，利用永续盘

---

[1] 雷辉：《我国资本存量测算及投资效率的研究》，《经济学家》2009年第6期，第78页。
[2] 陈昌兵：《可变折旧率估计及资本存量测算》，《经济研究》2014年第12期，第74页。
[3] 同上。
[4] 同上。
[5] 徐杰、王宏伟、李平：《中国资本存量测量述评》，《华东经济管理》2017年第6期，第154页。

存法，可以估算出各省份在不同时期的资本存量数据。在估算过程中，依次对测算资本存量的4个指标名义投资额、资本折旧率、固定资产投资价格指数及初始期的资本存量进行了确定。① 本书以2000年为基期，测算了我国30个省份2000—2015年的资本存量数据。由于所涉及的数据较多，本书仅列出部分年份的资本存量数据（见表3-1）。

表3-1　　　　我国30个省份部分年份的资本存量的
　　　　　　　估算结果（2000年价格）　　　单位：亿元

省份	2000年	2005年	2010年	2013年	2015年
北京	6841.06	12990.9	22187.5	30176.2	35955.9
天津	3176.98	6631.23	17849.9	31698	40756.8
河北	8783.13	16528.2	36205.4	55398.2	68100.8
山西	2409.34	6059.74	15993.8	25672.3	31712.2
内蒙古	1035.97	6134.1	22739.1	40164.8	49624.1
辽宁	4933.04	12206.7	33908.9	52978.1	61647.5
吉林	2383.36	5668.54	21205.8	33225	41517.1
黑龙江	5236.65	8262.53	17537.7	27394.4	34367.1
上海	9935.88	16527.6	28048.6	34287.4	39481.3
江苏	12323.4	28582.7	62094.1	90989.3	109633
浙江	9603.24	22818.4	44033.1	59921.3	71738.4
安徽	4011.35	8225.16	18632.5	29404	37753.7
福建	5349.12	10661.1	25257.3	39508	51333.4
江西	2315.72	6447.08	14592.5	21749.5	26686.8
山东	12834.5	29370.2	64981.4	96240.5	119246
河南	6464.67	14593	43133	71291.4	92789.8
湖北	7948.53	12496.4	25564.9	40554.2	52761.8
湖南	5066.7	9617.63	22853.2	37164.3	47387.1
广东	13957.3	28164.7	58141.9	86502.1	108698

---

① 叶明确、方莹：《中国资本存量的度量、空间演化及贡献度分析》，《数量经济技术经济研究》2012年第11期，第72页。

续表

省份	2000 年	2005 年	2010 年	2013 年	2015 年
广西	2638.96	5864.27	18899.9	33569.6	41946.2
海南	982.334	1634.91	3392.54	5902.67	7813.16
重庆	2690.06	6492.29	14283.3	21546.6	27333.6
四川	6731.36	12475.4	26783.5	40481.6	50056.6
贵州	2814.47	4639.9	8574.05	14228.6	20048.2
云南	2824.38	6004.72	13852.8	25039.5	34973.6
陕西	3255.07	7123.28	18213.4	29864.7	37890
甘肃	1281.06	2968.4	6856.7	10825.8	14253.2
青海	949.676	1632.99	3090.54	5658.6	8414.62
宁夏	727.82	1634.91	4054.16	6514.9	9451.56
新疆	2917.27	5764.07	10667.2	17528.9	24725.4

资料来源：根据永续盘存法计算所得。

为了进一步了解资本存量对各区域经济增长的作用，本书根据表3-1我国30个省份部分年份资本存量的估算结果，绘制出相应的资本存量柱状图（见图3-1）。从柱状图中可以明显看出，山东省、江苏省和广东省的资本存量位居全国前三名；而从我国的经济总量排名来看，广东省、江苏省、山东省分列全国前三名。综合资本存量和经济总量的排名来看，山东省和江苏省在资本产出效率方面不如广东省，山东省的资本产出效率不如江苏省。从我国其他省份的资本存量排名与经济地位来看，资本存量的排名与其经济地位是基本相当的，这也说明了我国的资本积累和产出之间是高度相关的。

从各区域经济总量和资本存量之间的高度相关性来看，说明了资本对区域的经济发展贡献非常显著。要素投入尤其是资本的投入对区域经济增长的拉动作用还是比较明显的，但区域的投资效率不高问题普遍存在，这关系到区域经济的长期、稳定和健康发展。区域投资效率不高问题，尤其在一些老工业基地表现比较突出，这需要不断调整金融发展政策，改善金融资源配置效率，提升全要素生产率。

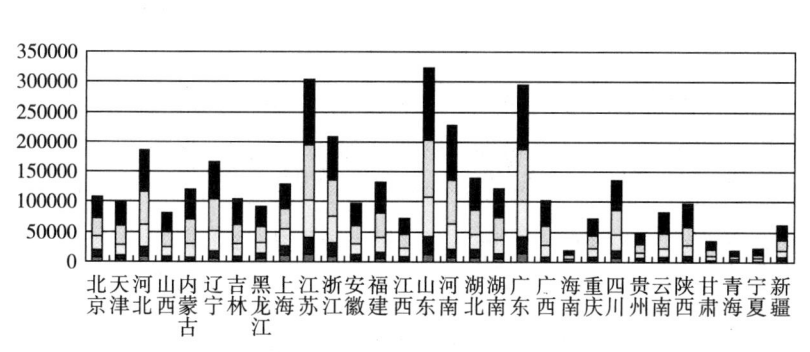

图 3-1 我国 30 个省份部分年份的资本存量的估算结果（2000 年价格）

第二节 我国全要素生产率增长率
测算结果及分析

一 超越对数随机前沿生产函数模型检验及估计结果分析

（一）随机前沿生产函数模型假设检验

随机前沿生产函数模型的缺陷在于：其结论高度依赖于模型的函数形式，模型函数形式设定是否恰当直接关系到结论的正确与否，不正确的函数模型将会产生误导性的结论。[1] 为了确定超越对数随机前沿生产函数模型形式设定是否正确，采用似然比统计量对设定的超越对数随机前沿生产函数模型进行五个方面的检验：一是采用简单的柯布—道格拉斯生产函数模型还是超越对数随机前沿生产函数模型；二是设定的模型是否存在技术进步；三是将技术无效率项 μ 设定为半正态分布是否成立；四是技术效率是否随时间变化；五是随机前沿生产函数模型是否有效。

检验 3-1：采用柯布—道格拉斯生产函数模型还是超越对数随机

---

[1] 涂正革、肖耿：《我国工业企业技术进步的随机前沿模型分析》，《华中师范大学》（人文社会科学版）2007 年第 4 期，第 52 页。

前沿生产函数模型。

模型设定误差会造成模型拟合度不高的问题，为了减少模型设定误差问题，还必须对设定的超越对数随机前沿生产函数模型进行设定误差检验。现有研究中，许多采用柯布—道格拉斯生产函数模型，而柯布—道格拉斯生产函数模型由于假定技术中性和产出弹性固定。因此，现有研究一般采用超越对数随机前沿生产函数模型，超越对数随机前沿生产函数模型设定是否正确，需要进行检验，一般采用构建的似然比检验来检验超越对数随机前沿生产函数模型是否比简单的柯布—道格拉斯生产函数模型更适用。检验无约束生产函数模型为：

$$\ln Y_{it} = \beta_0 + \beta_l \ln L_{it} + \beta_k \ln K_{it} + \beta_t t + 0.5\beta_{ll}(\ln L_{it})^2 + 0.5\beta_{kk}(\ln K_{it})^2 +$$
$$0.5\beta_{tt}t^2 + \beta_{lk}(\ln L_{it})(\ln K_{it}) + \beta_{lt}(\ln L_{it})t + \beta_{kt}(\ln K_{it})t + (v_{it} - u_{it})$$

有约束生产函数模型为：

$$\ln Y_{it} = \beta_0 + \beta_l \ln L_{it} + \beta_k \ln K_{it} + (v_{it} - u_{it})$$

检验3-2：是否存在技术进步。

为了避免函数形式设定错误，还必须检验设定的超越对数随机前沿生产函数模型中是否引入技术进步因素，设定的超越对数随机前沿生产函数模型是否存在技术进步因素，也是必须考虑的因素。检验设定的随机前沿生产函数模型中是否存在技术进步因素，通常的做法是引入时间变量，表示随时间变化的技术进步因素。检验无约束生产函数模型为：

$$\ln Y_{it} = \beta_0 + \beta_l \ln L_{it} + \beta_k \ln K_{it} + \beta_t t + 0.5\beta_{ll}(\ln L_{it})^2 + 0.5\beta_{kk}(\ln K_{it})^2 +$$
$$0.5\beta_{tt}t^2 + \beta_{lk}(\ln L_{it})(\ln K_{it}) + \beta_{lt}(\ln L_{it})t + \beta_{kt}(\ln K_{it})t + (v_{it} - u_{it})$$

检验的有约束生产函数模型为：

$$\ln Y_{it} = \beta_0 + \beta_l \ln L_{it} + \beta_k \ln K_{it} + 0.5\beta_{ll}(\ln L_{it})^2 + 0.5\beta_{kk}(\ln K_{it})^2 +$$
$$\beta_{lk}(\ln L_{it})(\ln K_{it}) + (v_{it} - u_{it})$$

检验3-3：是否存在技术进步中性。

如果在检验3-2中存在技术进步因素，则还必须进一步检验设定的超越对数随机前沿生产函数模型中是否存在技术中性。检验无约束的生产函数模型为：

$$\ln Y_{it} = \beta_0 + \beta_l \ln L_{it} + \beta_k \ln K_{it} + \beta_t t + 0.5\beta_{ll}(\ln L_{it})^2 + 0.5\beta_{kk}(\ln K_{it})^2 +$$
$$0.5\beta_{tt}t^2 + \beta_{lk}(\ln L_{it})(\ln K_{it}) + \beta_{lt}(\ln L_{it})t + \beta_{kt}(\ln K_{it})t + (v_{it} - u_{it})$$

检验有约束生产函数模型为：

$$\ln Y_{it} = \beta_0 + \beta_l \ln L_{it} + \beta_k \ln K_{it} + \beta_t t + 0.5\beta_{ll}(\ln L_{it})^2 + 0.5\beta_{kk}(\ln K_{it})^2 +$$
$$0.5\beta_{tt}t^2 + \beta_{lk}(\ln L_{it})(\ln K_{it}) + (v_{it} - u_{it})$$

检验3-4：技术非效率u是否是半正态分布。

如果技术非效率u是半正态分布，此时u=0；反之则相反。

检验3-5：技术效率是否随时间变化。

如果技术效率不随时间变化，此时η=0；反之则相反。

检验3-6：随机前沿模型是否有效。

在随机前沿生产函数模型中，一个很重要的检验就是判断生产函数模型是否存在技术非效率效应，如果生产函数模型不存在技术非效率，则可通过普通最小二乘法估计生产函数；反之，则要通过极大似然估计随机前沿生产函数。检验随机前沿生产函数模型是否有效，就是要检验统计量γ是否等于0，γ统计量定义为：

$$\gamma = \frac{\sigma_u^2}{\sigma_u^2 + \sigma_v^2}$$

式中，σ_u^2 和 σ_v^2 分别表示技术非效率方差和随机项误差方差。当γ趋向于1时，即 σ_u^2 不等于0，此时存在技术非效率效应，则表明产出主要由技术非效率效应的影响决定；当γ趋向于0时，即 $\sigma_u^2 = 0$，此时不存在技术非效率效应，则表明产出主要受到随机扰动因素的影响。

检验的方法就是以基本生产函数模型为基础，通过估计有约束与无约束生产函数模型，然后构建似然比检验统计量：

$$\lambda = -2[\ln L(H_0) - \ln L(H_1)]$$

式中，$\ln L(H_0)$ 表示原假设模型的对数似然率，$\ln L(H_1)$ 表示备选模型的对数似然率。在原假设成立的条件下，λ统计量渐近服从自由度为约束条件个数m的混合 χ^2 分布。在给定的显著性水平α情况下，如果 $\lambda < \chi_{\alpha(m)}^2$，生产函数则接受原假设，即约束条件成立，随机前沿生产函数模型有效；反之，随机前沿生产函数模型无效。

（二）超越对数随机前沿生产函数模型的检验结果

根据设定的超越对数随机前沿生产函数模型，以及相关的数据，对随机前沿生产函数模型的适用性进行检验。检验结果见表3-2。

表3-2　　随机前沿生产函数模型设定的适用性检验结果

原假设	对数似然值	临界值（5%）	检验统计量	结论
H_0：柯布—道格拉斯模型	344.1756	12.5916	499.6352	拒绝
H_0：不存在技术进步	581.1081	9.4877	1093.2913	拒绝
H_0：不存在中性技术	699.803	5.9915	1168.3756	拒绝
H_0：$\mu = 0$	716.7773	3.8415	1196.0535	拒绝
H_0：$\eta = 0$	560.5108	3.8415	883.5205	拒绝
H_0：$\gamma = 0$	716.393	3.8415	1195.2849	拒绝

注：检验统计量若大于临界值，则拒绝原假设。对于涉及随机前沿生产函数模型无效的假设检验，其统计量服从混合卡方分布，对应临界值来源于科德、帕尔姆（Kodde，Palm，1986）的推导。

资料来源：根据 Frontier 4.1 计算得出。

根据表3-2的检验结果可知，随机前沿生产函数模型适用，采用超越对数生产函数模型比柯布—道格拉斯生产函数模型更适合经济结果的解释。由于本书采用 Battese 和 Coelli（1995）随机前沿生产函数模型来测算全要素生产率增长率，因此，还需要对设定的 Battese 和 Coelli（1995）随机前沿生产函数模型进行适用性检验，检验结果详见第五章第二节。根据检验结果可知，可以采用 Battese 和 Coelli（1995）随机前沿生产函数模型来测算我国的全要素生产率增长率。

二　超越对数随机前沿生产函数模型参数估计

通过随机前沿函数的五种检验可知，将函数设定为超越对数随机前沿生产函数模型是适合的。运用我国2000—2015年的相关数据，对超越对数前沿生产函数模型和效率函数模型进行估计，利用 Frontier 4.1 软件对超越对数生产函数和技术无效率函数进行极大似然估计，估计方法为三阶段最大似然估计，其基本做法是：首先对模型进行普通最小二乘法估计，然后采用两阶段格点搜索得到方差比 γ，最后利用上述两步计算所得的数值作为初值，通过迭代得到最大似然估计。估计结果详见第五章第二节。

从第五章第二节估计结果可知，$\gamma = 0.9999$，说明随机误差项中有99.99%受到技术非效率的影响，0.01%的影响来自统计误差等外部因素的影响，同时也进一步表明采用超越对数随机前沿生产函数模型是合适的。

三 我国全要素生产率增长率估算结果及分析

根据 Kumbhakar 和 Lovell（2000）的分解方法，利用设定的超越对数随机前沿生产函数模型，可以得到如下关系式：

$$\dot{TP} = \frac{\partial \ln f(x,t)}{\partial t} = \beta_t + \beta_{tt}t + \beta_{lt}(\ln L_{it}) + \beta_{kt}(\ln K_{it})$$

$$\dot{TE} = -\frac{\partial u}{\partial t} = \eta \mu_i$$

$$\dot{SE} = (\varepsilon_l + \varepsilon_k - 1)\left(\frac{\varepsilon_l}{\varepsilon_l + \varepsilon_k}\dot{l} + \frac{\varepsilon_k}{\varepsilon_l + \varepsilon_k}\dot{k}\right) = (\varepsilon_l + \varepsilon_k - 1)(\lambda_l \dot{l} + \lambda_k \dot{k})$$

$$\dot{AE} = \sum_j (\lambda_j - s_j)\dot{x}_j = (\lambda_k - s_k)\dot{k} + (\lambda_l - s_l)\dot{l}$$

式中，ε_k 表示资本要素的产出弹性，ε_l 表示劳动力要素的产出弹性，s_j 表示两种要素 j（资本和劳动）的成本份额。$\varepsilon_k = \beta_k + \beta_{kk}\ln K_{it} + \beta_{kl}\ln L_{it} + \beta_{tk}t$，$\varepsilon_l = \beta_l + \beta_{ll}\ln L_{it} + \beta_{kl}\ln K_{it} + \beta_{lt}t$，$\lambda_l = \frac{\varepsilon_l}{\varepsilon_l + \varepsilon_k}$，$\lambda_k = \frac{\varepsilon_k}{\varepsilon_l + \varepsilon_k}$，$s_l = \frac{wL_{it}}{wL_{it} + rK_{it}}$，$s_k = \frac{rK_{it}}{wL_{it} + rK_{it}}$，$w$ 和 r 分别表示资本要素和劳动力要素的价格。要计算投入要素的成本份额，须知道要素的价格，由于官方的统计资料中都没有关于要素价格的统计数据，现有研究一般采取相关数据进行替代。借鉴钱雪亚等（2014）的做法，用 5 年期金融机构人民币贷款官方基准利率的 3 倍来代表资本价格，采用地区生产总值核算资料中报酬总额来表示劳动力的总报酬。在 $\dot{SE}$ 的表达式中，$\dot{k}$ 表示资本要素变化率，$\dot{l}$ 表示劳动要素变化率。在实际计算中，$\dot{k} \approx \ln k_{t+1} - \ln k_t$，$\dot{l} \approx \ln l_{t+1} - \ln l_t$，$\dot{x}_j = \ln x_{j,t+1} - \ln x_{j,t}$。根据参数的估计结果，可以计算出全国、东部、中部、西部及东北地区的全要素生产率增长率及相应的贡献率，估算结果见表 3-3。

从表 3-4 中估算结果来看，2001—2015 年，我国全要素生产率（TEP）平均增长率为 3.93%。从贡献度看我国全要素生产率增长率的各部分的变化情况，技术进步（TP）对全要素生产率增长率的贡献率为198.22%，要素配置效应（AE）对全要素生产率增长率的贡献率为890.33%，而技术效率（TE）变化率、规模效应（SE）变化率对全要素生产率增长率全部为负。这也说明全要素生产率的增长主要取决于技术进步和要素配置效率的增长。

表3-3　　　　全国及四大经济区域全要素生产率增长率的
分解及贡献度（2001—2015年）

区域	TFP变化率	TP变化率	TE变化率	SE变化率	AE变化率	TP贡献度（%）	TE贡献度（%）	SE贡献度（%）	AE贡献度（%）
全国	0.0393	0.0779	-0.0035	-0.3850	0.3499	198.22	-8.91	-979.64	890.33
东部	0.0378	0.0725	-0.0025	-0.3936	0.3614	191.8	-6.61	-1041.27	956.08
中部	0.0445	0.0814	-0.0029	-0.7703	0.7364	182.92	-6.52	-1731.01	1654.83
西部	0.0377	0.0816	-0.0049	-0.2179	0.1789	216.45	-13	-577.98	474.54
东北	0.0397	0.0755	-0.0031	-0.1982	0.1655	190.18	-7.81	-499.24	416.88

资料来源：根据 Frontier 4.1 软件计算，并经笔者整理所得。

从分区域看我国全要素生产率增长率的各部分的变化情况（见表3-3），2001—2015年，东部地区全要素生产率的平均增长率为3.78%。其中，技术进步对全要素生产率增长的贡献度为191.8%，要素配置效率对全要素生产率增长的贡献度为956.08%，技术效率增长和规模效应增长严重影响了全要素生产率增长；2000—2015年，中部地区全要素生产率的平均增长率为4.45%。其中，技术进步对全要素生产率增长的贡献度为182.92%，要素配置效率对全要素生产率增长的贡献度为1654.83%，技术效率增长和规模效应增长严重影响了全要素生产率的增长；2000—2015年，西部地区全要素生产率的平均增长率为3.77%。其中，技术进步对全要素生产率增长的贡献度为216.45%，要素配置效率对全要素生产率增长的贡献度为474.54%，技术效率增长和规模效应增长严重影响了全要素生产率的增长；2001—2015年，东北地区全要素生产率的平均增长率为3.97%。其中，技术进步对全要素生产率增长的贡献度为190.18%，要素配置效率对全要素生产率增长的贡

第三章 我国全要素生产率增长率测算及区域差异分析 / 135

献度为416.88%，技术效率增长和规模效应增长严重影响了全要素生产率的增长。从以上分析可以看出，2001—2015年，中部地区全要素生产率的平均增长率最高，这可能与我国实施的中部崛起战略有关。

分时间段来看我国全要素生产率增长率各部分的变化情况（见图3-2）。总体来说，2001—2015年，我国全要素生产率的增长呈现"下降—波动—大幅度上升"的变化趋势。具体来说，从2001年起，我国全要素生产率增长率呈现大幅下降的变化趋势；2001—2014年，我国全要素生产率增长率的变化呈现波动状态，但波动幅度不大。2001—2005年，呈现小幅度上升趋势。2005—2006年，呈现小幅度下降趋势。2005—2009年，呈现小幅度上升趋势，这可能与我国大幅度刺激经济有关，2008年席卷全球的国际金融危机，我国出台4万亿元刺激经济计划，从而使我国的全要素生产率增长率呈现小幅度上升。2009—2014年，我国全要素生产率增长来呈现小幅度下降趋势，我国经济开始步入新常态，这是我国经济主动调整带来的结果。2014—2015年，经过经济结构调整，我国经济发展步入发展快车道，我国全要素生产率增长率呈现大幅度上升趋势。

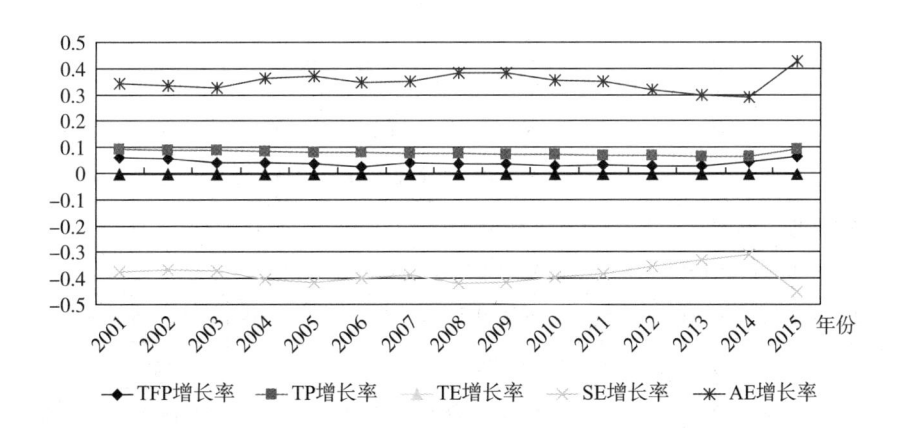

图3-2 2001—2015年我国全要素生产率增长及其分解因素折线图

从我国全要素生产率各部分的贡献率来看（见表3-4），2000—2015年，我国全要素生产率增长主要取决于技术进步和要素配置效应的增长。技术进步变化率 2000—2015 年变化较为平稳，其中，从 2000—2014 年，我国的技术进步增长呈现小幅度下降的增长趋势，但 2014—2015 年，经历了小幅度的下降过程后，我国的技术进步增长呈现上升趋势；与技术进步增长的变化趋势相似，我国要素配置效应变化率也是呈现先小幅下降，然后上升的发展态势。具体来说，2001—2006 年，要素配置效应变化率呈现小幅下降的趋势；2006—2007 年，要素配置效应变化率呈现小幅上升的趋势；2007—2013 年，我国要素配置效应的增长呈现平稳发展的态势；2013—2015 年，我国要素配置变化率呈现小幅上升的发展趋势。

表3-4　　2001—2015 年全国全要素生产率增长率及其因素分解

年份	TFP增长	TP增长	TE增长	SE增长	AE增长	TP贡献度（％）	TE贡献度（％）	SE贡献度（％）	AE贡献度（％）
2001	0.0585	0.0912	-0.0035	-0.3733	0.3441	155.90	-5.98	-638.12	588.21
2002	0.0545	0.0890	-0.0035	-0.3666	0.3356	163.30	-6.42	-672.66	615.78
2003	0.0402	0.0869	-0.0035	-0.3716	0.3284	216.17	-8.71	-924.38	816.92
2004	0.0398	0.0846	-0.0035	-0.4032	0.3619	212.56	-8.79	-1013.07	909.30
2005	0.0347	0.0823	-0.0035	-0.4139	0.3698	237.18	-10.09	-1192.80	1065.71
2006	0.0243	0.0801	-0.0035	-0.3986	0.3463	329.63	-14.40	-1640.33	1425.10
2007	0.0385	0.0779	-0.0035	-0.3881	0.3523	202.34	-9.09	-1008.05	915.06
2008	0.0357	0.0755	-0.0035	-0.4185	0.3823	211.48	-9.80	-1172.27	1070.87
2009	0.0380	0.0731	-0.0036	-0.4164	0.3849	192.37	-9.47	-1095.79	1012.89
2010	0.0286	0.0710	-0.0036	-0.3939	0.3551	248.25	-12.59	-1377.27	1241.61
2011	0.0322	0.0688	-0.0036	-0.3828	0.3498	213.66	-11.18	-1188.82	1086.34
2012	0.0282	0.0669	-0.0036	-0.3553	0.3202	237.23	-12.77	-1259.93	1135.46
2013	0.0295	0.0651	-0.0036	-0.3302	0.2983	220.68	-12.20	-1119.32	1011.19
2014	0.0427	0.0633	-0.0036	-0.3087	0.2917	148.24	-8.43	-722.95	683.14
2015	0.0637	0.0932	-0.0035	-0.4536	0.4275	146.31	-5.49	-712.09	671.11

资料来源：根据 Frontier 4.1 软件计算，并经笔者整理所得。

第三节 我国全要素生产率增长率区域差异及成因分析

一 我国全要素生产率增长率区域差异分析

通过对我国全要素生产率增长率的分解可知，我国区域全要素生产率增长之间存在着差异。具体来说，2001—2015 年，东部地区全要素生产率的年均增长率为 3.78%，中部地区全要素生产率的年均增长率为 4.45%，西部地区全要素生产率的年均增长率为 3.77%，东北地区全要素生产率的年均增长率为 3.97%。全国的全要素生产率的年均增长率为 3.93%，只有中部、东北地区年均全要素生产率的增长超过了全国年均增长率，西部地区全要素生产率的增长在四大经济区域中是最低的，中部地区全要素生产率的增长在四大经济区域中是最高的，主要原因在于东部地区的经济结构调整升级接近完成，因而全要素生产率的增速暂时放缓。而中部地区通过承接东部地区的产业转移，经济发展提速，全要素生产率的增长提升很快。

从全国各省份全要素生产率增长的具体情况来看（见表 3-5 和图 3-3），2000—2015 年，我国各省份的全要素生产率都出现了不同程度的增长，从增长幅度来看，全要素生产率增长幅度最大的省份是江苏省，其全要素生产率的年均增长率高达 5.66%；而增长幅度最小的省份是天津市，其全要素生产率的年均增长率为 2.05%。

表 3-5　　2001—2015 年我国各省份全要素生产率增长率及各部分之间的平均变化率

省份	TFP 变化率	TP 变化率	TE 变化率	SE 变化率	AE 变化率
北京	0.0300	0.0675	-0.0039	-0.091	0.0574
天津	0.0205	0.069	-0.0041	-0.1187	0.0744
河北	0.0456	0.0755	-0.0021	-0.3862	0.3584
山西	0.0309	0.0796	-0.0043	-0.1782	0.1338

续表

省份	TFP 变化率	TP 变化率	TE 变化率	SE 变化率	AE 变化率
内蒙古	0.0256	0.0751	-0.0042	-0.2083	0.1630
辽宁	0.0469	0.0733	-0.0023	-0.2597	0.2356
吉林	0.0289	0.0757	-0.0042	-0.1794	0.1367
黑龙江	0.0432	0.0776	-0.003	-0.1555	0.1241
上海	0.0304	0.0653	-0.0027	-0.0767	0.0445
江苏	0.0566	0.0710	-0.0008	-0.6111	0.5975
浙江	0.0418	0.0718	-0.0017	-0.3053	0.2770
安徽	0.0439	0.0847	-0.0028	-0.4615	0.4235
福建	0.0326	0.0752	-0.0025	-0.2059	0.1659
江西	0.0404	0.0839	-0.0038	-0.2222	0.1825
山东	0.0440	0.0730	-0.0007	-1.3437	1.3154
河南	0.0426	0.0793	-0.0017	-2.9417	2.9067
湖北	0.0543	0.0787	-0.0023	-0.3475	0.3254
湖南	0.0552	0.0821	-0.0025	-0.4709	0.4466
广东	0.0405	0.0724	-0.0005	-0.7360	0.7046
广西	0.0446	0.0832	-0.0038	-0.3230	0.2882
海南	0.0357	0.0845	-0.0064	-0.0613	0.0188
重庆	0.0472	0.0796	-0.0043	-0.1572	0.1292
四川	0.0562	0.0815	-0.0022	-0.7419	0.7189
贵州	0.0486	0.0868	-0.0054	-0.1459	0.1131
云南	0.0317	0.0844	-0.0041	-0.2684	0.2197
陕西	0.0367	0.0794	-0.0043	-0.2126	0.1742
甘肃	0.0434	0.0887	-0.0053	-0.1169	0.0770
青海	0.0301	0.0817	-0.0076	-0.0520	0.0080
宁夏	0.0234	0.0813	-0.0078	-0.0647	0.0146
新疆	0.0270	0.0761	-0.0049	-0.1060	0.0618

资料来源：根据 Frontier 4.1 软件计算，并经笔者整理所得。

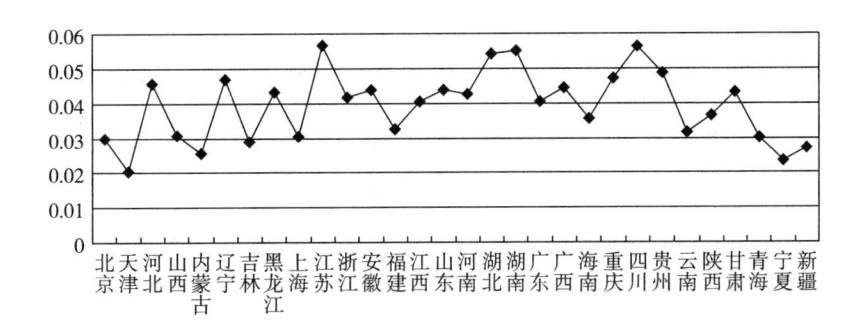

图3-3 2001—2015年我国全要素生产率变化的折线图

从四大经济区域全要素生产率增长的具体情况来看（见表3-5和图3-3），对于东部地区来说，2001—2015年，东部地区10个省份中全要素生产率的年均增长率超过东部地区年均增长率的省份有河北省、江苏省、浙江省、山东省和广东省，年均增长率低于东部地区年均增长率的省份有北京市、天津市、上海市、福建省和海南省。在东部地区的10个省份中，天津市的全要素生产率的年均增长率是最低的。

从中部地区的情况来看，2001—2015年，中部地区6个省份中全要素生产率的年均增长率超过中部地区年均增长率的省份有湖北省和湖南省，年均增长率低于西部地区年均增长率的省份有山西省、安徽省、江西省和河南省。在中部地区的6个省份中，山西省全要素生产率的年均增长率是最低的。

从西部地区的情况来看，2001—2015年，西部地区11个省份中全要素生产率的年均增长率超过西部地区年均增长率的省份有广西壮族自治区、重庆市、四川省、贵州省、甘肃省，年均增长率低于西部地区年均增长率的省份有内蒙古自治区、云南省、陕西省、青海省、宁夏回族自治区和新疆维吾尔自治区。在西部地区的11个省份中，宁夏回族自治区全要素生产率的年均增长率是最低的。

从东北地区的情况来看，2001—2015年，东北地区3个省份中全要素生产率的年均增长率超过东北地区年均增长率的省份有辽宁省和黑龙江，年均增长率低于东北地区年均增长率的省份有吉林省。在东北地区的3个省份中，吉林省的全要素生产率的年均增长率最低。

二 我国全要素生产率区域增长差异成因：基于全要素生产率分解的解释

从全要素生产率增长率分解的各部分因素来看，造成我国全要素生产率增长率区域差异的原因在于，全要素生产率增长率的各部分因素在区域全要素生产率增长中发挥的作用不同。具体来说，我国30个省份的技术效率增长均呈现不同程度的下降，这说明我国30个省份的技术效率对全要素生产率的增长呈现恶化趋势。其中也包括经济发达的北京、上海、广东、江苏、浙江等东部地区。在东部地区10个省份中，技术效率变化率下降幅度最小的是广东、山东，广东、山东的技术效率增长率分别为 -0.05% 和 -0.07%；下降幅度最大的是宁夏和青海，宁夏和青海的技术效率的增长率分别为 -0.78% 和 -0.76%。这也说明尽管东部地区的技术效率在恶化，但恶化程度相较于其他地区来说要轻很多，之所以会出现这种情况，是因为随着产业结构的调整和更新换代，东部地区的技术非效率已经得到了较大的调整；反观中西部地区，由于处于产业结构的调整期，技术非效率极大地影响了技术效率的改进，从而拖累了全要素生产率增长。

从规模经济效应变化率来看，我国所有省份的规模经济效应变化率均出现了不同程度的负增长，之所以会出现这种状况，是因为所有省份的规模报酬都小于1，处于规模经济效应递减阶段，导致我国所有省份的经济发展不能发挥规模经济效应，从而拖累了规模经济效应的增长。其中，青海省规模经济负增长幅度最小，达到 -5.20%；河南省规模经济负增长的幅度最大，达到 -294.17%（见表3-5）。

从技术进步的变化率来看，2001—2015年，我国所有省份的技术进步均出现了不同程度的增长，技术进步对各省份全要素生产率增长均有较大的贡献度。其中，技术进步变化率最大的省份是甘肃省，其次是贵州省，两个省份的技术进步的增长率分别为 8.87% 和 8.68%（见表3-5）；技术进步率变化最小的省份是上海市，其次是北京市，两个省份的技术进步的增长率分别为 6.53% 和 6.75%（见表3-5）。

从要素配置效应的增长率来看，2001—2015年，我国所有省份的要素配置效应的增长率均出现了不同程度的增长。从对全要素生产率增长的贡献度来看，要素配置效应增长的贡献度最大，远远超过技术进步对全要素生产率增长的贡献。其中，要素配置效应增长率最大的省份是河南省，达到290.67%；要素配置效应增长率最小的省份是青海省，达到0.80%（见表3-5）。

三 我国全要素生产率区域增长差异成因：基于技术进步偏向性的解释

从全要素生产率增长率的分解中可知，全要素生产率增长取决于技术效率变化率、技术进步变化率、规模效应变化率与资源配置效应变化率。利用我国2000—2015年的相关数据，对我国全要素生产率增长进行了测算，研究表明，我国全要素生产率增长主要取决于技术进步变化率和资源配置效应变化率。将技术进步变化率继续分解为中性技术进步率和偏向性技术进步率。那么，两种技术进步对全要素生产率各具有什么影响呢？根据Kumbhakar和Lovell（2000）的分解方法，技术进步变化率的表达式为：

$$\dot{TP} = \frac{\partial \ln f(x, t)}{\partial t} = \beta_t + \beta_{tt} t + \beta_{lt}(\ln L_{it}) + \beta_{kt}(\ln K_{it})$$

在技术进步变化率的公式中，$\beta_t + \beta_{tt} t$ 表示中性技术进步贡献率，是纯粹技术进步；$\beta_{lt}(\ln L_{it}) + \beta_{kt}(\ln K_{it})$ 表示偏向性技术进步率，是区域全要素生产率差异的主要影响因素。董直庆等（2014）认为，技术进步偏向性变化通过改变要素投入结构从而影响全要素生产率增长。根据技术进步变化率的计算公式，可以分别计算出中性技术进步率、偏向性技术进步率对全要素生产率的贡献，计算结果见表3-6。从表3-6中可以看出，偏向性技术进步对全要素生产率的增长为负贡献，而中性技术进步率对全要素生产率的贡献为正贡献。导致出现这种结果的原因在于，非适宜的技术进步偏向，通过技术进步率对全要素生产率形成直接的负面影响，进而抑制全要素生产率的增长。[①] 由于我国四大经济区域的偏向性技术进步率不同，导致非适宜的技术进步偏向性也不同，从

---

① 袁礼、欧阳峣：《发展中大国提升全要素生产率的关键》，《中国工业经济》2018年第6期，第58页。

而对各经济区域全要素生产率增长的抑制效应也不同，进而形成了区域全要素生产率之间的差异。

表 3-6　2001—2015 年全国全要素生产率增长率及其因素分解

年份	TFP 变化率	TP 变化率	中性技术进步率	偏向性技术进步率	TP 贡献率（%）	中性技术进步贡献率（%）	偏向性技术进步贡献率（%）
2001	0.0585	0.0912	0.1317	-0.0393	155.90	206.87	-61.78
2002	0.0545	0.0890	0.1314	-0.0411	163.30	224.56	-70.15
2003	0.0402	0.0869	0.1311	-0.0430	216.17	240.42	-78.77
2004	0.0398	0.0846	0.1308	-0.0448	212.56	325.11	-111.27
2005	0.0347	0.0823	0.1305	-0.0468	237.18	327.63	-117.41
2006	0.0243	0.0801	0.1302	-0.0488	329.63	375.49	-140.71
2007	0.0385	0.0779	0.1299	-0.0507	202.34	534.74	-208.78
2008	0.0357	0.0755	0.1296	-0.0527	211.48	336.34	-136.74
2009	0.0380	0.0731	0.1293	-0.0547	192.37	361.68	-153.12
2010	0.0286	0.0710	0.1290	-0.0569	248.25	339.08	-149.49
2011	0.0322	0.0688	0.1287	-0.0587	213.66	450.43	-205.59
2012	0.0282	0.0669	0.1284	-0.0606	237.23	399.17	-188.37
2013	0.0295	0.0651	0.1281	-0.0623	220.68	454.85	-221.09
2014	0.0427	0.0633	0.1278	-0.0638	148.24	432.78	-215.97
2015	0.0637	0.0932	0.1275	-0.0652	146.31	298.29	-152.59

资料来源：经笔者计算整理所得。

第四节　我国全要素生产率增长率区域差异收敛性分析

一　我国全要素生产率增长差异的 σ 收敛检验

从前面的分析中可以看出，我国区域全要素生产率的增长存在着差异。与前面的研究相似，本书也采用变异系数来衡量 σ 收敛，借鉴林春（2016）的做法，将 σ 收敛性检验的计算公式设定如下：

$$\sigma_t = \frac{\sqrt{\frac{1}{n-1}\sum_i^n (TFP_{it} - \overline{TFP_t})^2}}{\overline{TFP_t}}$$

式中，TFP_{it} 为第 i 个地区 t 时期的全要素生产率增长率，$\overline{TFP_t}$ 表示 t 时期所有 i 个地区全要素生产率增长率的平均值。当 $\sigma_{t+1} < \sigma_t$ 时，则我国的全要素生产率的离散系数在缩小，此时存在着 σ 收敛。[1] 利用 Kumbhakar 和 Lovell（2000）全要素生产率增长模型的分解方法，计算出全国及四大经济区域的全要素生产率增长率，图 3-4 展示了 2000—2015 年全国和四大经济区域全要素生产率 σ 收敛系数的变化趋势。

从图 3-4 中可以看出，全国全要素生产率变异系数总体上呈现明显的下降趋势，因而，全国全要素生产率的增长呈现 σ 收敛特征。其中，2001—2006 年，呈现缓慢的上升趋势；2006—2007 年，呈现大幅度上升趋势；2007—2008 年，全国全要素生产率的增长呈现大幅度下降趋势，主要原因在于，席卷全球的国际金融危机对我国的全要素生产率的增长产生了一定的影响。2008—2010 年，由于受到 4 万亿元投资计划的刺激，我国全要素生产率的增长呈现上升的趋势；2010—2012 年，全要素生产率的增长呈现下降趋势；2012—2014 年，我国全要素生产率的增长又呈现上升趋势；2014—2015 年，我国全要素生产率的增长又呈现大幅度下降趋势。从四大经济区域来看，东部、中部、西部、东北地区的变异系数在样本考察期内总体上呈现逐渐下降趋势，说明这些区域的全要素生产率的增长存在 σ 收敛特征，东部、中部、西部、东北地区的变异系数在样本考察期内波动幅度最大的时间段主要出现在 2006—2008 年、2009—2012 年和 2013—2015 年，在这三个时间段，四大经济区域均呈现震荡式的波动，最终呈现大幅度下降的发展趋势。

---

[1] 林春：《中国金融业全要素生产率影响因素及收敛性研究》，《华中科技大学学报》（社会科学版）2016 年第 6 期，第 117 页。

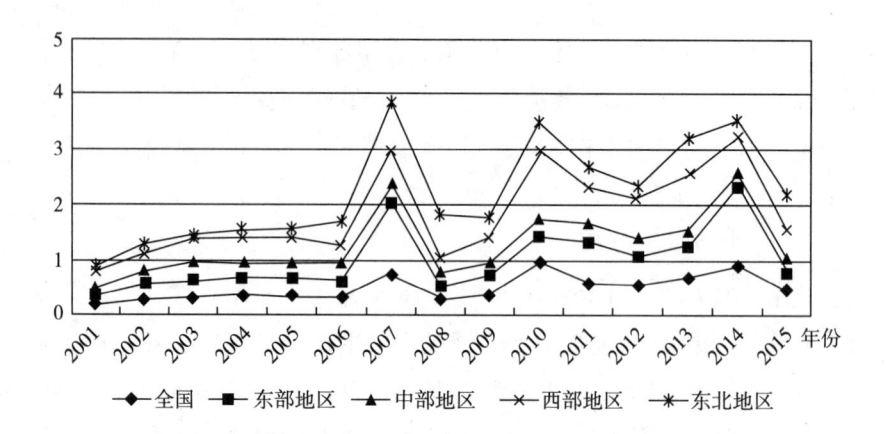

图 3-4 2000—2015 年全国和四大经济区域全要素生产率 σ 收敛系数的变化趋势

二 我国全要素生产率增长差异的 β 收敛检验

与前面的分析相似，本书对我国全要素生产率的增长进行 β 收敛性检验。β 收敛性检验分为绝对 β 收敛和条件 β 收敛两种，绝对 β 收敛主要探讨全要素生产率增长较落后的区域是否与全要素生产率增长较好的区域趋同，而条件 β 收敛是要进一步验证各区域的全要素生产率增长是否会收敛于各自的稳态水平。借鉴柯孔林等（2013）、孙传旺等（2010）的做法，将全要素生产率的绝对 β 收敛检验方程和条件 β 收敛检验方程分别设定为：

绝对 β 收敛检验方程：

$$\frac{1}{T}(\ln TFP_{i,T} - \ln TFP_{i,0}) = \alpha + \beta \ln TFP_{i,0} + \varepsilon_{i,t}$$

条件 β 收敛检验方程：

$$\ln TFP_{i,t} - \ln TFP_{i,t-1} = \alpha + \beta \ln TFP_{i,t-1} + \varepsilon_{i,t}$$

式中，$\frac{1}{T}(\ln TFP_{i,T} - \ln TFP_{i,0})$ 为第 i 个地区从时期 $t=0$ 到时期 $t=T$ 的年均全要素生产率的增长率，$\ln TFP_{i,0}$ 为第 i 个地区的初始全要素生产率的对数值，如果 β 显著为负，则表明存在着 β 绝对收敛。

从表 3-7 可以看出，全国全要素生产率 $\ln TFP_{it}$ 的系数为 -0.0433，且在 5% 的显著性水平下显著，因此，全国全要素生产率的增长存在着

β 绝对收敛。东部、中部、西部以及东北地区的 $\ln TFP_{it}$ 的系数虽然都为负，但都不显著。这意味着东部、中部、西部以及东北地区的全要素生产率的增长并无明显的 β 绝对收敛特征。

表 3-7　全国及四大经济区域全要素生产率 β 绝对收敛检验

变量	全国	东部地区	中部地区	西部地区	东北地区
$\ln TFP_{it}$	-0.0433**	-0.0998	-0.1099	-0.0539	-0.4351
α	-0.1549**	-0.3052	-0.3173	-0.2059	-1.1554
F 检验及 P 值	4.58（0.0413）	1.96（0.1993）	2.25（0.2079）	3.17（0.1086）	0.5（0.6083）
调整的 R^2	0.1098	0.0962	0.2002	0.1785	-0.3338

注：据 Stata 13.0 计算。***、**、* 分别表示在 1%、5%、10% 的显著性水平下显著；F 统计量括号内为 P 值。下同。

从表 3-8 中可以看出，无论是从全国层面还是四大经济区域的情况来看，全要素生产率 $\ln TFP_{it}$ 的系数均为负值，且分别在 1% 和 5% 的显著性水平下显著。这表明，在全国以及东部、中部、西部和东北地区四大经济区域范围内全要素生产率的增长都存在着显著的 β 条件收敛特征。

表 3-8　全国及四大经济区域全要素生产率 β 条件收敛检验

变量	全国	东部地区	中部地区	西部地区	东北地区
$\ln TFP_{it}$	-0.3448***	-0.3544***	-0.2846***	-0.3540***	-0.3389**
α	-1.2032***	-1.22162***	-0.9388***	-1.2832***	-1.22170**
F 检验及 P 值	4.06（0.000）	1.49（0.000）	2.08（0.0267）	1.67（0.0744）	2.03（0.0584）
R^2	0.1768	0.1986	0.1944	0.1670	0.2054

注：据 Stata 13.0 计算。

三　我国全要素生产率增长差异的"俱乐部"收敛检验

从表 3-9 的分析中可知，东部、中部、西部和东北地区全要素生产率增长的 β 收敛系数均小于 0，且分别在 1% 和 5% 的显著性水平下显著，这意味着我国四大经济区域的全要素生产率增长表现出明显的β条件收敛特征。与前面全国及四大经济区域全要素生产率增长的σ收敛分析相结合可以发现，我国东部、中部、西部和东北地区内部各省份全要素生产率增长存在着俱乐部收敛特征。这也表明，我国东部、中部、西部和东北地区内部各省份全要素生产率的增长具有显著的趋同特征，但是，四大经济区域之间全要素生产率的增长趋同特征不明显。

第五节　本章小结

采用 Kumbhakar 和 Lovell（2000）全要素生产率增长的分析方法，通过构建超越对数随机前沿生产函数模型，对我国 2000—2015 年的全要素生产率增长率进行了测算。研究表明：

第一，2000—2015 年，我国全要素生产率的平均增长率为 3.93%。从贡献度来看，我国全要素生产率的增长主要取决于技术进步和要素配置效率的增长。分区域来看，2000—2015 年，东部地区全要素生产率的平均增长率为 3.78%；中部地区全要素生产率的平均增长率为 4.45%；西部地区全要素生产率的平均增长率为 3.77%；东北地区全要素生产率的平均增长率为 3.97%。分时间段来看，我国全要素生产率的增长呈现"下降—波动—大幅度上升"的变化过程。

第二，我国区域全要素生产率的增长之间存在着差异。2000—2015 年，我国各省份的全要素生产率都呈现出不同程度的增长。从增长幅度上看，全要素生产率增长幅度最大的省份是江苏省，其全要素生产率的年均增长率高达 5.66%，而增长幅度最小的省份是天津市，其全要素生产率的年均增长率为 2.05%。由于我国的经济增长过度依赖资本要素投入，且资本投入始终高位运行，导致我国的技术效率和规模经济效应难以形成，从而拖累了我国全要素生产率的增长。因而，我国各省份之间全要素生产率增长的差异的原因在于各区域之间的技术进步和要素配置效应增长的幅度不同，以及技术效率和规模经济效应的拖累效应的幅度不同，从而导致我国各省份之间的全要素生产率的增长程度呈现出不同的效果。

第三，从总体上看，我国全要素生产率的增长存在着 σ 收敛和 β 收敛特征（包括 β 绝对收敛特征和 β 条件收敛特征）；但从四大经济区域层面来看，我国区域全要素生产率的增长存在着 σ 收敛和 β 条件收敛特征，β 绝对收敛特征不明显。

因此，要提升我国全要素生产率的增速，各级政府应当注重技术效率和规模经济效应的同步提升，应该通过各种扶持政策营造各种创新环境，提升技术效率和规模经济效应，为我国经济的可持续发展提供动力。

第四章 金融发展与全要素生产率之间的关系分析

第一节 金融发展与全要素生产率增长之间关系的理论分析

借鉴赵勇等（2010）的模型①，在经济体分析中引入金融中介部门，用来分析金融中介部门的发展对经济增长方式转变的影响。为了分析问题的简便性，假定经济体中存在家庭部门、最终产品生产部门、中间产品生产部门和金融中介部门。

一 最终产品生产部门

假定在产品生产部门中，厂商通过投入劳动力和中间产品来进行生产。在生产产品部门中，厂商假定测度定义为1，则生产函数形式可以设定如下：

$$Y_t = L^{1-\alpha} \int_0^1 A_{it} X_{it}^\alpha \mathrm{d}i \quad (0 < \alpha < 1)$$

式中，Y_t 表示最终产品生产部门的产出，L 表示劳动投入，A_{it} 表示中间产品生产率，X_{it} 表示中间产品投入数量。

根据完全竞争条件下的利润最大化条件，假定 P_{it} 表示中间产品价格，则可以得到中间产品的反需求函数为：

$$P_{it} = \alpha L^{1-\alpha} A_{it} X_{it}^{\alpha-1} \quad i \in [0, 1]$$

---

① 赵勇、雷达：《金融发展与经济增长：生产率促进抑或资本形成》，《世界经济》2010年第2期。

二 中间产品生产部门

厂商通过中间产品生产部门租借资本来生产不同的产品,假定 K_{it} 表示第 i 个中间产品生产部门的厂商投入的资本数量,则中间产品的生产函数为:

$$X_{it} = \frac{K_{it}}{A_{it}}$$

从中间产品生产部门的生产函数可以看出,随着中间产品生产效率 A_{it} 的不断增加,在中间产品生产部门的厂商投入的资本数量 K_{it} 不变的条件下,生产新的中间产品的难度将越来越大。假定市场利率为 r,根据利润最大化条件,可以得到:

$$\pi_{it} = \text{Max}(P_{it}X_{it} - K_{it}r_t) = \text{Max}(\alpha L^{1-\alpha} A_{it} X_{it}^{\alpha} - r_t A_{it} X_{it})$$

通过求解最优化问题,可以得到厂商的最优产出、最大化利润以及均衡利率,求解的最优均衡结果分别为:

$$X_{it}^e = L \left(\frac{\alpha^2}{r_t} \right)^{\frac{1}{1-\alpha}}$$

$$\pi_{it} = \alpha(1-\alpha) L^{1-\alpha} A_{it} (X_{it}^e)^{\alpha}$$

$$r_t = \alpha^2 L^{1-\alpha} (X_{it}^e)^{\alpha-1}$$

如果厂商通过中间产品的生产可以形成一定的垄断权力,则厂商可以获得相应的垄断利润,将垄断利润进行贴现,可以得到:

$$Q_{it} = \int_t^{\infty} \pi_{it} e^{-\bar{r}(t,v)(v-t)} dv$$

式中,$\bar{r}(t,v) = \frac{1}{v-t} \int_t^v r(w) dw$ 表示时间 t 和时间 v 之间的平均利率。

三 金融中介部门

假定厂商生产新产品需要通过金融中介部门的融资来满足研发投入的需求,在融资过程中,厂商必须与金融中介部门签订债务合同来获得必要的贷款。在生产过程中,如果厂商的新产品研发成功,则厂商需支付给金融中介部门一定数量的利息收入 γ;如果厂商的新产品研发失败,则不需要支付金融部门利息收入。在厂商新产品没有研发成功时,金融中介部门对厂商的研发状态识别成本为 δ。假定中间产品厂商的生产率取决于自身的研发和最优生产技术，则：

$$A_{it} = \mu A_{t-1}^w + \eta_{it} A_{t-1}$$

式中，$\mu > 0$、$\eta_{it} > 0$，且都为常数。$A_{t-1} = \int_0^1 A_{i,t-1} \mathrm{d}i$ 为行业的平均生产率，A_{t-1}^w 表示最优生产技术，且最优生产率按照一定的比率 g_w 增长，A_t^w 的表达式为：

$$A_t^w = (1 + g_w)^t A_0^w$$

从表达式 $A_{it} = \mu A_{t-1}^w + \eta_{it} A_{t-1}$ 中可以看出，中间产品生产厂商的生产率既取决于自身研发，也取决于最优生产技术。从厂商研发角度来看，研发的大小主要与研发人员的素质有关，研发人员素质越高，则 η_{it} 越高。在整个研发过程中，假定高素质研发人员出现的概率为 θ。为了研发成功，厂商需要投入的最终产品数量为 N_t，厂商研发的生产率大小为 ϕ_t，研发人员的研发水平为 φ_t，则最终产品的投入数量与研发效率存在着这样的关系：$N_t = \phi_t \varphi_t A_{t-1}^w$。如果将经济增长率分为资本投资主导的增长方式 A_{it} 和全要素生产率主导的增长方式 A_{it}^*，则两种经济增长方式可以用公式表示为：

$$A_{it} = \mu A_{t-1}^w + \theta \eta_{it} A_{t-1}$$

$$A_{it}^* = \mu A_{t-1}^w + \eta_{it} A_{t-1}$$

在引入金融中介部门之后，假定研发成功的概率为 λ，并满足条件 $\lambda = \varepsilon g_w$。在这里，$0 < \lambda < 1$，$\varepsilon$ 为足够小的常数，则中间产品厂商的利润为：

$$V_{it} = \lambda \left(Q_{it} - \frac{\gamma}{1 + r_{t+1}} \right) + N_t$$

金融中介部门的约束条件为：

$$\lambda \gamma - (1 - \lambda) \delta \geq \frac{(1 + r_{t+1}) N_t}{1 - s}$$

在金融中介部门约束条件的表达式中，s 表示储蓄转换为投资的比例，其大小反映了金融中介部门的发展水平。

四 家庭部门

家庭部门通过消费最终产品来获得效用，假定家庭部门的效用函数为：

$$U = \int_0^\infty \frac{C_t^{1-\sigma}-1}{1-\sigma}e^{-\rho t}\mathrm{d}t$$

式中，C、ρ 和 σ 分别表示家庭消费、时间偏好和相对风险回避系数，则家庭部门消费的约束条件为：

$$\dot{K} = Y_t - C_t - N_t - \delta$$

根据效用最大化原则，可以得到效用最大化时，消费满足的条件表达式为：

$$\dot{C}_t = \frac{C_t(r_t-\rho)}{\sigma}$$

五　稳态条件下经济增长方式的选择

厂商选择资本投资主导的经济增长方式和全要素生产率主导的经济增长方式，对于厂商来说，其研发利润是不同的。假定资本投资主导的经济增长方式的研发利润为 V_{it}，全要素生产率主导的经济增长方式的研发利润为 V_{it}^*，则两种经济增长方式的研发利润表达式为：

$$V_{it} = \lambda Q_{it} - \frac{(1-\lambda)\delta}{1+r_{t+1}} + \left(1+\frac{1}{1-s}\right)\varphi_t A_{t-1}^w$$

$$V_{it}^* = \lambda Q_{it}^* - \frac{(1-\lambda)\delta}{1+r_{t+1}} + \left(1+\frac{1}{1-s}\right)\phi_t\varphi_t A_{t-1}^w$$

当 $V_{it}^* > V_{it}$ 时，则厂商会选择全要素生产率主导的经济增长方式；反之则相反。假定行业的相对生产率为 α_{t-1}，且满足条件 $\alpha_{t-1} = \frac{A_{t-1}}{A_{t-1}^w}$，在两种经济增长方式无差异情况下的相对生产率为 α_e。在稳态条件下，将相关的关系表达式代入 $V_{it}^* > V_{it}$ 中，可得：

$$\alpha_{t-1} > \alpha_e = \frac{\varphi(1-\phi)(2-s)}{\varepsilon g_w L\eta(1-s)(1-\theta)(1-\alpha)\alpha^{\frac{1+\alpha}{1-\alpha}}\rho^{\frac{1}{\alpha-1}}}$$

为了进一步了解金融中介部门与经济增长方式之间的关系，将 α_e 对 s 进一步求导，可得：

$$\frac{\partial \alpha_e}{\partial s} = \frac{\varphi(1-\phi)}{\varepsilon g_w L\eta(1-s)^2(1-\theta)(1-\alpha)\alpha^{\frac{1+\alpha}{1-\alpha}}\rho^{\frac{1}{\alpha-1}}} > 0$$

从相对生产率 α_e 对 s 的求导中可以看出，随着金融发展水平的提高，两种经济增长方式的相对生产率水平将会逐渐无差异化，经济增长方式逐步从资本投资主导的经济增长方式向生产率主导的经济增长方式转变。

第二节 金融发展对中国经济增长方式的影响分析

一 我国经济增长的源泉分析

为了找出我国经济增长的背后原因，需要对我国经济增长的源泉进行分析。为了分析我国经济的增长源泉，需要设定生产函数。为了保持研究的一致性，设定生产函数模型为超越对数生产函数模型，其函数模型形式如下：

$$\ln Y_{it} = \beta_0 + \beta_l \ln L_{it} + \beta_k \ln K_{it} + \beta_t t + 0.5\beta_{ll}(\ln L_{it})^2 + 0.5\beta_{kk}(\ln K_{it})^2 + 0.5\beta_{tt}t^2 + \beta_{lk}(\ln L_{it})(\ln K_{it}) + \beta_{lt}(\ln L_{it})t + \beta_{kt}(\ln K_{it})t + (v_{it} - u_{it})$$

对设定的超越对数生产函数模型两边对时间 t 取全微分，同时，在等式两边除以 Y，就可以得到如下关系式：

$$\frac{\Delta Y}{Y} = \varepsilon_l \times \frac{\Delta L}{L} + \varepsilon_k \times \frac{\Delta K}{K} + \frac{\Delta TFP}{TFP}$$

在上面的表达式中，$\frac{\Delta Y}{Y}$、$\frac{\Delta L}{L}$、$\frac{\Delta K}{K}$ 和 $\frac{\Delta TFP}{TFP}$ 分别表示经济增长率、劳动投入增长率、资本投入增长率和全要素生产率增长率。同前面的分析一样，ε_k 表示资本产出弹性，ε_l 表示劳动力产出弹性，根据超越对数生产函数模型，可以求出 $\varepsilon_k = \beta_k + \beta_{kk}\ln K_{it} + \beta_{kl}\ln L_{it} + \beta_{tk}t$，$\varepsilon_l = \beta_1 + \beta_{ll}\ln L_{it} + \beta_{kl}\ln K_{it} + \beta_{tl}t$。

从我国经济增长的源泉中可以看出（见表 4-1），2000—2015 年，总体来看，全要素生产率增长对我国经济增长的贡献度为 51.78%。从四大经济区域的情况来看，2000—2015 年，东部地区全要素生产率增长率对东部地区经济增长的贡献度为 49.61%，中部地区全要素生产率增长率对中部地区经济增长的贡献度为 57.79%，西部地区全要素生产率增长率对西部地区经济增长的贡献度为51.57%，东北地区全要素生产率增长率对东北地区经济增长的贡献度为48.06%。在四大经济区域中，全要素生产率增长率对经济增长的贡献度最高的是中部地区，贡献度最低的是东北地区。从资本要素投入对我国经济增长的贡献度来看，我国资本要素投入对我国经济增长的贡献度为50.07%，东部地区资本要素投入对东部地区经济增长的贡献度为53.94%，中部地区资本要素投入对中部地区经济增长的贡献度为44.16%，西部地区资本要素投入对西部地区经济增长的贡献度为48.70%，东北地区资本要素投入对东北地区经济增长的贡献度为53.63%。这意味着尽管全要素生产率增长在我国经济增长中发挥着重要作用，但资本对我国经济增长的贡献仍然非常重要，资本要素投入对我国以及四大经济区域经济增长的贡献一直保持在较高位。从劳动投入对我国经济增长的贡献来看，劳动投入对我国经济增长的贡献度为-1.84%，东部地区劳动要素投入对东部地区经济增长的贡献度为-3.54%，中部地区劳动要素投入对中部地区经济增长的贡献度为-1.95%，西部地区劳动要素投入对西部地区经济增长的贡献度为-0.27%，东北地区劳动要素投入对东北地区经济增长的贡献度为-1.69%。这意味着随着中国人口红利的逐步下降，劳动力对我国经济增长的贡献度越来越小，甚至为负。

表4-1　　全国及四大经济区域经济增长源泉对经济增长的贡献度

区域	经济增长率	TFP增长率	TFP贡献度（%）	资本贡献度（%）	劳动贡献度（%）
全国	0.0759	0.0393	51.78	50.07	-1.84
东部	0.0762	0.0378	49.61	53.94	-3.54
中部	0.077	0.0445	57.79	44.16	-1.95
西部	0.0731	0.0377	51.57	48.70	-0.27
东北	0.0826	0.0397	48.06	53.63	-1.69

资料来源：根据Frontier 4.1软件计算，并经笔者整理所得。

从经济增长的源泉中可以看出，全要素生产率对我国经济增长发挥着重要作用，但是，造成我国全要素生产率增长差异的原因何在？总体来看，我国各省份全要素生产率增长主要取决于技术进步和要素配置效应增长，而对全要素生产率增长贡献度最大的是要素配置效应增长率；技术效率和规模经济效应增长均拖累了各省份全要素生产率增长。这是由于我国经济增长过度依赖资本要素投入，导致资本投入始终保持高位运行，使技术效率和规模经济效应对我国经济增长的贡献难以形成，从而拖累了我国全要素生产率增长。我国各省份之间全要素生产率增长的差异在于技术进步和要素配置效应增长的幅度不同，以及技术效率和规模经济效应的拖累效应的幅度不同，从而导致我国各省份之间全要素生产率增长程度呈现出不同的效果。

二 金融发展对经济增长方式影响的实证分析

从我国经济增长的源泉中可以看出，2000—2015年，资本投入在我国经济增长中一直占有一个较大的比重，与赵勇等（2010）的研究结论不同的是，相对于东部、东北地区，中西部地区全要素生产率增长率对经济增长的贡献更为重要，而东部、东北地区资本投入对经济增长的贡献更为重要。金融作为经济增长的核心要素，金融发展是否对我国全要素生产率增长具有显著性的积极影响，这关系着金融政策在我国经济增长方式转变中所起的作用。另外，不同区域之间金融发展与全要素生产率增长之间是否存在着差异？为了回答上述问题，设定计量模型如下：

$$TFP_{it} = \alpha_0 + \alpha_1 FD_{it} + \alpha_2 X_{it} + \eta_i + \varepsilon_{it}$$

在上面的计量模型中，TFP_{it}为被解释变量，用随机前沿模型计算的全要素生产率增长率来表示。FD_{it}表示金融发展水平；X_{it}表示一组控制变量，主要选择的控制变量有政府支出（Gov_{it}）、基础设施水平（$Infra_{it}$）、人力资本（$Humc_{it}$）、对外开放程度（$Open_{it}$）；η_i表示不可观测的地区个体效应的影响；ε_{it}为随机干扰项，服从正态分布。在控制变量中，对外开放程度（$Open_{it}$）用进出口总额占GDP比重来衡量，由于我国关于进出口总额的统计数据中部分年份的统计数据以美元来表示，本书利用当年人民币兑换美元的汇率中间价把它折算成人民币，变量$Open_{it}$表示折算成人民币后的进出口总额与当年GDP比重；政府支出（Gov_{it}）用财政支出占GDP比重来衡量，基础设施水平（$Infra_{it}$）用各省份的公路里程数来衡量。为了保持数据的平稳性，对各省份的基础设施水平数据取自然对数，lnfra$_{it}$ 表示取自然对数后的值；关于人力资本变量（Humc$_{it}$）的测算，借鉴赵勇等（2010）的做法，选取各省份大学生在校人数来表示，为了保持数据的平稳性，对各省份的在校大学生人数取自然对数，lnHumc$_{it}$ 表示取对数后的值。由于全要素生产率增长率为滞后一期的变量，因而，在进行参数估计时，一般采用动态面板估计方法。下面来对动态面板的简单原理及估计方法进行介绍。

（一）动态面板方法简介

面板数据的优点是可以对个体的动态行为进行建模，在面板数据中，解释变量中包含被解释变量的滞后值，称为动态面板数据。① 动态面板的一般形式为：

$$y_{it} = \alpha + \rho y_{i,t-1} + \beta x_{it} + \mu_i + \varepsilon_{it} \quad (t=2, \cdots, T)$$

对于第 i 位个体，在动态面板模型的两边对时间求平均可得：

$$\overline{y_i} = \alpha + \mu_i + \rho\,\overline{y_i} + \beta\,\overline{x_i} + \overline{\varepsilon_i}$$

则动态面板模型与第 i 位个体时间的平均值之差为：

$$y_{it} - \overline{y_i} = \rho(y_{i,t-1} - \overline{Ly_i}) + \beta(x_{it} - \overline{x_i}) + (\varepsilon_{it} - \overline{\varepsilon_i})$$

其中，$\overline{y_i} = \dfrac{1}{T-1}\sum_{t=2}^{T} y_{it}, \overline{Ly_i} = \dfrac{1}{T-1}\sum_{t=2}^{T} y_{i,t-1}, \overline{x_i} = \dfrac{1}{T-1}\sum_{t=2}^{T} x_{it}, \overline{\varepsilon_i} = \dfrac{1}{T-1}\sum_{t=2}^{T} \varepsilon_{it}$。

从公式中可以看出，$\overline{Ly_i}$ 中包含 $\{y_{i1}, y_{i2}, \cdots, y_{i,T-1}\}$ 的信息，而 $\{y_{i1}, y_{i2}, \cdots, y_{i,T-1}\}$ 与 $(\varepsilon_{it} - \overline{\varepsilon_i})$ 相关，因而，$\overline{Ly_i}$ 与 $(\varepsilon_{it} - \overline{\varepsilon_i})$ 存在相关性。对于动态面板的估计，主要有两种方法：差分 GMM 法和系统 GMM 法。下面分别对差分 GMM 和系统 GMM 进行介绍。

1. 差分 GMM 方法

考虑以下动态面板模型，设定动态面板模型的形式为：

$$y_{it} = \alpha + \rho y_{i,t-1} + \beta x'_{it} + z'_i \delta + \mu_i + \varepsilon_{it} \quad (t=2, \cdots, T)$$

对模型做一阶差分以消除个体效应 μ_i，可得：

---

① 陈强：《高级计量经济学及 Stata 应用》（第二版），高等教育出版社 2014 年版，第 289 页。

$$\Delta y_{it} = \rho \Delta y_{i,t-1} + \Delta x_{it}'\beta + \Delta \varepsilon_{it} \quad (t=2, \cdots, T)$$

从差分后的表达式可以看出，$\Delta y_{i,t-1} = y_{i,t-1} - y_{i,t-2}$ 与 $\Delta \varepsilon_{it} = \varepsilon_{it} - \varepsilon_{i,t-1}$ 相关。在存在相关的条件下，如何才能得到一致性估计。Anderson 和 Hsiao（1981）提出了著名的 Anderson—Hsiao 估计量，其基本思想是将 $y_{i,t-2}$ 作为 $\Delta y_{i,t-1}$ 的工具变量，但这种方法存在的缺陷是需满足 $\{\varepsilon_{it}\}$ 不存在自相关这个前提条件，如果不满足该条件，则 $y_{i,t-2}$ 不是最有效的工具变量。在 Anderson 和 Hsiao（1981）研究的基础上，Arellano 和 Bond（1991）使用所有可能的滞后变量作为工具变量，进行 GMM 估计。

差分 GMM 在做差分时会产生如下四个问题[①]：一是如果 x_{it} 仅为前定变量而非严格外生，即 x_{it} 与 ε_{it} 当期不相关，但与 $\varepsilon_{i,t-1}$ 相关，则经过差分后，$\Delta x_{it} = x_{it} - x_{i,t-1}$ 可能与 $\Delta \varepsilon_{it} = \varepsilon_{it} - \varepsilon_{i,t-1}$ 相关，致使 Δx_{it} 成为内生变量。此时，可以使用 $\{x_{i,t-1}, x_{i,t-2}, \cdots\}$ 作为工具变量。二是在进行差分 GMM 估计时，如果 T 很大，则会有很多工具变量，容易出现弱工具变量问题，产生偏差。三是在进行差分 GMM 估计时，不随时间变化的变量 z_i 被消掉了，因而差分 GMM 无法估计 z_i 的系数。四是如果序列 $\{y_{it}\}$ 具有很强的持续性，即一阶自回归系数接近于 1，则 $y_{i,t-2}$ 与 $\Delta y_{i,t-1} = y_{i,t-1} - y_{i,t-2}$ 的相关性可能很弱，导致弱工具变量问题。在极端情况下，如果 $\{y_{it}\}$ 为随机游走，则 $\Delta y_{i,t-1}$ 为白噪声，完全与 $y_{i,t-2}$ 不相关，导致 $y_{i,t-2}$ 不再是 $\Delta y_{i,t-1}$ 的有效工具变量。因此，在被解释变量的持续性很强的条件下，可能不适用差分 GMM。

2. 系统 GMM 方法

为了解决差分 GMM 存在的问题，Arellano 和 Bover（1995）重新对水平方程 $y_{it} = \alpha + \rho y_{i,t-1} + \beta x_{it}' + z_i'\delta + \mu_i + \varepsilon_{it}$ 进行了考察，与 Arellano 和 Bond（1991）不同的是，Arellano 和 Bover（1995）使用 $\{\Delta y_{i,t-1}, \Delta y_{i,t-2}, \cdots\}$ 作为 $y_{i,t-1}$ 的工具变量。很显然，$y_{i,t-1}$ 与 $\{\Delta y_{i,t-1}, \Delta y_{i,t-2}, \cdots\}$ 是相关的。假定 $\{\varepsilon_{it}\}$ 不存在自相关，则满足关系式：$E(\Delta y_{i,t-s}\varepsilon_{it}) =$

---

① 陈强：《高级计量经济学及 Stata 应用》（第二版），高等教育出版社 2014 年版，第 290 页。

$E(y_{i,t-s}\varepsilon_{it}) - E(y_{i,t-s-1}\varepsilon_{it}) = 0$，$s \geq 1$；但假定 $\{\varepsilon_{it}\}$ 不存在自相关必须假设 $\{\Delta y_{i,t-1}, \Delta y_{i,t-2}, \cdots\}$ 与个体效应 μ_i 不相关，才能与这些工具变量和水平方程的复合扰动项（$\mu_i + \varepsilon_{it}$）不相关。在 Arellano 和 Bover（1995）研究的基础上，Blundell 和 Bond（1998）将差分方程与水平方程作为一个方程系统进行 GMM 估计，称为系统 GMM 估计。与差分 GMM 相比，系统 GMM 的优点是可以提高估计的效率，而且可以估计差分 GMM 中无法估计的不随时间变化的变量 z_i 的系数。但系统 GMM 存在的缺陷是扰动项 $\{\varepsilon_{it}\}$ 不存在自相关，且必须额外假定 $\{\Delta y_{i,t-1}, \Delta y_{i,t-2}, \cdots\}$ 与个体效应 μ_i 不相关。目前，关于使用系统 GMM 方法的第二个前提条件，尚无进行严格的统计检验。

（二）金融发展与全要素生产率增长关系的实证分析：总体分析

从金融发展与经济增长理论分析中可以看出，金融发展可以通过提高资本积累或提升全要素生产率的途径来促进经济增长。古典主义学派认为，由于资本的边际报酬递减，因而通过提高资本积累的途径来促进经济增长是不可持续的，从而极大地限制了金融对经济增长的作用。罗默（1986）创造性地提出了内生增长理论，在这种理论的分析框架下，内生技术进步通过研发正外部性的作用，没有出现要素的边际报酬递减，从而使金融对经济增长的作用重新得到重视。

目前，关于金融发展与经济增长的实证分析存在着一定的争论，主要表现在金融发展对经济增长的作用程度方面。一些研究者认为，金融对经济增长具有显著的促进作用。如贝克等（2000）运用广义矩法估计得出结论，金融通过提高全要素生产率的途径而不是通过资本积累或动员储蓄的途径来促进经济增长。因而，金融对经济增长具有显著的促进作用。Azid 和 Duenwald（2002）运用 1988—1997 年的省际面板数据，以非国有企业所获贷款与 GDP 比值的金融发展对全要素生产率的增长具有显著的正向影响；阿里斯蒂斯等（2006）运用数据包络分析法将全要素生产率分解为技术效率和技术进步，金融发展通过改进技术效率从而提高全要素生产率的途径来促进经济增长，但在 OECD 国家金融发展与技术效率低的国家存在较弱的负相关关系，而与技术效率高的国家存在着较强的正相关关系，对于非 OECD 国家金融发展对技术效率有稳健的正面影响。何枫等（2004）也认为，金融发展是通过技术效率改进的途径来促进经济增长的。Arizala 等（2009）运用 1963—2003 年 77 个国家 26 个制造业的行业数据来研究金融发展与行业全要素生产率增长之间的关系，研究结果发现，金融发展与 77 个国家的行业全要素生产率增长之间有显著的相关关系，并且这些国家每年行业全要素生产率增长的 0.6% 归功于企业外部融资的力度。Jeanneney（2006）的研究结果表明，金融发展指标中非国有企业贷款与 GDP 之比衡量的金融发展水平对全要素生产率的增长有显著的正向影响。Guariglia 和 Poncet（2008）的研究结果表明，用固定资本投资中银行贷款与财政拨款之比衡量的金融发展指标对全要素生产率增长有积极的显著作用，但 Guariglia 和 Poncet（2008）的全要素生产率采用传统的索洛余值法对全要素生产率进行度量。

另外一些研究者认为，金融对经济增长的作用受到一些经济条件的限制。如 Dipika Das（2007）运用印度 1979—2004 年的行业数据，将印度的制造业全要素生产率采用数据包络法进行分解，着重研究了金融发展与印度制造业全要素生产率的技术效率和技术进步之间的关系，研究结果发现，金融部门的发展对不同的行业的全要素生产率增长的作用是不同的，在传统行业部门，金融部门的发展与生产率增长正相关，但金融部门的发展与生产率增长之间在高新技术行业没有得到有力的证据支撑。我国学者张军等（2005）研究了我国的金融发展与全要素生产率增长之间的关系，但张军等（2005）对全要素生产率的度量采取了传统的增长核算方法，研究结果表明，金融发展与全要素生产率增长之间呈显著的正相关，而我国由于区域发展的差距，造成沿海和内地的金融发展水平存在着差异，因此，地区差异与金融发展水平有一定的关系。

从现实意义上讲，通过提升全要素生产率途径来实现经济的可持续增长，对于我国通过金融体制改革，转变经济发展方式具有十分重要的现实意义。下面要验证金融发展是否对全要素生产率增长有积极作用？为了验证金融发展和全要素生产率增长之间的关系，运用前面章节的超越对数随机前沿生产函数模型，计算出我国各省份的全要素生产率增长率，在此基础上，利用设定的金融发展与全要素生产率增长率之间的计量模型，讨论两者之间的关系。

（三）计量模型估计结果及解释

由于本书在研究金融发展与全要素生产率之间的关系时选择了动态面板模型，即通过在解释变量中加入被解释变量的滞后项。尽管在解释变量中加入被解释变量的滞后项考虑到了经济惯性的影响，但这会导致计量模型产生自相关问题。另外，在构建的计量模型中，考虑到地区因素的影响，加入了不可观测的地区特征因素，这也会导致全要素生产率增长的滞后项与随机干扰项存在着相关关系，进而产生内生性问题。① 针对以上可能出现的问题，对设定的动态面板模型进行一阶差分，可得：

$$\Delta TFP_{it} = \rho \Delta TFP_{i,t-1} + \lambda_1 \Delta FD_{it} + \lambda_2 \Delta X_{it} + \Delta \varepsilon_{it}$$

为了更直观地了解动态面板模型估计的优点，在对金融发展与全要素生产率增长率之间关系的计量模型进行参数估计时，本书也运用静态面板方法对两者之间的关系进行估计。

根据一阶差分后的模型，运用差分 GMM 方法进行估计。从表 4-2 中的估计结果可以看出，AR（2）检验的原假设是差分方程的残差序列不存在二阶序列相关，若对应的 P 值大于 0.1，则表明在 10% 的显著性水平下接受原假设，即差分方程的残差序列不存在二阶序列相关。表 4-2 中的 AR（1）和 AR（2）检验的 P 值表明，差分方程的残差序列只存在一阶序列相关，不存在二阶序列相关，模型通过了自相关检验。萨根（Sargan）过度识别检验的原假设对所有工具变量都有效，相应的 P 值大于 0.1，表明在 10% 的显著性水平下接受原假设。萨根过度识别检验结果表明，所有工具变量都是有效的。模型通过了 Arellano 和 Bond 序列相关检验和萨根过度识别检验，因而差分 GMM 的估计结果是一致且可靠的。② 从表 4-3 中可以看出，在静态面板模型中，核心解释变量金融发展（FD）对全要素生产率（TFP）的影响为正，但没有通过显著性检验。在动态面板模型中，加入全要素生产率二阶滞后项后，动态

---

① 李健、盘宇章：《金融发展、实体部门与全要素生产率增长——基于中国省级编码数据分析》，《经济科学》2017 年第 5 期，第 20 页。

② 白俊红、刘宇英：《对外直接投资能否改善中国的资源错配》，《中国工业经济》2018 年第 1 期，第 70 页。

面板模型的差分 GMM 模型估计显示，金融发展对全要素生产率的增长影响显著为正，一定程度上说明了金融发展有助于促进我国全要素生产率的增长。

表 4-2 金融发展和全要素生产率增长之间关系的差分 GMM 估计结果

变量	系数	Z 值	P>|Z|	95%的置信区间
$L_1.TFP$	-0.1596	-1.01	0.310	[-0.4680, 0.1487]
$L_2.TFP$	-0.1894	-1.01	0.313	[-0.5572, 0.1784]
FD_{it}	0.1821**	2.38	0.017	[0.0032, 0.0332]
$Open_{it}$	-0.0092**	-2.36	0.018	[-0.0169, -0.0016]
Gov_{it}	-0.0188	-0.89	0.371	[-0.0599, 0.0224]
$lnHumc_{it}$	0.0048***	2.69	0.007	[0.0013, 0.0083]
$Infra_{it}$	0.0056***	3.03	0.002	[0.0020, 0.0093]
常数项	-0.0820***	-1.85	0.064	[-0.1689, 0.0049]
AR(1)	0.0381			
AR(2)	0.3758			
萨根检验	1.000			
观测值	420			

注：由 Stata 13.0 软件计算得出。

对于控制变量，根据表 4-2 估计的结果，人力资本、基础设施水平的系数为正，且都在 1% 的显著性水平下显著，表明人力资本和基础设施建设均显著地促进了我国全要素生产率增长；对外开放程度的系数为负，且在 5% 的显著性水平下显著，表明对外开放显著地阻碍了全要素生产率增长；政府支出系数为负但不显著，表明政府支出对全要素生产率增长的阻碍作用效果不明显。

从表 4-3 中可以看出，从静态面板和动态面板估计结果的比较来看，两者在变量系数的符号方面基本保持一致，唯一不同的是，动态面板估计效果要比静态面板的估计效果好一些。尤其是核心变量金融发展变量的系数估计，静态面板的估计显示估计结果不显著，而通过引入动态面板估计，金融发展显著地促进了我国全要素生产率增长。在静态面板模型中，基础设施水平对全要素生产率增长系数为正，但没有通过显著性水平检验,表明基础设施水平对全要素生产率增长效果不明显;而在动态面板模型中,基础设施水平的提升显著地促进了全要素生产率增长。

表4-3　　金融发展和全要素生产率增长之间关系的差分
GMM 和静态面板估计结果比较

变量	静态面板估计	动态面板估计(差分 GMM)
$L_1.TFP$	—	-0.1596
$L_2.TFP$	—	-0.1894
FD_{it}	0.0021	0.1821**
$Open_{it}$	-0.0069*	-0.0092**
Gov_{it}	-0.0839***	-0.0188
$lnHumc_{it}$	-0.0027**	0.0048***
$lnfra_{it}$	0.0040	0.0056***
常数项	0.0463**	-0.0820***
AR(1)	—	0.0381
AR(2)	—	0.3758
萨根检验	—	1.000
观测值	420	420

注:由 Stata 13.0 软件计算得出。

(四)金融发展与全要素生产率增长关系的实证分析:四大经济区域分析视角

由于中国是一个存在着区域差异性的国家,地区间的差异性较大,总体来说,东部地区经济发达,中部、西部、东北地区经济相对于东部地区来说落后一些,而且四大经济区域的金融发展水平存在着差异,那么,四大经济区域的金融发展水平是否对地区的经济差异有影响?为此,构建四大经济区域的金融发展与全要素生产率之间的关系模型,分析四大经济区域金融发展与全要素生产率增长之间的关系,考虑到研究的一致性以及宏观经济惯性的影响,构建动态面板模型同前面保持一致,计量模型如下:

$$TFP_{it} = \alpha_0 + \rho_1 TFP_{i,t-1} + \rho_2 TFP_{i,t-2} + \alpha_1 FD_{it} + \alpha_2 X_{it} + \eta_i + \varepsilon_{it}$$

对上面的计量模型进行差分，采用差分 GMM 法对该计量模型进行参数估计，估计结果见表 4-4。

表 4-4　　我国四大经济区域金融发展与全要素生产率增长之间关系的差分 GMM 估计结果

变量	四大经济区域变量的系数			
	东部地区	中部地区	西部地区	东北地区
$L_1.TFP$	-0.6611***	0.2225***	-0.1083	-0.9479***
$L_2.TFP$	-0.4788***	—	-0.0905	—
FD_{it}	0.0221***	0.0275***	0.0159*	0.0139***
$Open_{it}$	-0.0028	0.0065**	-0.0179***	0.0151
Gov_{it}	-0.0507***	-0.2166***	0.0305*	0.0499
$lnHumc_{it}$	-0.0029***	-0.0028	0.0111***	-0.0110
$lnfra_{it}$	0.0076***	-0.0013	0.0007	0.0452***
常数项	0.0315	0.1042**	-0.1183***	-0.3050***
AR（1）	0.0775	0.3379	0.0639	—
AR（2）	0.2387	0.6394	0.8275	—
萨根检验	1.000*	0.6357*	0.9938*	0.1194*
观测值	120	75	165	45

注：由 Stata 13.0 软件计算得出。

从表 4-4 估计的结果来看，表 4-4 中的 AR（1）和 AR（2）检验的 P 值表明，差分方程的残差序列只存在一阶序列相关，不存在二阶序列相关，四大经济区域的模型都通过了自相关检验（其中东北地区差分后不存在自相关）。另外，四大经济区域的萨根过度识别检验都在 10% 的显著性水平下接受原假设，这表明四大经济区域所有的工具变量都是有效的。从四大经济区域的核心变量金融发展来看，四大经济区域金融发展变量的系数都为正，且东部、中部、西部和东北地区的金融发展变量的系数分别在 1%、1%、10% 和 1% 的显著性水平下显著，表明四大经济区域的金融发展都显著地促进了各自区域全要素生产率增长。但四大经济区域金融发展对各自地区全要素生产率的增长作用是不同的：东部地区金融发展水平每提高1%，东部地区的全要素生产率增长2.21%；中部地区的金融发展水平每提高1%，中部地区的全要素生产率增长2.75%；西部地区的金融发展水平每提高1%，西部地区的全要素生产率增长1.59%；东北地区的金融发展水平每提高1%，东北地区的全要素生产率增长1.39%。

对于控制变量而言，东部地区对外开放程度（$Open_{it}$）的系数为负，但没有通过显著性水平检验，表明东部地区的对外开放程度虽然对东部地区全要素生产率具有一定的负向影响，但效果不明显；东部地区政府支出（Gov_{it}）、人力资本（$lnHumc_{it}$）的系数为负，且都在1%显著性的水平下显著，表明东部地区的政府支出、人力资本都显著地抑制了东部地区全要素生产率增长；东部地区基础设施水平（$lnfra_{it}$）的系数为正，且在1%的显著性水平下显著，表明东部地区基础设施水平显著地促进了东部地区全要素生产率增长。中部地区对外开放程度（$Open_{it}$）的系数为正，且在5%的显著性水平下显著，表明中部地区对外开放程度有利于中部地区全要素生产率增长；中部地区政府支出（Gov_{it}）的系数为负，且在1%的显著性水平下显著，表明中部地区政府支出显著地抑制了中部地区全要素生产率的增长；中部地区人力资本、基础设施水平的系数为负，但都没有通过显著性水平检验，表明中部地区人力资本、基础设施水平虽然对中部地区全要素生产率增长具有一定的负向影响，但影响效果不明显。西部地区对外开放程度（$Open_{it}$）的系数为负，且在1%的显著性水平下显著，表明西部地区对外开放程度显著地抑制了西部地区全要素生产率增长，西部地区应该进一步扩大开放，发挥对外开放促进西部地区全要素生产率增长效应；西部地区政府支出的系数为正，且在10%的显著性水平下显著，表明西部地区政府支出显著地促进了西部地区全要素生产率增长；西部地区人力资本的系数为正，且在1%的显著性水平下显著，表明西部地区人力资本显著地促进了西部地区全要素生产率增长；西部地区基础设施水平的系数为正，但没有通过显著性水平检验，这表明西部地区的基础设施虽然对西部地区全要素生产率增长有一定的影响，但效果不明显。东北地区对外开放程度、政府支出系数都为正，但都没有通过显著性水平检验，表明东北地区对外开放以及政府支出对东北地区全要素生产率增长效果不明显；东北地区人力资本的系数为负，但没有通过显著性水平检验，表明东北地区人力资本对东北地区全要素生产率增长具有一定的抑制作用，但效果不明显；东北地区基础设施水平的系数为正，且在1%的显著性水平下显著，表明东北地区基础设施水平的提升有利于东北地区全要素生产率增长，具体来说，东北地区基础设施水平每提升1%，东北地区的全要素生产率增长4.52%。

第三节 金融资源错配对我国全要素生产率的影响分析

全要素生产率增长是一个国家或地区经济持续增长的主要动力源，金融作为现代经济发展的核心要素，金融资源配置对一个国家或地区经济发展具有十分重要的作用。由于我国是以银行为主导的金融体系，这种金融体系的特征是国有资金垄断以及资本配置的政府管制色彩浓厚且资本流动受制于行政指令。在这种金融体制下，我国大部分金融资源流向了效率低下的国有企业，对我国经济增长造成了严重影响。因此，金融资源配置的有效性直接决定着资本配置效率，进而对经济的可持续发展造成重要影响。[①]

现有文献从理论和实证方面支持金融发展促进了全要素生产率增长，而且本书前面的研究也表明，无论从总体还是从四大经济区域层面，金融发展均显著促进了我国全要素生产率增长。但我国的金融市场化发展滞后，金融资源错配问题对我国全要素生产率提升具有较大影响。我国的金融市场存在着以强制性政策供给行为为导向的信贷制度，

---

① 徐晔、宋晓薇：《金融资源错置会带来全要素生产率减损吗?》，《产业经济研究》2016年第2期，第51页。

金融资源对不同所有制的企业实行有差别的配置，导致国有企业的信贷"预算软约束"与非国有企业的"融资困境"并存，进而影响了整个社会的全要素生产率提升。[①] Midrigan 和 Xu（2014）的研究表明，金融错配扭曲了企业进入和技术采用的决策达到40%以上，造成一国 GDP 生产率下降5%左右。汪伟等（2015）的研究表明，金融要素扭曲对企业的研发投入和创新成果具有抑制作用，这种抑制作用在不同所有制企业间具有异质性，私营企业的创新活动受到金融要素扭曲的抑制作用大于国有企业。白俊红等（2016）的研究表明，资本要素市场的扭曲对创新生产率的损失具有正向影响，如果消除了资本要素市场扭曲，中国的创新生产率将提升20.55%。刘任重等（2016）也认为，金融资源配置不当不仅会降低金融资源的利用效率，更会影响企业自主创新的积极性，阻碍企业的技术进步，从而影响经济发展方式的转变。[②] 从我国的实际情况来看，我国地区之间的金融发展程度存在差异，金融市场化进程不一致，从而对全要素生产率增长的作用也会不同。有鉴于此，本节主要考察在金融发展程度不高的条件下金融资源错配对全要素生产率的影响。

一 计量模型的设定

为研究金融资源错配对中国全要素生产率的影响，借鉴顾江等（2018）的做法，构建如下计量模型：

$$TFP_{it} = \alpha_0 + \alpha_1 distFD_{it} + \alpha_2 X_{it} + \eta_i + \varepsilon_{it}$$

在上面的计量模型中，TFP_{it}为i省份t时期的全要素生产率，用超越对数随机前沿生产函数模型计算的数据来表示。$distFD_{it}$表示金融资源错配程度，关于金融资源错配程度，现有文献主要采用三种计算方法：一是鲁晓东（2008）的计算方法，采用四大国有商业银行的存贷比和国有商业银行占银行总信贷比重来综合衡量；二是邵挺（2010）的计算方法，使用资本回报率水平的差异来衡量；三是刘瑞明（2011）的

[①] 徐晔、宋晓薇：《金融资源错置会带来全要素生产率减损吗?》，《产业经济研究》2016年第2期，第51页。
[②] 余利丰：《金融资源错配与技术进步偏向性研究》，《江汉大学学报》（社会科学版）2017年第6期。

计算方法,采用国有经济占银行部门贷款比重来表示金融资源错配程度。相比较而言,第一种方法存在着数据统计资料不全的问题,从2005年起,我国四大国有银行的存贷款数据统计不全;第二种方法通过比较资本边际报酬水平;第三种方法无论从统计数据上还是从计算上都较为简便直观。① 借鉴刘瑞明(2011)的做法,$disFD_{it}$用国有经济占银行部门贷款比重来表示金融资源错配程度。X_{it}表示一组控制变量,主要选择的控制变量有政府支出(Gov_{it})、基础设施水平($lnfra_{it}$)、人力资本($lnHumc_{it}$)、对外开放程度($Open_{it}$)和人均GDP($AGDP_{it}$)。η_i表示不可观测的地区个体效应的影响。ε_{it}为随机干扰项,服从正态分布。由于使用超越对数随机前沿生产函数模型计算出来的是全要素生产率增长率,因此,全要素生产率增长率的时间跨度是从2001—2015年(而不是从2000—2015年),考虑到经济惯性的影响及面板数据的平衡性,在设定的计量模型解释变量中加入被解释变量滞后一期,即:

$$TFP_{it} = \alpha_0 + \rho TFP_{i,t-1} + \alpha_1 distFD_{it} + \alpha_2 X_{it} + \eta_i + \varepsilon_{it}$$

对上面的模型进行一阶差分,可得:

$$\Delta TFP_{it} = \rho \Delta TFP_{i,t-1} + \alpha_1 \Delta distFD_{it} + \alpha_2 \Delta X_{it} + \Delta \varepsilon_{it}$$

二 计量模型估计及解释

对一阶差分后的金融资源错配与全要素生产率增长之间关系的模型进行差分GMM回归分析。

从表4-5的估计结果来看,自相关AR(1)和AR(2)检验的P值表明,差分方程的残差序列既不存在一阶序列相关,也不存在二阶序列相关。另外,萨根检验都在10%的显著性水平下接受原假设,这表明进行差分GMM估计时选择的所有工具变量都是有效的。从表4-5的检验中可以看出,该计量模型不适合设定为动态面板模型,有鉴于此,利用静态面板来分析金融资源错配与全要素生产率之间的关系,回归结果见表4-6。

---

① 顾江、车树林、贺达:《金融错配对文化产业全要素生产率的影响研究:理论与实证》,《江苏社会科学》2018年第1期,第62页。

表 4 – 5 金融资源错配和全要素生产率增长之间关系的差分 GMM 估计结果

变量	系数	Z 值	P > |Z|	95% 的置信区间
$L_1.TFP$	-0.2076	-1.00	0.316	[-0.6137, 0.1985]
$L_2.TFP$	-0.0510	-0.53	0.593	[-0.2380, 0.1360]
$distFD_{it}$	-0.0278*	-1.85	0.065	[-0.0572, 0.0017]
$Open_{it}$	-0.0130	-1.14	0.256	[-0.0354, 0.0094]
Gov_{it}	-0.0308	-0.53	0.599	[-0.1455, 0.0839]
$lnHumc_{it}$	-0.0405**	-2.42	0.016	[-0.0734, -0.0077]
$lnfra_{it}$	0.0032	1.02	0.306	[-0.0029, 0.0093]
$lnAGDP_{it}$	-0.0066	-0.13	0.899	[-0.1083, 0.0952]
常数项	0.0544***	5.94	0.000	[0.0365, 0.0724]
AR (1)			0.1140	
AR (2)			0.1943	
萨根检验			1.000*	
观测值			420	

注：由 Stata 13.0 软件计算得出。

表 4 – 6 金融资源错配和全要素生产率增长之间关系的静态面板估计结果

变量	系数	t 值	P > |t|	95% 的置信区间
$distFD_{it}$	-0.0139*	-1.72	0.086	[-0.0298, 0.0020]
$Open_{it}$	0.0082**	1.98	0.049	[0.0001, 0.0163]
Gov_{it}	-0.0291	-1.17	0.244	[-0.0782, 0.020]
$lnHumc_{it}$	0.0043*	1.96	0.051	[-0.0000, 0.007]
$lnfra_{it}$	0.0005	0.27	0.790	[-0.0032, 0.0042]
$lnAGDP_{it}$	-0.0142***	-4.17	0.000	[-0.0209, -0.0075]
常数项	0.1239***	2.56	0.011	[0.0287, 0.2191]
R^2			0.2085	
F 统计量			7.53	
豪斯曼检验值			37.67*	
P 值			0.000	
估计方法			固定效应	
样本数			420	

注：由 Stata 13.0 软件计算得出。

从表4-6中可以看出,豪斯曼检验结果的P值在1%的显著性水平下拒绝原假设,表明使用固定效应模型进行估计较随机效应模型进行估计合理一些。从静态面板估计的结果来看,F检验的P值为0.000,使用固定效应进行估计优于混合回归。从动态面板和静态面板的估计结果来看,核心变量金融错配程度的系数都为负,且都在10%的显著性水平下显著,表明金融资源的错配显著地阻碍了全要素生产率增长。具体来说,在静态面板估计中,金融资源错配程度每提升1%,我国全要素生产率水平整体上下降1.39%。而在动态面板的估计中,金融资源错配程度每提升1%,我国全要素生产率水平整体上下降2.78%。

从控制变量来看,在静态面板估计中,对外开放程度的系数为正,且在5%的显著性水平下显著,表明对外开放有利于我国全要素生产率提升。基础设施水平的系数为正,但没有通过显著性水平检验,表明基础设施水平对我国全要素生产率提升影响不明显。政府支出的系数为负,但没有通过显著性检验,表明政府支出对全要素生产率的影响不明显。人力资本的系数为正,且在10%的显著性水平下显著,表明人力资本有利于全要素生产率提升。人均GDP的系数为负,且在1%的显著性水平下显著,表明人均GDP不利于全要素生产率提升。

三 四大经济区域金融错配与全要素生产率之间关系分析

同样,在选用动态面板模型和静态面板模型进行估计的问题上,通过自相关检验的结果表明,经过一阶差分后,四大经济区域自相关检验的结果表明根本不存在自相关关系。基于此,选用静态面板模型对四大经济区域进行估计,估计结果见表4-7。

表4-7 四大经济区域金融资源错配和全要素生产率增长之间关系的静态面板估计结果

变量	四大经济区域变量的系数			
	东部地区	中部地区	西部地区	东北地区
$distFD_{it}$	0.0261*	-0.0204	-0.0510***	0.0716
$Open_{it}$	-0.0018	-0.0814	0.0058	0.0812

续表

变量	四大经济区域变量的系数			
	东部地区	中部地区	西部地区	东北地区
Gov_{it}	-0.0317	-0.2341***	0.0339	-0.5527**
$lnHumc_{it}$	0.0022	-0.0131	0.0054	-0.0240
$lnfra_{it}$	0.0052	-0.0180**	-0.0004	0.0508**
$lnAGDP_{it}$	-0.0124**	0.0274***	-0.0248***	-0.0132
常数项	0.0764*	0.2286***	0.2219**	-0.0300
R^2	0.3908	0.6030	0.2029	0.5870
F统计量	—	—	2.23	2.94
豪斯曼检验值	3.04	10.76	19.26	13.53
P值	0.8809	0.1495	0.0074	0.0602
估计方法	随机效应	随机效应	固定效应	固定效应
样本数	150	90	165	45

注：由 Stata 13.0 软件计算得出。

从表4-7的估计结果中可以看出，东部地区金融错配程度变量的系数为正，且在10%的显著性水平下显著，表明东部地区的金融错配程度阻碍了东部地区全要素生产率提升；中部地区金融错配的系数为负，但没有通过显著性检验，表明中部地区金融资源的错配对中部地区全要素生产率增长虽然有一定的影响，但影响效果不明显；西部地区的金融错配系数为负，且在1%的显著性水平下显著，表明西部地区金融资源错配显著地抑制了西部地区全要素生产率提升；东北地区金融资源错配变量的系数为正，但没有通过显著性检验，表明东北地区的金融资源错配对东北地区全要素生产率的影响效果不明显。

对于控制变量而言，东部地区对外开放程度（$Open_{it}$）的系数为负，但没有通过显著性水平检验，表明东部地区的对外开放程度虽然对东部地区全要素生产率具有一定的负面影响，但效果不明显；东部地区的人力资本（$lnHumc_{it}$）、基础设施水平（$lnfra_{it}$）的系数为正，但都没有通过显著性检验，表明东部地区的人力资本、基础设施水平对东部地区全要素生产率的影响效果不明显；东部地区政府支出（Gov_{it}）的系数为负,但没有通过显著性检验,表明东部地区政府支出对东部地区全要素生产率的影响效果不明显;东部地区人均GDP(lnAGDP$_{it}$)的系数为负,且在5%的显著性水平下显著,表明东部地区人均GDP不利于全要素生产率提升。中部地区对外开放程度(Open$_{it}$)的系数为负,但没有通过显著性水平检验,表明中部地区的对外开放程度虽然对中部地区全要素生产率具有一定的负面影响,但效果不明显;中部地区的基础设施水平(lnfra$_{it}$)、政府支出(Gov$_{it}$)的系数都为负,且分别在5%和10%的显著性水平下显著,表明中部地区的基础设施水平和政府支出的增加都不利于全要素生产率增长;中部地区人均GDP的系数为正,且在1%的显著性水平下显著,表明中部地区人均GDP有利于中部地区全要素生产率增长;中部地区人力资本变量的系数为负,但没有通过显著性水平检验,表明中部地区人力资本对中部地区全要素生产率的影响效果不明显。西部地区对外开放程度的系数为正,但没有通过显著性水平检验,表明西部地区的对外开放程度虽然对西部地区全要素生产率具有一定的影响,但效果不明显;西部地区的政府支出、人力资本的系数都为正,但都没有通过显著性水平检验,表明西部地区的政府支出、人力资本对西部地区全要素生产率增长效果不明显;西部地区基础设施水平的系数为负,但没有通过显著性水平检验,表明西部地区基础设施水平对西部地区全要素生产率的增长效果不明显;西部地区人均GDP的系数为负,且在1%的显著性水平下显著,表明西部地区由于人均GDP落后,经济发展水平低限制了西部地区全要素生产率增长。对于东北地区,对外开放程度的系数为正,但没有通过显著性水平检验,表明东北地区对外开放对东北地区全要素生产率的影响效果不明显。东北地区政府支出的系数为负,且在5%的显著性水平下显著,表明东北地区政府支出的增加显著地抑制了东北地区全要素生产率增长。东北地区基础设施水平变量的系数为正,且在5%的显著性水平下显著,表明东北地区基础设施水平的提升对东北地区全要素生产率增长具有显著的促进作用。东北地区人力资本的系数为负,但没有通过显著性水平检验,表明东北地区人力资本对东北地区全要素生产率具有一定的负面影响,但影响效果不明显。近年来,东北地区人才外流严重,对东北地区经济的发展产生了一定的负面影响,但随着东北地区一系列人才新政的出台,人力资本外流现象有所缓和。东北地区人均 GDP 的系数为负,但没有通过显著性水平检验,表明东北地区经济发展对东北地区全要素生产率提升产生了一定的负面影响,但影响效果不明显。

第四节 本章小结

运用数理模型分析金融发展与全要素生产率之间的关系,在此基础上,运用动态面板方法对我国及四大经济区域金融发展与全要素生产率之间的关系进行实证分析,研究结果表明:

第一,从我国经济增长的源泉来看,2000—2015 年,总体来看,全要素生产率的增长对我国经济增长的贡献度为 51.78%。从四大经济区域的情况来看,2000—2015 年,东部地区的全要素生产率增长对东部地区经济增长的贡献度为 49.61%,中部地区的全要素生产率增长对中部地区经济增长的贡献度为 57.79%,西部地区的全要素生产率增长对西部地区的经济增长的贡献度为 51.57%,东北地区的全要素生产率增长对东北地区的经济增长的贡献度为 48.06%,在四大经济区域中,全要素生产率增长对经济增长的贡献度最高的是中部地区,贡献度最低的是东北地区。

第二,无论从总体上还是从四大经济区域层面,金融发展均显著地促进了我国全要素生产率的增长。但是,从四大经济区域层面来看,金融发展对全要素生产率的增长程度差异。具体来说,东部地区金融发展水平每提高 1%,东部地区全要素生产率增长 2.21%;中部地区金融发展水平每提高 1%,中部地区全要素生产率增长 2.75%;西部地区金融发展水平每提高 1%,西部地区全要素生产率增长 1.59%;东北地区金融发展水平每提高 1%,东北地区全要素生产率增长 1.39%。

第三,由于我国金融市场化发展的滞后,金融资源错配对我国全要素生产率的提升造成了一定的影响。从整体上看,金融资源错配程度每提升 1%,我国全要素生产率水平下降 1.39%。从四大经济区域层面来看，东部地区的金融资源错配显著地阻碍了东部地区全要素生产率提升；中部地区的金融资源错配对中部地区全要素生产率增长虽然有一定的影响，但影响效果不明显；西部地区的金融资源错配显著地抑制了西部地区全要素生产率增长；东北地区的金融资源错配对东北地区全要素生产率增长的影响效果不明显。

第五章 金融发展与技术效率之间的关系分析

第一节 金融发展与技术效率之间关系的理论分析

一 金融发展与技术效率之间关系的理论分析

（一）关于技术效率的研究进展

自 Koopmans（1951）提出技术效率概念以来，关于技术效率的研究引起了许多学者的关注。在 Koopmans（1951）研究的基础上，Farrell（1957）对技术效率概念做了进一步发展。此后，Leibenstein（1966）从产出角度对技术效率的内涵做了界定。在技术效率测算方面，Aigner 和 Schmidt（1977）、Meeusen 和 Broeck（1977）提出了基于参数的随机前沿生产函数来计算技术效率；Charnes 和 Cooper（1978）基于非参数的数据包络分析法来计算技术效率，这种方法是运用线性规划工具评价经济系统生产前沿面有效性的方法。而技术效率测算则推动了技术效率实证研究的发展。

Koopmans（1951）首先提出了技术效率的含义。他认为，在不增加其他投入（或减少其他产出）的情况下，技术上不可能增加任何产出（或减少任何投入），则该投入产出向量是技术有效的。[1] 对技术效率含义界定较有影响的是 Farrell（1957），他认为，技术效率是指在产

---

[1] 周鹏、潘煜：《区域经济增长技术效率差异分析——以浙江省为例》，《经济地理》2010年第5期。

出规模不变、市场价格不变的条件下，按照既定的要素投入比例，生产一定量产品所需的最小成本与实际成本的比例。Noel（2003）认为，技术效率是指在同一产出水平下，实际投入相对于最佳生产前沿的投入节省的比例。吴诣民（2004）认为，技术效率是指在现有技术水平下，生产者生产活动接近生产前沿的程度。综合现有研究，本书认为，技术效率是指经济实体实际的投入（产出）与最大可能性投入（产出）的比率。

随着技术效率测算技术的发展，技术效率实证方面的研究越来越受到关注。现有文献对技术效率实证方面的研究，主要表现在对行业、企业技术效率的测算与比较方面。如 Battesse 和 Colli（1992）采用随机前沿方法，计算了印度农村的 38 个农场的技术效率。Mochebelele 和 Winter-Nelson（2000）运用生产前沿方法，计算了非洲莱索托农场劳动力转移对技术效率的影响；Shunxiang Wu（2003）运用数据包络分析法，对美国爱达荷州（Idaho）农场的技术效率进行了测算，并用 Tobit 模型检验了影响技术效率的因素。Schmidt 和 Lovell（1980）运用随机前沿生产函数和随机前沿成本函数测算了美国水电站的技术非效率。姚洋（1998）运用随机前沿模型，并利用 1995 年的中国工业普查数据测算了我国国有企业和非国有企业的技术效率，研究发现，非国有企业的技术溢出对国有企业技术效率有影响。鲁蓉等（2002）对浙江织里镇童装个体私营企业的技术效率进行了分析。

在行业技术效率的研究方面，Colli 和 Rao（2003）利用联合国粮农组织（FAO）公布的数据，对 93 个发达国家和发展中国家农业的技术效率进行了计算。Bannistter 和 Stolp（1995）计算了墨西哥不同区域制造业的技术效率，研究结果表明，区域的经济规模、城市经济与技术效率之间存在正相关关系。Kim 和 Han（2001）采用随机前沿方法，对韩国制造业全要素生产率进行了分析，并对全要素生产率进行了分解，研究技术效率变化对制造业全要素生产率的影响。Lau 和 Brada（1990）分析了中国工业技术效率和技术进步对中国经济增长的作用。孙建国等（2003）运用随机前沿方法，利用 1990—1997 年 8 个国家的电力行业的面板数据，对 8 个国家电力行业在 1990—1997 年期间的技术效率变化、技术进步和全要素生产率变化进行分析。涂正革等（2005）运用随机前沿方法根据我国大中型企业 1995—2002 年间的年度企业数据，分析了 37 个两位数工业行业的全要素生产率变化、技术效率变化、技术进步、规模经济效率和配置效率变化。

对企业和行业技术效率方面的研究，除对研究对象技术效率进行测算以外，现有文献还对造成技术效率差异的原因进行分析。如 Forstner 和 Isaksson（2002）运用数据包络分析法，对 57 个国家（包括发达国家和发展中国家）1980—1990 年的技术效率进行了测算，研究结果发现，发展中国家的经济增长依赖于技术效率进步，而发达国家的经济增长则依靠技术进步。Albert（1998）运用随机前沿方法，对西班牙 1986—1991 年地区之间的技术效率进行了测算，研究结果表明，西班牙地区之间的技术效率存在差异，各地区之间技术效率效率的差距为 15%—19%。姚伟峰等（2004）对我国珠三角和长三角的技术效率进行了测算，并对珠三角和长三角技术效率差异进行了比较分析。

随着行业研究的深入，金融行业技术效率的研究逐渐成为技术效率研究的一个重要领域。如 Drake（2001）运用数据包络分析法，研究英国银行业 1984—1995 年技术效率变化情况。Chen（2001）采用数据包络分析法，研究中国台湾银行业的技术效率。彭涛（2004）从银行效率方面讨论了金融与经济增长之间的关系。黄宪等（2008）运用数据包络分析法，分析了我国商业银行的 X 效率，研究结果发现，我国商业银行的 X 效率整体呈现上升趋势，但 X 效率的提高主要源于配置效率的贡献，四大国有银行平均效率的提高幅度大于 9 家股份制银行的平均效率提高幅度。

近年来，随着金融业发展，金融对经济增长的作用不断增强，有关金融与技术效率方面的研究，受到越来越多的关注。现有研究表明，金融发展通过降低获取信息的成本和交易成本影响技术效率。金融发展通过提供准确的市场信息，降低市场的不确定性，从而实现金融资源的最优配置，从而改善技术效率，推动经济发展。如 Dipika Das（2007）运用数据包络分析法，研究金融发展与印度全要素生产率之间的关系，并运用动态广义矩法分析金融发展与全要素生产率的技术效率和技术进步之间的关系。Sylviane Guillaumont Jeanneney 等（2006）运用数据包络分析法，分析中国29个省份全要素生产率，并用动态广义矩法估计分析了金融发展与全要素生产率增长之间的关系，在此基础上，进一步分析了金融发展与技术效率、技术进步之间的关系。研究结果表明，金融发展显著地促进了中国全要素生产率增长，但全要素生产率增长主要来源于技术效率改进。Nourzad（2002）运用随机前沿方法，分析了金融发展与技术效率之间的关系，研究结果表明，金融发展通过降低技术无效率途径促进经济增长，尽管在发达国家这种作用更大一些。我国学者何枫、陈荣（2004）运用随机前沿方法，研究金融发展与我国经济增长之间的关系，研究结果表明，金融发展是通过技术效率改进的途径促进经济增长的。

现有文献关于金融发展与技术效率效率方面的实证研究，采用的方法主要是基于参数的随机前沿方法和数据包络分析法，由于两种方法各有优点和缺点，因而最终导致结论存在着不一致的地方。如何枫等（2004）和陈刚等（2009），由于采用不同的分析方法，导致金融发展与技术效率之间关系的研究结论不一致。何枫等（2004）采用的是随机前沿方法，在函数形式的设定上，直接设定了函数形式为柯布—道格拉斯生产函数，且未对函数设定形式进行任何计量方面的检验，得出结论认为，金融发展促进了技术效率提高；陈刚等（2009）运用数据包络分析法，将我国的全要素生产率分解为技术效率和技术进步，并运用动态广义矩法估计研究金融发展与全要素生产率增长、技术进步和技术效率之间的关系，研究结果表明，金融发展通过加速劳均资本积累的途径促进经济增长，且金融发展阻碍了技术进步和技术效率改善。

（二）金融发展、技术效率与经济增长之间的关系：基于数理模型分析的视角

阿里斯蒂斯等（2006）在 Pagano（1993）的基础上，用一个简单模型阐述了金融发展、技术效率和经济增长之间的关系，其理论模型设定如下：

$Y = AK$

式中，Y 表示总产出，A 表示资本的边际生产率，K 表示资本存量。在不考虑折旧率的情况下：

$\Delta K = I$

式中，ΔK 表示投资形成的资本积累，根据储蓄—投资恒等式，可以得到：

$I = sY$

式中，s 表示国民储蓄率，I 表示投资。在一个无政府的封闭经济中，产品市场的均衡要求储蓄全部转化为投资，但是，由于在储蓄向投资转化过程中存在信息不对称和过高的交易成本，储蓄并不能完全转化为投资，尤其对于处于经济转型时期的中国而言，我国的金融市场还不完善，储蓄真正转化为投资的效率为60%左右（云鹤等，2012），而通过金融合约的安排能降低摩擦成本并动员储蓄，金融支持政策引导储蓄向投资转化，因而金融发展水平促进了资本的形成。阿里斯蒂斯等（2006）认为，储蓄转化为投资与投资效率（TE）有关，如果投资效率提高，即使较低的储蓄率也能够达到同样的投资水平，因此，储蓄—投资恒等式可变为：

$I = (TE)sY$

将 $Y = AK$ 进行两边取对数，并对时间 t 求导，并将 $I = (TE)sY$ 代入求导后的表达式，可得：

$\Delta Y = A(TE)sY$

将 $\Delta Y = A(TE)sY$ 式两边同时除以 Y，可得：

$(\Delta Y/Y) = s(TE)A$

从 $(\Delta Y/Y) = s(TE)A$ 式中可以看出，经济增长与储蓄率、技术效率和全要素生产率有关，充分发挥储蓄—投资转化器的功能和作用，对一国经济可持续增长至关重要（沈坤荣等，2004）。

第二节 金融发展与技术效率之间关系的实证分析：总体分析

一 随机前沿模型的设定及结果分析

为了分析金融发展与技术效率之间的关系，引入影响技术非效率的因素，基于 Battese 和 Coelli（1995）模型，构建金融发展与技术效率之间的随机前沿模型。在 Battese 和 Coelli（1995）模型中，Battese 和 Coelli（1995）将影响技术效率的因素找出来，然后构建技术无效率生产函数。假定 Z_{it} 是影响技术非效率的一组因素，则技术效率和技术效率的影响因素之间满足关系式：$u_{it} = \delta_0 + Z_{it}\delta$，其中，待估参数 δ 为影响因素的系数向量。Battese 和 Coelli（1995）模型避免了传统分析方法将影响技术无效率因素直接纳入分析的函数中，通过将技术无效率影响因素纳入技术无效率函数中，避免了传统的最小二乘法估计造成的有偏估计问题，从而使估计结果拟合度更符合现实。同前面的分析一样，将超越对数随机前沿生产函数模型设定如下：

$$\ln Y_{it} = \beta_0 + \beta_l \ln L_{it} + \beta_k \ln K_{it} + \beta_t t + 0.5\beta_{ll}(\ln L_{it})^2 + 0.5\beta_{kk}(\ln K_{it})^2 + 0.5\beta_{tt}t^2 + \beta_{lk}(\ln L_{it})(\ln K_{it}) + \beta_{lt}(\ln L_{it})t + \beta_{kt}(\ln K_{it})t + (v_{it} - u_{it})$$

本书采用 Battese 和 Coelli（1995）模型，将金融变量作为影响技术无效率因素，同时，借鉴盛雯雯（2017）的做法，将对外开放程度（Open）、政府支出（Gov）、基础设施水平（lnfra）以及人均 GDP（AGDP）作为影响技术效率的控制变量。[①]

综上所述，将技术无效率函数模型设定如下：

$$u_{it} = \delta_0 + \delta_1 FD_{it} + \delta_2 Open_{it} + \delta_3 Gov_{it} + \delta_4 \ln fra_{it} + \delta_5 \ln AGDP_{it}$$

同前面的分析一样，对设定的基于 Battese 和 Coelli（1995）模型进行四个方面的检验，检验结果见表 5-1。

表 5-1　　　随机前沿生产函数模型设定的适用性检验结果

原假设	对数似然值	临界值（5%）	检验统计量	结论
H_0：前沿生产函数模型无效	118.7561	14.0671	1019.6283	拒绝
H_0：不存在技术进步	886.3774	9.4877	15.4315	拒绝
H_0：不存在技术中性	455.1735	5.9915	678.9791	拒绝

---

① 盛雯雯：《金融发展有利于中国生产技术效率的提升吗？——基于随机前沿分析方法的检验》，《中央财经大学学报》2017 年第 12 期，第 86 页。

续表

原假设	对数似然值	临界值（5%）	检验统计量	结论
H₀：柯布—道格拉斯生产函数模型	537.9901	12.5916	887.131	拒绝

注：检验统计量若大于临界值，则拒绝原假设。对于涉及前沿生产函数无效的假设检验，其统计量服从混合卡方分布，对应临界值来源于科德、帕尔姆（1986）的推导。

资料来源：根据 Frontier 4.1 计算得出。

根据表5-1的检验结果可知，随机前沿生产函数模型适用，采用超越对数生产函数比柯布—道格拉斯生产函数更适合经济结果的解释。根据我国30个省份的相关数据，对超越对数随机前沿模型进行估计，估计结果见表5-2。

表5-2　全国样本数据的随机前沿函数和效率函数的估计结果

前沿生产函数变量	极大似然参数估计值	T值
常数项	0.0018	0.0068
$\ln K_{it}$	0.4147***	3.3883
$\ln L_{it}$	1.3955***	16.5841
t	-0.0698***	-3.7164
$0.5t^2$	-0.0002	-0.7743
$t \times \ln L_{it}$	-0.0101***	-5.8175
$t \times \ln K_{it}$	0.0142***	5.5236
$0.5 \times (\ln L_{it})^2$	-0.2093***	-10.2646
$0.5 \times (\ln K_{it})^2$	-0.1356***	-4.9023
$\ln L_{it} \times \ln K_{it}$	0.1096***	5.5602
常数项	11.1143***	48.3255
FD_{it}	0.1109***	6.8831
$Open_{it}$	-0.0082	-0.5756
Gov_{it}	0.2359***	3.0586

续表

前沿生产函数变量	极大似然参数估计值	T 值
$\ln\text{fra}_{it}$	-0.0808***	-9.5281
$\ln\text{AGDP}$	-0.9116***	-148.6637
γ	0.9999***	514.6769
极大似然值	628.5703	—
LR	1019.6283	—

表 5-2 上半部分是前沿生产函数，下半部分为技术效率函数，$\gamma = 0.9999$，表明影响技术效率的各项随机因素中，有 99.99% 可用技术效率来解释，这也表明采用超越对数随机前沿生产函数模型是合适的。

从表 5-2 中生产函数的估计结果可以看出，劳动投入系数（$\ln L_{it}$）为正且在 1% 的显著性水平下显著，表明劳动与经济增长之间存在着显著的正相关关系，劳动投入的增加显著地促进了经济增长，但由于劳动与时间的交叉项（$t \times \ln L_{it}$）系数为负且显著，说明随着时间的推移，劳动投入对经济增长的作用在下降，劳动的边际报酬递减效应开始显现；同时，资本投入系数（$\ln K_{it}$）为正且在 1% 的显著性水平下显著，说明资本投入的增加显著地促进了经济增长。与劳动要素投入不同的是，资本与时间的交叉项（$t \times \ln K_{it}$）系数显著为正，说明随着时间的推移，资本显著地推动了经济增长，但资本的边际报酬递减效应还未出现。

从效率函数的估计结果中可以看出，金融发展变量的系数为 0.1109，并且在 1% 的显著性水平下显著，这表明金融发展整体上不利于我国技术效率的改善。对此，余利丰等（2011）认为，金融发展不利于技术效率改善的根源在于我国以四大国有银行为主导的金融体系，在这种垄断的金融结构下，我国金融市场化的改革严重滞后，导致我国金融资源的配置不是根据市场信号分配金融资源。以四大国有银行为首的银行更愿意向信息相对透明、易于提供"硬"信息的国有大企业贷款，而对中小企业贷款则采取各种约束条件，导致我国银行的金融资源大部分流向了技术效率低下的国有企业，严重的金融资源错配现象从整体上拖累了我国的技术效率水平,从而造成了我国的金融发展从整体上不利于我国技术效率的改善。Boyreau-Debray 等(2005)也认为,中国政府对金融部门过多的干预使金融市场具有明显的部门和区域分割特征,导致了金融部门信贷资金配置的低效率或无效率。

从其他控制变量来看,基础设施水平、人均 GDP 的系数都为负且在 1% 的显著性水平下显著,表明基础设施水平和人均 GDP 水平均有利于我国整体的技术效率改进。对外开放程度的系数为负但不显著,表明对外开放程度对我国技术效率水平的改善不明显。政府支出的系数为正且在 1% 的显著性水平下显著,表明政府支出的增加不利于我国整体的技术效率改进,其原因在于政府对经济的过多干预,不利于我国市场化改革的推进,导致资源的错配影响了我国生产函数整体的技术效率水平。

二 我国省际生产技术效率水平的演进过程

根据建立的超越对数随机前沿生产函数模型,利用 Frontier 4.1 软件可以计算出我国各省份 2000—2015 年的生产技术效率水平,限于篇幅,本书只列出代表性年份的生产技术效率数据,见表 5-3。

表 5-3　　我国 30 个省份部分年份的技术效率水平情况

地区	2000 年	2005 年	2008 年	2010 年	2012 年	2015 年
北京	0.2409	0.3224	0.4129	0.4821	0.5265	0.6066
天津	0.1985	0.3656	0.4841	0.5979	0.7277	0.8833
河北	0.1176	0.2010	0.2755	0.3304	0.3850	0.4574
山西	0.0836	0.1463	0.1896	0.2175	0.2560	0.2876
内蒙古	0.1030	0.1984	0.3118	0.3958	0.4643	0.5268
辽宁	0.1624	0.2741	0.3932	0.4883	0.5780	0.6808
吉林	0.1060	0.1697	0.2501	0.3171	0.3929	0.4424
黑龙江	0.1355	0.2226	0.3016	0.3644	0.4309	0.5150
上海	0.3779	0.6063	0.7175	0.8335	0.9476	0.9652
江苏	0.1614	0.2984	0.4384	0.5517	0.6720	0.8574
浙江	0.1616	0.2813	0.3753	0.4445	0.5165	0.6365
安徽	0.0776	0.1251	0.1714	0.2139	0.2612	0.3278
福建	0.1585	0.2514	0.3470	0.4181	0.4685	0.5796
江西	0.0786	0.1227	0.1673	0.2074	0.2525	0.3236

续表

地区	2000年	2005年	2008年	2010年	2012年	2015年
山东	0.1401	0.2539	0.3613	0.4438	0.5293	0.6651
河南	0.0913	0.1549	0.2169	0.2599	0.3081	0.3746
湖北	0.0998	0.1668	0.2431	0.3124	0.3881	0.5034
湖南	0.0884	0.1430	0.2010	0.2542	0.3120	0.4027
广东	0.1934	0.3200	0.4403	0.5170	0.6055	0.7321
广西	0.0682	0.1098	0.1529	0.1859	0.2350	0.2956
海南	0.0975	0.1503	0.2023	0.2429	0.2677	0.2972
重庆	0.0700	0.1300	0.1891	0.2480	0.3112	0.4103
四川	0.0783	0.1367	0.1914	0.2489	0.3175	0.3999
贵州	0.0401	0.0615	0.0852	0.1267	0.1591	0.2015
云南	0.0687	0.1019	0.1348	0.1610	0.1956	0.2454
陕西	0.0667	0.1106	0.1598	0.2033	0.2601	0.3357
甘肃	0.0550	0.0936	0.1225	0.1456	0.1823	0.2268
青海	0.0582	0.1070	0.1511	0.1874	0.2336	0.2894
宁夏	0.0625	0.1002	0.1417	0.1666	0.1966	0.2360
新疆	0.1225	0.1799	0.2382	0.2731	0.3070	0.3462

资料来源：根据 Frontier 4.1 软件计算所得。

从总体上看，2000—2015年，我国平均技术效率低下，全国各省份所有年份的平均生产技术效率仅为0.2722，属于低效率区间。按照时间演进的过程来看（见图5-1），2000—2015年，我国的平均生产技术效率总体上呈现出上升的趋势，尽管上升的幅度较小，但这也表明我国平均技术效率总体上处于改善的发展趋势。

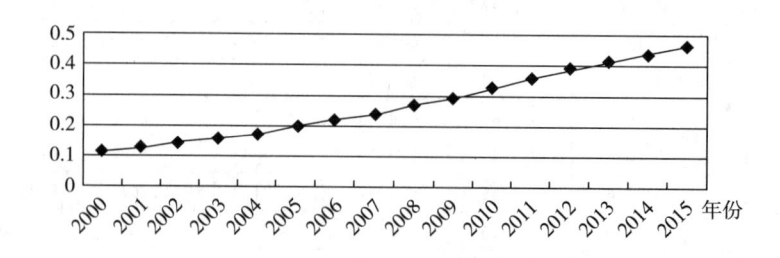

图5-1 2001—2015年全国平均生产技术效率演进趋势

从我国30个省份的比较来看，2000—2015年，我国平均技术效率居前三位的省份是上海、天津、江苏。按照经济区域的划分范围来看，这三个省份都属于东部地区，在这3个省份中，上海市的平均技术效率水平最高，其平均技术效率水平在0.7—0.8之间，天津市的平均技术效率水平在0.5—0.6之间，江苏省的平均技术效率水平在0.4—0.5之间。而平均技术效率水平最低的三个省份是贵州省、甘肃省、宁夏回族自治区。按照经济区域的划分范围来看，这三个省份都属于西部地区。在这三个省份中，贵州省的平均技术效率水平最低，其平均技术效率水平仅为0.1006；甘肃省、宁夏的平均技术效率水平在0.1—0.2之间，属于低效率区间。

三 我国四大经济区域技术效率水平的演进过程

从四大经济区域的角度来看，2000—2015年，东部地区平均生产技术效率为0.405；中部地区平均生产技术效率为0.2046；西部地区平均生产技术效率为0.176；东北地区的平均生产技术效率为0.3178。从图5-2中可以看出，2000—2015年，东部、中部、西部和东北地区平均技术效率水平均呈现缓慢上升的过程，从平均技术效率水平变化趋势来看，东部地区的平均技术效率最高，东部地区的平均生产技术效率高于其他区域的平均技术效率，西部地区的平均技术效率水平最低。

表5-4　　　　　　我国四大经济区域技术效率的平均值

区域	2000年	2003年	2006年	2009年	2012年	2013年	2014年	2015年	均值
东部	0.1847	0.2496	0.3407	0.4421	0.5646	0.6042	0.6277	0.668	0.405
中部	0.0866	0.1148	0.159	0.218	0.2963	0.3206	0.345	0.3699	0.2046
西部	0.0721	0.0964	0.1354	0.1886	0.2602	0.2794	0.2981	0.3194	0.176
东北	0.1346	0.1828	0.25	0.3485	0.4673	0.4914	0.5119	0.5461	0.3178

资料来源：经笔者整理计算所得。

从东部地区的情况来看，2000—2015年，技术效率水平最高的是上海，技术效率水平最低的是海南省。海南省的技术效率水平最高的是

0.2972，最低的是0.0975，2000—2015年，海南省的技术效率水平在0.3以下，属于低效率区间。另外，河北省的技术效率水平在东部十个省份中，位居倒数第二，河北省的技术效率水平最高只有0.4574，最低的技术效率水平为0.1176。河北省以及海南省的低效率水平整体上拉低了东部地区的技术效率水平。

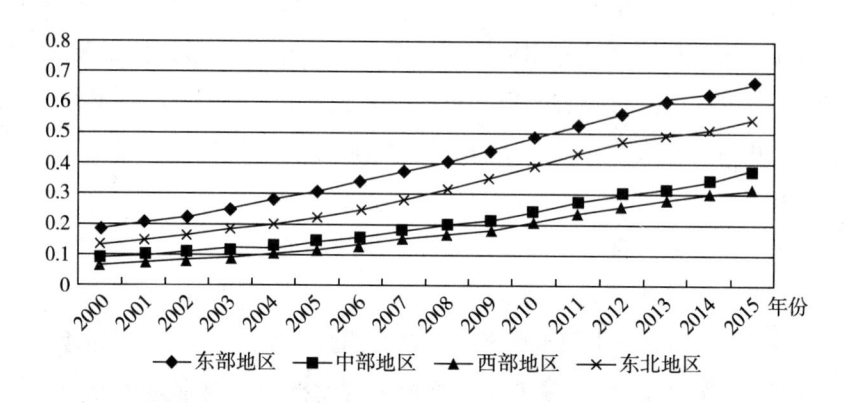

图 5-2　2001—2015年全国及四大经济区域平均生产技术效率演进趋势

从中部地区的情况来看，2000—2015年，技术效率水平最高的是湖北省。2000—2013年，技术效率水平最低的是江西省，而2014—2015年，技术效率水平最低的是山西省。2000—2015年，湖北省的最高技术效率水平为0.5034，最低技术效率水平为0.0998；2000—2013年，江西省的最低技术效率水平为0.0786；2014—2015年，山西省的最低技术效率水平为0.2876。从中部平均技术效率水平的发展趋势来看，山西省、江西省的技术效率水平拉低了整个中部地区的技术效率水平。

从西部地区的情况来看，2000—2004年，技术效率水平最高的是新疆维吾尔自治区，2005—2015年，技术效率水平最高的是内蒙古；2000—2015年，技术效率水平最低的是贵州省，贵州省最低的技术效率水平为0.0401，最高的技术效率水平为0.2015。2000—2015年，贵州省除了2015年的技术效率水平高于0.20，其他年份的技术效率水平基本维持在0.2以下，长期处于低效率区间。

从四大经济区域来看,西部地区的平均技术效率水平在四大经济区域中是最低的,其主要原因在于西部地区 11 个省份中有 9 个省份技术效率水平长期处于低效率区间,从而从整体上拉低了西部地区的整体技术效率水平。

从东北地区的情况来看,2000—2015 年,技术效率水平最高的是辽宁省,技术效率水平最低的是吉林省。辽宁省最低的技术效率水平为 0.1624,最高的技术效率水平为 0.6808;吉林省最低的技术效率水平为 0.1060,最高的技术效率水平为 0.4424。黑龙江省最低的技术效率水平为 0.1355,最高的技术效率水平为 0.515。

第三节 我国技术效率影响因素分析: 基于 Tobit 模型分析视角

一 面板 Tobit 模型简介

Tobit 模型又称为样本选择模型、受限因变量模型,是因变量满足某种约束条件下取值的模型。[①] 与离散选择模型和一般连续变量选择模型不同的是,Tobit 模型的特点是:因变量是受限变量,主要研究在某些选择行为下连续变量如何变化的问题。Tobit 模型从最初的结构式模型扩展到时间序列模型、面板数据模型以及非参数模型等形式,无论 Tobit 模型的结构形式如何变化,现有的估计方法基本上都是在赫克曼(1976)两步法基础上扩展而来的。[②] 由于本书主要涉及面板数据,因此,主要对面板 Tobit 模型进行介绍,面板 Tobit 模型的基本结构为:

$$y_{it}^* = \beta X_{it} + \alpha_i + \varepsilon_{it}, \ y_{it} = \text{Max}(0, \ y_{it}^*)$$

式中,$i = 1, \cdots, N$;$t = 1, \cdots, T$,$\varepsilon_{it} \sim N(0, \sigma_{\varepsilon,t}^2)$。假设个体效应可表示为:$\alpha_i = \gamma \overline{X_i} + \mu_i$,$\overline{X_i} = \frac{1}{T}\sum_{s}^{T} X_{is}$,且 $\mu_i \sim N(0, \sigma_\mu^2)$,则具有个

[①] 周华林、李雪松:《Tobit 模型估计方法与应用》,《经济学动态》2012 年第 5 期,第 106 页。

[②] 同上书,第 105 页。

体特殊效应的面板模型可表示为：

$$y_{it}^* = \beta X_{it} + \gamma X_i + \mu_{it}, \ y_{it} = \text{Max}(0, \ y_{it}^*)$$

式中，$i=1, \cdots, N$；$t=1, \cdots, T$，$\mu_{it} = \varepsilon_{it} + \mu_i$，$\mu_{it} \sim N(0, \sigma_t^2)$，$\sigma_t^2 = \sigma_\mu^2 + \sigma_{\varepsilon,t}^2$。对于面板 Tobit 模型的估计，主要有标准面板 Tobit 估计方法和一阶差分形式的面板 Tobit 估计方法。Kalwij（2003）用蒙特卡洛模拟实验对两种面板 Tobit 估计方法进行了比较，研究结果发现，两种估计方法的蒙特卡洛模拟仿真结果都是一致估计值，但当面板 Tobit 模型中存在个体效应时，一阶差分形式的面板 Tobit 估计方法的偏差比标准化的面板 Tobit 估计方法减少了 80%。[1]

二　面板 Tobit 模型的设定

在前面一节中，利用 Battese 和 Coelli（1995）随机前沿生产函数模型，从总体上分析了我国技术效率水平变化情况。从分析中可以看出，我国各地区之间的技术效率水平之间存在差异。现有研究中，一般采用面板 Tobit 模型来分析技术效率的影响因素，由于利用随机前沿生产函数模型计算的技术效率值都介于 0—1 之间，此时，采用普通最小二乘法会造成估计上的偏误，故采用面板 Tobit 模型分析技术效率的影响因素。[2]

为了考察造成我国各地区技术效率水平差异的原因，借鉴郝晓燕等（2016）的研究方法，构建面板 Tobit 模型来分析影响我国技术效率水平差异的因素，探寻我国区域技术效率水平差异的原因。[3] 为保持研究的一致性，选取金融发展（FD_{it}）、对外开放程度（$Open_{it}$）、政府支出（Gov_{it}）、基础设施水平（$Infra_{it}$）和人均 GDP（$\ln AGDP_{it}$）作为影响区域技术效率水平差异的因素。按照四大经济区域的划分范围，以西部地区为参照系，引入区域虚拟变量 D_1、D_2、D_3 来研究区域差异对技术效

---

[1] 周华林、李雪松：《Tobit 模型估计方法与应用》，《经济学动态》2012 年第 5 期，第 116 页。

[2] 李德山、邓翔：《价格扭曲、资源错配是否抑制了我国创新生产率？》，《科学学研究》2018 年第 4 期，第 659 页。

[3] 郝晓燕、韩一军、李雪、吕向东：《小麦技术效率的地区差异及门槛效应——基于全国 15 个小麦主产省的面板数据》，《农业技术经济》2016 年第 10 期，第 87 页。

率的影响，其中，D_1 表示东部地区，D_2 表示中部地区，D_3 表示东北地区。建立以下模型：

$$TE_{it} = \alpha_0 + \alpha_1 FD_{it} + \alpha_2 Open_{it} + \alpha_3 Gov_{it} + \alpha_4 lnfra_{it} + \alpha_5 \ln AGDP_{it} + \\ \lambda_1 D_1 (FD_{it} + Open_{it} + Gov_{it} + lnfra_{it} + \ln AGDP_{it}) + \\ \lambda_2 D_2 (FD_{it} + Open_{it} + Gov_{it} + lnfra_{it} + \ln AGDP_{it}) + \\ \lambda_3 D_3 (FD_{it} + Open_{it} + Gov_{it} + lnfra_{it} + \ln AGDP_{it}) + \varepsilon_{it}$$

在上面设定的面板 Tobit 计量模型中，TE_{it} 表示技术效率水平，TE_{it} 的值是根据前面超越对数随机前沿生产函数模型计算所得，随机前沿生产函数模型计算的技术效率值为截断数据，其范围在 0—1 之间，符合面板 Tobit 模型特征；ε_{it} 是随机误差项。为降低数据的平稳性，对 $lnfra_{it}$ 和 $\ln AGDP_{it}$ 均取自然对数，在模型中，$lnfra_{it}$ 以及 $\ln AGDP_{it}$ 均表示取自然对数后的值。

三 面板 Tobit 模型估计结果分析

根据构建的面板 Tobit 模型，利用影响技术效率的因素相关数据进行参数估计，估计结果见表 5-5，从表 5-5 中的估计结果可以看出，模型模拟结果较好，χ^2 值为 2830.22，对应的 P 值为 0。回归结果表明，我国技术效率影响因素存在明显的区域差异。

表 5-5　我国技术效率影响因素地区差异的面板 Tobit 回归结果

变量	系数	标准误	Z 值	P>|Z|	95% 的置信区间
FD_{it}	-0.1155***	0.0357	-3.24	0.001	[-0.1855, -0.0456]
$Open_{it}$	-0.1099	0.0763	-1.44	0.15	[-0.2595, 0.0397]
Gov_{it}	-0.1987***	0.0645	-3.08	0.002	[-0.3251, -0.0723]
$lnfra_{it}$	0.0242***	0.0091	2.66	0.008	[0.0064, 0.0421]
$\ln AGDP_{it}$	0.1881***	0.0186	10.10	0.000	[0.1516, 0.2246]
$D_1 \times FD_{it}$	-0.0197	0.0203	-0.97	0.332	[-0.0594, 0.0201]
$D_1 \times Open_{it}$	0.0082	0.0183	0.44	0.656	[-0.0278, 0.0441]
$D_1 \times Gov_{it}$	-0.2617	0.1691	-1.55	0.122	[-0.5931, 0.0698]
$D_1 \times lnfra_{it}$	-0.0211***	0.0081	-2.61	0.009	[-0.037, -0.0053]

续表

变量	系数	标准误	Z值	P>|Z|	95%的置信区间
$D_1 \times \ln AGDP_{it}$	0.2333***	0.0175	13.31	0.000	[0.1989, 0.2676]
$D_2 \times FD_{it}$	0.046	0.0701	0.66	0.511	[-0.0913, 0.1834]
$D_2 \times Open_{it}$	0.0395	0.2009	0.20	0.844	[-0.3542, 0.4332]
$D_2 \times Gov_{it}$	-0.8234***	0.2659	-3.10	0.002	[-1.3445, -0.3023]
$D_2 \times \ln fra_{it}$	0.0383	0.0265	1.44	0.149	[-0.0137, 0.0903]
$D_2 \times \ln AGDP_{it}$	0.1661***	0.0403	4.12	0.000	[0.0871, 0.2451]
$D_3 \times FD_{it}$	0.0407	0.0743	0.55	0.584	[-0.105, 0.1864]
$D_3 \times Open_{it}$	-0.0456	0.1172	-0.39	0.697	[-0.2753, 0.1841]
$D_3 \times Gov_{it}$	-0.3561	0.3551	-1.00	0.316	[-1.052, 0.3399]
$D_3 \times \ln fra_{it}$	-0.0209	0.0314	-0.67	0.505	[-0.0826, 0.0407]
$D_3 \times \ln AGDP_{it}$	0.2335***	0.0474	4.93	0.000	[0.1407, 0.3264]
Log-likelihood			697.8296		
χ^2 (20)			2830.22		
Prob > χ^2			0.0000		
样本数			480		

资料来源：根据 Stata 13.0 软件计算所得。

第一，金融发展（FD_{it}）的系数为负，且在1%的显著性水平下显著，表明金融发展显著阻碍了西部地区技术效率的改善；金融发展（$D_1 \times FD_{it}$）的系数为负，但没有通过显著性水平检验，表明东部地区的金融发展水平对东部地区的技术效率影响不显著；同理，由于中部地区金融发展（$D_2 \times FD_{it}$）、东北地区金融发展（$D_3 \times FD_{it}$）的系数都为正，但都未通过显著性水平检验，表明金融发展对中部地区、东北地区技术效率的影响效果不明显。这也表明了不同区域的金融发展水平对该区域技术效率的影响是不同的。具体而言，西部地区的金融发展程度较低，不利于技术效率水平的改善。东部地区的金融发展水平尽管在四大经济区域中是最高的，但是，由于我国金融市场化滞后，导致金融资源的配置大部分流向了效率低下的国有企业，从而从整体上拖累了东部地区的技术效率水平。中部地区、东北地区尽管金融发展水平有利于各自区域技术效率的改善，但效果都不明显。

第二，从对外开放程度来看，四大经济区域中，只有西部地区的对外开放程度系数为负，其他三大经济区域的对外开放程度系数都为正，但四大经济区域的系数都未通过显著性检验。这也表明，四大经济区域的对外开放程度对四大经济区域技术效率的影响不明显。这也表明，我国四大经济区域的对外开放程度还需进一步提升，通过进一步扩大对外开放水平，提升四大经济区域的技术效率水平。

第三，从政府支出来看，四大经济区域中的系数都为负，西部、中部地区的系数为负且通过了显著性检验，而东部、东北地区的系数为负，但未通过显著性检验。这表明西部、中部地区的政府支出的增加显著恶化了各自区域的技术效率水平；东部、东北地区政府支出的增加对各自区域技术效率水平的影响不明显。

第四，从基础设施水平来看，西部地区的基础设施水平系数为正，且在1%的显著性水平下显著，表明西部地区基础设施水平的发展有利于提升西部地区的技术效率水平；东部地区的基础设施水平系数为负，且在1%的显著性水平下显著，表明东部地区的基础设施水平的改善恶化了东部地区技术效率水平，这与姚耀军（2012）的研究结果一致。对此，姚耀军（2012）认为，经济发达的东部地区基础设施投资存在投资过度现象，导致东部地区的基础设施水平不利于技术效率的提高。中部的基础设施水平的系数为正，东北地区的基础设施的系数为负，但都不显著。表明中部、东北地区的基础设施水平的提升对各自区域技术效率水平的影响不明显。

第五，从人均 GDP 水平来看，四大经济区域的人均 GDP 系数都为正，且都在1%的显著性水平下显著。这表明区域经济水平的发展对技术效率有较大的促进作用。

综上所述，从四大经济区域来看，金融发展对西部地区的技术效率具有显著性负向影响，而对其他三个区域技术效率水平的影响不明显，这是否意味着金融发展对技术效率水平的影响具有门槛效应呢？

第四节 金融发展对我国技术效率的门槛效应检验

一 门槛面板模型简介

门槛面板模型由汉森于1999年提出,对于门槛面板模型,基于门槛值的多少,可以将其分为单一门槛模型和多门槛模型。为了便于分析,对单一门槛模型进行介绍,依照此理,可以将单一门槛模型拓展到多门槛模型,汉森(1999)的单一门槛模式设定如下:

$$y_{it} = \eta_i + \beta_1' x_{it} I(q_{it} \leq \gamma) + \beta_2' x_{it} I(q_{it} > \gamma) + \varepsilon_{it}$$

式中,q_{it}表示门槛变量,γ表示特定的门槛值,$I(\cdot)$表示指示函数,ε_{it}表示随机误差项,且满足$\varepsilon_{it} \sim N(0, \sigma^2)$。面板门槛模型其他形式为:

$$y_{it} = \begin{cases} \eta_i + \beta_1' x_{it} + \varepsilon_{it}, & q_{it} \leq \gamma \\ \eta_i + \beta_2' x_{it} + \varepsilon_{it}, & q_{it} > \gamma \end{cases}$$

定义 $\beta = (\beta_1', \beta_2')'$,$x_{it}(\gamma) = \begin{pmatrix} x_{it} I(q_{it} \leq \gamma) \\ x_{it} I(q_{it} > \gamma) \end{pmatrix}$,则该门槛面板模型的矩阵形式为:

$$y_{it} = \eta_i + \beta' x_{it}(\gamma) + \varepsilon_{it}$$

对于第i位个体,将门槛面板模型的两边对时间求平均可得:

$$\overline{y_i} = \overline{\eta_i} + \beta' \overline{x_i}(\gamma) + \overline{\varepsilon_i}$$

式中,$\overline{y_i} = \frac{1}{T}\sum_{t=1}^{T} y_{it}$,$\overline{x_i}(\gamma) = \frac{1}{T}\sum_{t=1}^{T} x_{it}(\gamma)$,$\overline{\varepsilon_i} = \frac{1}{T}\sum_{t=1}^{T} \varepsilon_{it}$。将门槛面板模型的矩阵形式减去平均形式,可得模型的离差形式:

$$y_{it} - \overline{y_i} = \beta'[x_{it}(\gamma) - \overline{x_i}(\gamma)] + (\varepsilon_{it} - \overline{\varepsilon_i})$$

令 $y_{it}^* = y_{it} - \overline{y_i}$,$x_{it}^*(\gamma) = x_{it}(\gamma) - \overline{x_i}(\gamma)$,$\varepsilon_{it}^* = \varepsilon_{it} - \overline{\varepsilon_i}$,则可得:

$$y_{it}^* = \beta' x_{it}^*(\gamma) + \varepsilon_{it}^*$$

对于门槛面板模型的估计,一般采用两步法进行估计。首先,给定γ的取值,用最小二乘法进行一致估计,得到估计系数$\hat{\beta}(\gamma)$以及残差平方和 SSR(γ)。其次，对于 $\gamma \in \{q_{it}: 1 \leq i \leq n, 1 \leq t \leq T\}$，选择$\hat{\gamma}$，使 SSR($\hat{\gamma}$) 最小。最后得到估计系数$\hat{\beta}(\hat{\gamma})$，并通过置信区间限制$\gamma$的取值范围。

在对门槛面板模型参数估计后，还需要对模型进行两个方面的检验：一是门槛效应检验，检验门槛效应是否显著；二是门槛估计值是否等于真实值。对于第一检验，即门槛效应是否存在检验，可以检验以下原假设：

H_0: $\beta_1 = \beta_2$；对应的备择假设为：H_1: $\beta_1 \neq \beta_2$

如果原假设成立，则不存在门槛效应。此时，模型可简化为：

$$y_{it} = \eta_i + \beta_1' x_{it}(\gamma) + \varepsilon_{it}$$

汉森（1999）提出使用似然比检验统计量，即 $LR = \dfrac{SSR^* - SSR(\hat{\gamma})}{\hat{\sigma}^2}$。

其中，SSR^* 为原假设条件下所得到的残差平方和，$\hat{\sigma}^2 = \dfrac{SSR(\hat{\gamma})}{n(T-1)}$ 为对扰动项方差的一致估计。如果 $[SSR^* - SSR(\hat{\gamma})]$ 越大，假设约束条件后使残差平方和（SSR）增大越多，则越应该倾向于拒绝 H_0: $\beta_1 = \beta_2$。

在第一个检验的原假设被拒绝，即门槛效应存在的情况下，可以进一步进行第二个检验，即门槛估计值是否等于真实值的检验。第二个检验可以提出如下假设：

H_0: $\hat{\gamma} = \gamma_0$

式中，γ_0 是 γ 的真实值，定义似然比检验统计量为：$LR(\gamma) = \dfrac{SSR(\gamma) - SSR(\hat{\gamma})}{\hat{\sigma}^2}$，当满足条件 $LR(\gamma) > -2\ln(1-\sqrt{\alpha})$ 时，则拒绝原假设（α 为显著性水平）。

二 门槛面板模型的设定

基于技术效率的 Tobit 模型实证研究表明，人均 GDP 对我国四大经济区域技术效率的影响存在着很大的差异。本书研究的重点是金融发展水平，从全国层面来看，金融发展不利于我国技术效率水平的改善；从四大经济区域层面来看，金融发展对西部地区的技术效率具有显著性负影响，其他三个区域金融发展的系数均未通过显著性检验，表明金融发展对其他三个区域技术效率水平的影响不明显。2000—2015 年，无论从国家层面还是四大经济区域层面，金融发展对我国技术效率水平的改善效果要么负向影响，要么效果不明显。产生这种结果的原因是什么呢？Rioja 和 Valev（2004）的研究表明，在不同的经济发展阶段，金融发展对生产率的增长的作用是不同的。这是否意味着金融发展对我国技术效率的改善也与经济发展水平相关呢？为了验证这一猜想，借鉴汉森（1999）的门槛面板模型，以人均国内生产总值作为门槛变量，利用我国 30 个省份的相关数据，根据估算的门槛值，分析在不同的经济发展阶段，金融发展如何影响技术效率。结合门槛面板模型分析方法，汉森（1999）面板门槛模型一般形式可设定如下：

$$TE_{it} = \alpha_1 FD_{it} \times I(\ln AGDP_{it} \leq \eta_1) + \alpha_2 FD_{it} \times I(\eta_1 < \ln AGDP_{it} \leq \eta_2) + \alpha_3 FD_{it} \times I(\ln AGDP_{it} > \eta_2) + \cdots + \alpha_k FD_{it} \times I(\eta_k < \ln AGDP_{it} \leq \eta_{k+1}) + \alpha_{k+1} FD_{it} \times I(\ln AGDP_{it} > \eta_{k+1}) + \alpha_{k+2} Open_{it} + \alpha_{k+3} Gov_{it} + \alpha_{k+4} \ln fra_{it} + \mu_{it}$$

在上面的门槛面板模型中，$lnAGDP_{it}$ 表示门槛变量，FD_{it} 表示门槛核心解释变量。与前面研究变量的研究一致，$Open_{it}$ 表示对外开放程度，Gov_{it} 表示政府支出，$lnfra_{it}$ 表示基础设施水平，$lnAGDP_{it}$ 表示人均 GDP。η_1，η_2，…，η_{k+1} 表示门槛值；$I(\cdot)$ 表示指示函数，u_{it} 表示服从标准正态分布的随机干扰项。t 表示时间，本书的时间跨度为 2000—2015 年，i 表示省份。

三　门槛面板模型的检验及估计结果分析

（一）门槛面板模型检验

1. 门槛检验

采用门槛面板模型分析金融发展对技术效率的影响，首先要分析两者之间是否存在着门槛效应及门槛个数进行检验，以确定模型的具体形式，并采用 Bootstrap 方法，依次计算单一门槛、双重门槛和三重门槛对应模型的 P 值（计算结果如表 5-6 所示）。从表 5-6 中可以看出，金融发展系数的单一门槛效应和双重门槛效应分别在 1% 和 5% 的显著性水平下通过显著性检验，而三重门槛效应则没有通过显著性水平检验。因此，该模型存在着双重门槛效应。

表 5-6　　　　　　金融发展对我国技术效率的门槛效应检验

模型	F 值	P 值	BS 次数	临界值 1%	5%	10%
单一门槛	197.97	0.0000	300	55.2605	39.9843	34.3274
双重门槛	168.44	0.0000	300	40.5186	35.8346	34.1350
三重门槛	36.11	0.9633	300	384.8058	333.4906	292.5301

注：门槛面板模型命令程序来自王群勇（2015），BS 表示自举法抽取的次数，下同。

2. 门槛值检验和门槛区间划分

在确定门槛效应和门槛数后，需要进一步估计和检验门槛模型的门槛值。以人均 GDP 双重门槛模型门槛值进行参数估计，估计结果见表 5-7。从表 5-7 中可以看出，模型的第一、第二门槛值分别为 10.3215 和 11.0648，依次分布在 [10.2815, 10.3259] 和 [11.0027, 11.1142]，且均通过了显著性检验。

表 5-7　　　　　　　　门槛值的估计结果

门槛值	估计值 人均 GDP (lnAGDP)	95% 的置信区间 人均 GDP (lnAGDP)
第一门槛值	10.3215	[10.2815, 10.3259]
第二门槛值	11.0648	[11.0027, 11.1142]

注：根据 Stata 13.0 软件计算所得。

(二) 模型估计及结果分析

根据以上门槛效应的检验结果，金融发展对技术效率的影响存在着两个门槛值。因此，可以将金融发展与技术效率之间关系的门槛面板模型设定如下：

$$TE_{it} = \alpha_1 FD_{it} \times I(\ln AGDP_{it} \leq \eta_1) + \alpha_2 FD_{it} \times I(\eta_1 < \ln AGDP_{it} \leq \eta_2) + \alpha_3 FD_{it} \times I(\ln AGDP_{it} > \eta_2) + \alpha_4 Open_{it} + \alpha_5 Gov_{it} + \alpha_6 Infra_{it} + \mu_{it}$$

在确定了门槛值及置信区间分布后，对上式进行参数估计。估计结果见表 5-8。从表 5-8 中可以看出，当人均 GDP 处于不同的门槛值时，金融发展对技术效率的影响是不同的。具体来说，当人均 GDP 小于等于 11.0648（对数自然值）时，金融发展对技术效率水平的影响是负向的；当人均 GDP 大于 11.0648 时，金融发展促进了技术效率的提升。在门槛模型中，对外开放程度有利于技术效率提升，政府支出以及基础设施水平阻碍了技术效率水平提升。

表 5-8　　　　　　　　　模型的门槛参数估计结果

模型变量	估计参数	P 值	95% 的置信区间
$Open_{it}$	0.1548 ***	0.000	[0.1345, 0.1750]
Gov_{it}	-0.4668 ***	0.000	[-0.5476, -0.3860]
$Infra_{it}$	-0.01843 ***	0.000	[-0.0278, -0.0091]
$FD_{it} \times I(\ln AGDP_{it} \leq \eta_1)$	-0.1746 ***	0.000	[-0.2097, -0.1394]
$FD_{it} \times I(\eta_1 < \ln AGDP_{it} \leq \eta_2)$	-0.0311 *	0.058	[-0.0633, 0.0011]
$FD_{it} \times I(\ln AGDP_{it} > \eta_2)$	0.1651 ***	0.000	[0.1201, 0.2101]
常数项	0.6051 ***	0.000	[0.4820, 0.7282]

注：根据 Stata 13.0 软件计算所得。

(三) 金融发展对技术效率影响的门槛特征分析

从表 5-8 的估计结果中可知，当人均 GDP 大于 11.0648，即人均 GDP 大于 63882.453 元/人时，金融发展有利于促进技术效率水平提升；当人均 GDP 小于等于 10.3215 时，人均 GDP 每上升 1%，金融发展则会使技术效率水平下降 17.46%；当人均 GDP 大于 10.3215 小于 11.0648 时，人均 GDP 每上升 1%，金融发展则会使技术效率水平下降 3.11%。为了更好地分析金融发展对技术效率影响的门槛效应，根据人均 GDP 的大小，可以将各省级行政单位划分为三个区域：低人均 GDP 地区（$\ln AGDP_{it} \leq 10.3215$），中等人均 GDP 地区（$10.3215 < \ln AGDP_{it} \leq 11.0648$）和高人均 GDP 地区（$\ln AGDP_{it} > 11.0648$）。限于篇幅，本书只列出了 2012—2015 年我国 30 个省份的人均 GDP 所处的门槛区间情况（见表 5-9）。可以看出，2012 年，处于低人均 GDP 区间的省份有 17 个，处于中等人均 GDP 区间的省份有 11 个，处于高人均 GDP 区间的省份有 2 个;2013 年,处于低人均 GDP 区间的省份有 17 个,处于中等人均 GDP 区间的省份有 11 个,处于高人均 GDP 区间的省份有 2 个;2014 年,处于低人均 GDP 区间的省份有 15 个,处于中等人均 GDP 区间的省份有 13 个,处于高人均 GDP 区间的省份有 2 个。其中,重庆、河北省从低人均 GDP 区间进入中等人均 GDP 区间;2015 年,处于低人均 GDP 区间的省份有 14 个,处于中等人均 GDP 区间的省份有 14 个,处于高人均 GDP 区间的省份有 2 个。其中,重庆、河北省、海南省从低人均 GDP 区间进入中等人均 GDP 区间。2012—2015 年,只有上海市、天津市的人均 GDP 处于高人均 GDP 区间,从金融发展对技术效率影响的门槛面板模型中可以看出,也只有上海市、天津市的金融发展有利于技术效率水平的改善。

表 5-9　　2012—2015 年我国各省份人均 GDP 区间分布情况

门槛区间	省份（2012 年）	省份（2013 年）	省份（2014 年）	省份（2015 年）
低人均 GDP 地区	安徽、重庆、甘肃、广西、贵州、海南、河北、河南、湖南、江西、宁夏、青海、四川、陕西、山西、新疆、云南	安徽、重庆、甘肃、广西、贵州、海南、河北、河南、湖南、江西、宁夏、青海、四川、陕西、山西、新疆、云南	安徽、甘肃、广西、贵州、海南、河北、湖南、江西、宁夏、青海、四川、陕西、山西、新疆、云南	安徽、甘肃、广西、贵州、湖南、江西、宁夏、青海、四川、陕西、山西、新疆、云南
中等人均 GDP 地区	北京、福建、广东、湖北、黑龙江、吉林、江苏、辽宁、内蒙古、山东、浙江	北京、福建、广东、湖北、黑龙江、吉林、江苏、辽宁、内蒙古、山东、浙江	北京、重庆、福建、广东、湖北、河北、黑龙江、吉林、江苏、辽宁、内蒙古、山东、浙江	北京、重庆、福建、广东、海南、湖北、河北、黑龙江、吉林、江苏、辽宁、内蒙古、山东、浙江
高人均 GDP 地区	上海、天津	上海、天津	上海、天津	上海、天津

注:根据 Stata 13.0 软件计算所得。

第五节 本章小结

采用 Battese 和 Coelli（1995）模型，构建金融发展与技术效率的超越对数随机前沿生产函数模型，对我国 2000—2015 年金融发展与技术效率之间的关系进行分析，研究结果表明，从总体上看，我国的金融发展不利于技术效率改善。在此基础上，综合运用面板 Tobit 模型以及门槛面板模型，分析了金融发展对我国技术效率的影响。研究结果表明：

第一，从总体上看，2000—2015 年，全国的平均生产技术效率仅为 0.2722，属于低效率区间。按照时间演进的过程来看，2000—2015 年，我国的平均生产技术效率总体上处于上升的发展趋势，尽管上升的幅度较小，但这表明我国的平均生产技术效率总体上处于改善的过程。

第二，从四大经济区域的角度来看，2000—2015 年，东部、中部、西部以及东北地区的平均技术效率水平均呈现缓慢上升的过程，从平均技术效率水平来看，东部地区的平均生产技术效率最高，东部地区的平均技术效率远高于其他三个地区的平均生产技术效率，西部地区的平均技术效率水平最低。

第三，从总体上看，2000—2015 年，金融发展不利于技术效率的改善；从四大经济区域的角度来看，金融发展对我国技术效率的影响具有差异性。具体来说，金融发展对西部地区的技术效率具有显著的负向影响，而金融发展对其他三个经济区域技术效率影响的系数虽然为正，但均未通过显著性检验，表明金融发展对其他三个区域技术效率水平的影响效果不明显。

第四，金融发展对技术效率的影响存在门槛效应。金融发展对技术效率的影响受人均 GDP 的影响，当人均 GDP 超过 63882.453 元/人时，金融发展有利于促进技术效率水平的提升。从计算的结果来看，只有上海市、天津市的人均 GDP 符合要求。

因此，要提升我国的技术效率水平，发挥金融对技术效率的促进作用。一方面，要大力推进金融市场化水平，通过优化金融资源的配置，提升整个社会的技术效率水平；另一方面，要大力发展经济，提高区域的人均经济增速，通过经济发展水平的提高，提升整个社会的技术效率水平。

第六章 金融发展与技术进步之间的关系分析

第一节 金融发展与技术进步之间关系的理论分析

一 金融发展与技术进步之间关系的研究综述

希克斯（Hicks，1969）对金融发展与技术进步之间关系的研究具有开创性的贡献，他在分析18世纪英国工业革命发生的原因时发现，英国工业革命并没有出现任何新的技术，大多数技术创新在工业革命前就出现了。在工业革命前，由于缺乏大规模的非流动性投资，导致技术进步没有发生；而在工业革命开始后，发达的金融市场为工业新技术提供了大量的流动性投资，从而使技术进步成为可能，因而技术进步和成熟的金融体系在动员资本方面直接相关（Solomon，2005）。圣·保罗（1992）认为，金融市场具有分散风险的功能，金融市场允许经济主体选择风险较大但生产率较高的技术，从而推动技术进步。金和莱文（1993）认为，金融系统通过动员储蓄、信息披露等功能选择企业家及项目，促进技术进步。Becivenga等（1995）认为，金融市场的交易成本会影响经济主体对技术的选择，当金融市场交易成本较高时，经济主体选择投资于生产率较低的技术；而当金融市场的交易成本较低时，经济主体选择投资于生产率较高的技术。Tadesse（2005）认为，采用新技术所需要的大量资本能够在发达的金融体系下很容易得到，发达的金融市场通过降低投资者的流动性风险而鼓励采用成熟的生产技术。从以上论述中不难看出，现有文献对于金融与技术的关系的论述支持"金融发展—技术进步—经济增长"的逻辑,即金融对经济增长的贡献主要是通过技术进步来实现的。

孙伍琴(2008)认为,金融主要通过提供资本供给、风险管理、信息处理、激励与约束等功能来促进技术进步。国内学者关于金融发展与技术进步关系的研究,概括起来,大致可以分为两个方面:一是高新技术企业融资方面的研究。主要讨论高新技术企业融资存在的障碍、融资模式以及融资机制问题。如钟加坤等(2001)认为,由于科技型中小企业的技术及产品的风险很高,从而导致了科技型中小企业的融资障碍,通过加强金融创新将有助于拓展企业的融资渠道。仲玲(2006)认为,通过不断完善与科技型企业相适应的多元化融资体系,从而消除科技型企业融资的内外融资障碍。针对科技型企业融资的障碍,李建伟(2005)、蔡建明(2006)通过借鉴国外一些科技型企业的融资经验,并结合我国科技型企业实际,提出了一些我国科技型企业融资的对策和建议。连燕华(2002)研究了高新技术企业的融资模式,认为各种融资模式之间应相互协调。对于融资模式的分析,周毓萍等(2000)认为,在不同的阶段融资模式是不同的,初期、中期和后期的融资模式应采用不同的方法,如在后期,可以利用上市的机会实现证券市场融资。杨蒙莺等(2005)专门分析了企业家和风险投资的最优融资模式。二是关于金融发展、技术进步与风险投资方面的研究。王永中(2007)建立了关于金融发展与技术进步的内生增长模型,研究发现,金融发展通过鼓励技术创新和新技术应用的方式,促进技术进步进而促进经济增长。吕炜(2001)认为,风险投资通过市场化方式,将技术、管理等资本化后使高新技术的潜在市场价值实现概率提高,从而克服了技术创新的不确定性,而进行风险投资的基础是发达的金融体系支撑。国内关于金融发展与技术进步之间关系的实证分析比较少。另外,现有文献关于金融发展与技术进步的研究侧重于微观层面,而从宏观层面分析两者关系的研究较少。

二 金融发展与技术进步之间关系的理论分析:基于数理模型分析视角

借鉴王永中(2007)关于金融发展与技术进步的内生增长模型来

阐述金融发展、技术进步和生产率增长三者之间的关系。在金融发展与技术进步的内生增长模型中，假定技术进步是采取罗默的中间产品种类扩大的方式，整个经济包括最终产品部门、中间产品部门、研发（R&D）部门和金融部门。假定劳动完全配置于最终产品生产部门和研发部门，其比重分别为 α 和 1 - α，金融部门和中间产品部门的就业量为 0，最终产品是用劳动和一系列中间产品 x 生产出来的。

（一）最终产品生产部门

假定生产最终产品的技术为规模收益不变柯布—道格拉斯生产函数，最终产品生产部门的总量生产函数可表示为：

$$Y = A(\alpha L)^{1-\beta} \int_0^N x(i)^\beta \mathrm{d}i$$

式中，$A > 0$ 表示外生的一般性生产力技术水平参数，αL 表示投入到最终产品生产部门的劳动力数量，N 表示中间产品种类数，设 N 是连续的；$x(i)$ 为在最终产品 Y 中中间产品 $i (i \in [0, N])$ 的投入量。最终产品生产部门是完全竞争的，因此，其利润为 0，则代表性最终产品生产者的利润函数为：

$$\underset{L, x(i)}{\mathrm{Max}} \pi = A(\alpha L)^{1-\beta} \int_0^N x(i)^\beta \mathrm{d}i - w\alpha L - \int_0^N p_{x_i} x(i) \mathrm{d}i$$

式中，最终产品 Y 的价格标准化为 1，即 $P_Y = 1$，w 表示最终产品生产部门劳动力的工资水平，p_{x_i} 为第 i 种中间产品价格，由利润函数得到最终产品生产厂商的利润最大化条件为：

$$w = \frac{(1-\beta)Y}{\alpha L}$$

$$P_{x_i} = A\beta(\alpha L)^{1-\beta} x(i)^{\beta-1}$$

（二）中间产品部门

在中间产品部门，在 [0, N] 区间上有无数个中间产品生产商，每个厂商只生产一种中间产品，且每种中间产品之间两两不同。一旦新的产品品种或设计方案被研发部门研发出来，中间产品生产商将通过购买该设计方案专利，从而开始这种新中间产品的独家生产，也就是说，中间产品生产部门是一个垄断生产部门。假定一旦新的产品品种或者设计方案被研发部门发明后，一单位的任一种类的中间产品 x(i) 需要耗费 1 单位物质资本，因此，经济中物质资本总量为：

$$K = \int_0^N x(i)\mathrm{d}i$$

中间产品部门购买研发部门开发出来的一个新的中间产品设计方案，所花费的支出为固定成本；根据假设，生产 1 单位任一种类型中间产品需要 1 单位物质资本，r 为市场实际利率，故生产 x_i 单位中间产品的总可变成本为 rx_i，总收入为 $P_{xi}x_i$，因此，每一个中间产品生产厂商的最优决策为：

$$\operatorname*{Max}_{x_i} \pi = P_{x_i} x_i - rx_i$$

式中，P_{x_i} 为中间产品 x_i 的价格，由总量生产函数表达式可得中间产品的价格弹性为 $\varepsilon_d = \dfrac{1}{1-\beta}$，由于中间产品生产部门是垄断部门，因此，中间产品生产部门的价格 P_{x_i} 是垄断价格，由最优决策条件表达式可得一阶最优条件：

$$P_{x_i} = P_x = \frac{r}{\beta}$$

将 $P_{x_i} = P_x = \dfrac{r}{\beta}$ 代入 $P_{x_i} = A\beta(\alpha L)^{1-\beta} x(i)^{\beta-1}$ 中，可得：

$$x_i = \left[\frac{A\beta(\alpha L)^{1-\beta}}{p}\right]^{\frac{1}{1-\beta}}$$

从公式 $P_{x_i} = P_x = \dfrac{r}{\beta}$ 和 $x_i = \left[\dfrac{A\beta(\alpha L)^{1-\beta}}{p}\right]^{\frac{1}{1-\beta}}$ 可以看出，所有中间产品的价格和产量都相等，因此有 $x_i = x$，从而物质资本存量 $K = \int_0^N x(i)\mathrm{d}i = Nx$，即 $x = K/N$，因此，最终产品生产部门的生产函数可改写为：

$$Y = A(\alpha L)^{1-\beta} K^\beta N^{1-\beta}$$

（三）研发部门

在研发部门，技术创新（设计出新产品）不仅需要投入劳动，而且需要金融部门的直接参与。新技术的生产函数可表示为：

$$\dot{N} = B[(1-\alpha)L]^\chi N^\phi F^\eta$$

式中，B 表示不变的新技术生产的技术系数，α 表示劳动力投入到最终产品生产部门的比重，$\chi(0<\chi<1)$ 表示劳动的产出弹性。$\phi(0<\phi<1)$ 表示技术的外部性程度；F 表示金融发展的变量，$\eta(0<\eta<1)$ 表示金融产品在技术创新过程中的外部性，金融系统越发达（F 越大），或者金融产品的外部性（η）越大时，金融发展对技术创新的正效应就越大。将 $\dot{N}=B[(1-\alpha)L]^\chi N^\phi F^\eta$ 两边同时除以 N，得到：

$$\frac{\dot{N}}{N}=B[(1-\alpha)L]^\chi N^{\varphi-1}F^\eta$$

由 $\frac{\dot{N}}{N}=B[(1-\alpha)L]^\chi N^{\varphi-1}F^\eta$ 可知，新技术创新，不仅取决于研发部门资源投入量和现有技术水平（已设计的中间产品数量），还取决于金融部门的发展水平。

（四）金融部门

为简便起见，假定经济中金融部门的作用主要是如何有效地将储蓄转化为投资，储蓄转化为投资取决于金融部门的效率。根据储蓄—投资恒等式，总储蓄和总投资之间有如下关系：

$$\theta S = I$$

式中，S 表示总储蓄，$\theta(0<\theta<1)$ 表示储蓄向投资转化的比率，θ 的大小取决于金融系统的效率或发展程度。假定资本的折旧率为 δ，则当期的总投资为：

$$I = K - (1-\delta)K_{-1}$$

由于消费者将全部收入用于消费和储蓄，因此，$S = Y - C = A(\alpha L)^{1-\beta}K^\beta N^{1-\beta} - C$ 联立 $\theta S = I$ 和 $I = K - (1-\delta)K_{-1}$ 两式，得到资本的存量方程为：

$$\dot{K} = \theta S - \delta K = \theta A(\alpha L)^{1-\beta}K^\beta N^{1-\beta} - \delta K - \theta C$$

（五）消费者部门

假定代表性家庭的效用函数是一个标准的固定弹性效用函数，消费者的效用函数可表示为：

$$U = \int_0^\infty U(c_t)e^{-\rho t}dt$$

式中，c_t 表示单个消费者在 t 期的消费水平。$\rho(0<\rho<1)$ 表示主

观贴现率，当 ρ 越大时，与现期消费相比，消费者对未来消费的评价越低，从而其储蓄意愿越低。$U(c_t)$ 表示消费者即期效用，并且经济由存活无限期的消费者组成。令人口的增长率为不变的比率 n，即 $\dfrac{\dot{L}}{L}=n$。

（六）均衡增长路径分析

当经济变量的路径 Y、C、K 都以不变常数增长率增长时，该经济处于平衡增长路径或稳态。假定 $k=\dfrac{K}{NL}$ 为人均有效资本，在平衡增长路径上，产出 Y、消费 C 和资本 K 的增长率是相同的，因此，在平衡增长路径上，有 $\dfrac{\dot{Y}}{Y}=\dfrac{\dot{C}}{C}=\dfrac{\dot{K}}{K}=\dfrac{\dot{N}}{N}+\dfrac{\dot{L}}{L}$，令 $g_N=\dfrac{\dot{N}}{N}$，$n=\dfrac{\dot{L}}{L}$，$g_F=\dfrac{\dot{F}}{F}$，又由 $\dfrac{\dot{N}}{N}=B[(1-\alpha)L]^\chi N^{\phi-1}F^\eta$ 可以得到：$g_N=\dfrac{\dot{N}}{N}=B[(1-\alpha)L]^\chi N^{\phi-1}F^\eta$，而在平衡的增长路径上 g_N 为常数，因此，g_N 的增长率为0。对 g_N 关于时间 t 求导得：

$$\dfrac{\dot{g_N}}{g_N}=\chi n-(1-\varphi)g_N+\eta g_F=0$$

由 $\dfrac{\dot{g_N}}{g_N}=0$，可以得到平衡增长路径上的长期技术进步率为：

$$g_N=\dfrac{\chi n+\eta g_F}{1-\varphi}$$

由 $\dfrac{\dot{Y}}{Y}=\dfrac{\dot{C}}{C}=\dfrac{\dot{K}}{K}=\dfrac{\dot{N}}{N}+\dfrac{\dot{L}}{L}$，可以得到 $g_Y=g_N+n$，所以，平衡增长路径上的产出增长率为：

$$g_Y=\dfrac{\chi n+\eta g_F}{1-\varphi}+n$$

由 $g_Y=g_N+n$ 可知，金融部门的发展通过提高中间产品创新技术系数（B）来促进技术创新和经济增长。

第二节 我国技术进步变化率演进及收敛性分析

一 我国省际技术进步变化率演进过程

从前面的模型设定检验可知,随机前沿生产函数模型适用,采用超越对数生产函数比柯布—道格拉斯生产函数更适合经济结果的解释。本书设定的超越对数随机前沿生产函数模型为:

$$\ln Y_{it} = \beta_0 + \beta_l \ln L_{it} + \beta_k \ln K_{it} + \beta_t t + 0.5\beta_{ll}(\ln L_{it})^2 + 0.5\beta_{kk}(\ln K_{it})^2 + 0.5\beta_{tt}t^2 + \beta_{lk}(\ln L_{it})(\ln K_{it}) + \beta_{lt}(\ln L_{it})t + \beta_{kt}(\ln K_{it})t + (v_{it} - u_{it})$$

根据技术进步的含义,可以得到技术进步变化率的表达式:

$$\dot{TP} = \frac{\partial \ln f(x, t)}{\partial t} = \beta_t + \beta_{tt}t + \beta_{lt}(\ln L_{it}) + \beta_{kt}(\ln K_{it})$$

根据技术进步变化率的表达式,可以计算出我国30个省份2000—2015年的技术进步变化率。限于篇幅,本书只列出代表性年份的生产技术变化率数据,见表6-1。

表6-1 我国30个省份部分年份的技术进步变化率分布情况

地区	2001年	2005年	2008年	2010年	2012年	2015年
北京	0.0766	0.0718	0.0676	0.0648	0.0622	0.0584
天津	0.0839	0.0759	0.0698	0.0644	0.0595	0.0541
河北	0.0894	0.0819	0.0753	0.0710	0.0670	0.0621
山西	0.0971	0.0868	0.0792	0.0737	0.0694	0.0643
内蒙古	0.1036	0.0831	0.0720	0.0658	0.0611	0.0562
辽宁	0.0915	0.0809	0.0715	0.0670	0.0628	0.0581
吉林	0.0955	0.0858	0.0739	0.0677	0.0633	0.0586
黑龙江	0.0893	0.0842	0.0785	0.0738	0.0699	0.0640
上海	0.0737	0.0685	0.0652	0.0623	0.0602	0.0585

续表

地区	2001年	2005年	2008年	2010年	2012年	2015年
江苏	0.0870	0.0772	0.0705	0.0660	0.0619	0.0571
浙江	0.0859	0.0764	0.0712	0.0679	0.0647	0.0603
安徽	0.0995	0.0913	0.0846	0.0801	0.0758	0.0701
福建	0.0890	0.0815	0.0748	0.0705	0.0673	0.0618
江西	0.1011	0.0899	0.0832	0.0787	0.0746	0.0698
山东	0.0885	0.0791	0.0727	0.0682	0.0643	0.0591
河南	0.0975	0.0879	0.0788	0.0730	0.0682	0.0624
湖北	0.0911	0.0855	0.0795	0.0750	0.0704	0.0641
湖南	0.0970	0.0896	0.0826	0.0773	0.0724	0.0663
广东	0.0849	0.0783	0.0727	0.0688	0.0649	0.0597
广西	0.1019	0.0928	0.0843	0.0767	0.0699	0.0646
海南	0.0962	0.0907	0.0855	0.0811	0.0766	0.0710
重庆	0.0972	0.0856	0.0784	0.0744	0.0706	0.0654
四川	0.0959	0.0882	0.0814	0.0769	0.0726	0.0674
贵州	0.0998	0.0939	0.0889	0.0823	0.0778	0.0707
云南	0.1002	0.0916	0.0853	0.0803	0.0748	0.0674
陕西	0.0958	0.0873	0.0794	0.0740	0.0689	0.0630
甘肃	0.1061	0.0953	0.0879	0.0836	0.0790	0.0729
青海	0.0950	0.0882	0.0835	0.0790	0.0734	0.0649
宁夏	0.0976	0.0885	0.0814	0.0760	0.0717	0.0645
新疆	0.0884	0.0813	0.0762	0.0730	0.0696	0.0633

资料来源：根据Stata 13.0软件计算所得。

从总体上看，2000—2015年，我国平均技术进步率为7.9%。按照时间演进的过程来看（见图6-1），2000—2015年，我国的平均技术进步变化率总体上呈现出下降的发展趋势，尽管下降的幅度较小，但这表明我国平均技术进步总体上放缓。

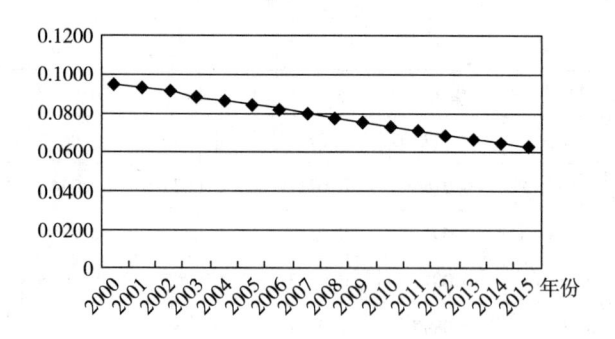

图 6-1 2000—2015 年全国平均技术进步变化率演变趋势

从我国 30 个省份的平均技术进步变化率来看，2000—2015 年，我国平均技术进步变化率位居前三位的省份是甘肃省、贵州省、安徽省。按照经济区域的划分范围来看，这三个省份中甘肃省、贵州省属于西部地区，安徽省属于中部地区。而我国平均技术进步变化率处于后三位的省份是上海市、北京市和天津市。按照经济区域的划分范围来看，这三个省份都属于经济发达的东部地区。为什么会出现经济发达地区的技术进步变化率小于经济落后地区呢？其原因在于经济落后地区技术进步的改进空间大，而经济发达地区技术进步的改进空间小，从而出现经济落后地区的技术进步变化率大于经济发达地区。

二 我国四大经济区域技术进步演进过程

从四大经济区域（见表 6-2）的角度来看，2000—2015 年，东部地区的平均技术进步率为 0.0735；中部地区的平均技术进步率为 0.0825；西部地区的平均技术进步率为 0.0828；东北地区的平均技术进步率为 0.0767。从图 6-2 中可以看出，2000—2015 年，东部、中部、西部和东北地区的平均技术进步变化率呈现下降的趋势，这表明四大经济区域技术进步呈现放缓的发展态势；从四大经济区域平均技术进步变化率来看，技术进步平均变化率最大的是西部地区，技术进步平均变化率最小的是东部地区。

从东部地区的情况来看，2000—2015 年，平均技术进步变化率最高的是海南省，平均技术进步变化率最低的是上海市。2000—2015 年，海南省的最高技术进步率为 0.0977，最低为 0.0710，海南省的平均技术进步率为 0.0831。2000—2015 年，上海市的技术进步率最高为 0.0752，最低为 0.0585，上海市的平均技术进步率为 0.0659。北京市的平均技术进步率在东部地区中处于倒数第二位，北京市的技术进步率最高为 0.0783，最低为 0.0584，平均技术进步率为 0.0682。

表 6-2　我国四大经济区域部分年份技术进步变化率的平均值

地区	2001 年	2003 年	2006 年	2009 年	2012 年	2013 年	2014 年	2015 年	均值
东部	0.0855	0.0819	0.0761	0.0705	0.0649	0.0631	0.0617	0.0602	0.0735
中部	0.0972	0.0931	0.0861	0.0788	0.0718	0.0698	0.0679	0.0662	0.0825
西部	0.0983	0.0936	0.0863	0.0793	0.0718	0.0696	0.0675	0.0655	0.0828
东北	0.0921	0.0880	0.0808	0.0720	0.0653	0.0635	0.0619	0.0602	0.0767

资料来源：经笔者整理计算所得。

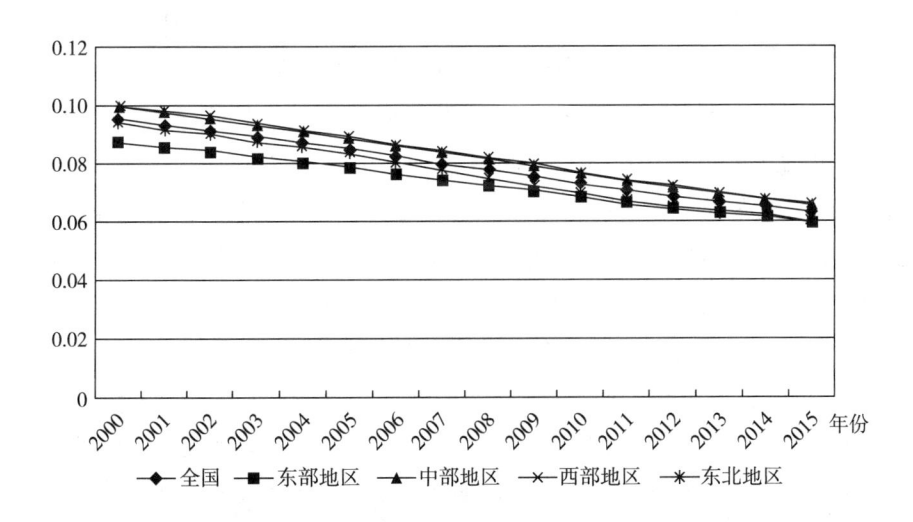

图 6-2　2000—2015 年全国及四大经济区域平均技术进步变化率的演变趋势

从中部地区的情况来看，2000—2015 年，平均技术进步率最高的是安徽省，平均技术进步变化率最低的是湖北省。2000—2015 年，湖北省的技术进步变化率最高为 0.0925，最低为 0.0641，湖北省的平均技术进步率为 0.0795。安徽省的技术进步变化率最高，为 0.1015，最低为 0.0701，安徽省的平均技术进步变化率为 0.0857。

从西部地区的情况来看，2000—2015 年，平均技术进步变化率最高的是甘肃省，平均技术进步变化率最低的是新疆维吾尔自治区。2000—2015 年，甘肃省的技术进步变化率最高为 0.1083，最低为 0.0729，甘肃省的平均技术进步变化率为 0.0899。新疆维吾尔自治区的技术进步变化率最高为 0.0901，最低为 0.0633，新疆维吾尔自治区的平均技术进步变化率为 0.0770。从西部地区的整体情况来看，2000—2015 年，西部地区 11 个省份的技术进步变化率都呈现下降的趋势，表明整个西部地区的技术进步都趋向放缓。在西部地区 11 个省份中，内蒙古自治区的技术进步变化率的下降趋势较为平缓，而新疆维吾尔自治区的技术进步率的下降趋势更为陡峭一些。

从东北地区的情况来看，2000—2015 年，平均技术进步变化率最高的是黑龙江省，而平均技术进步变化率最低的是辽宁省。2000—2015 年，黑龙江省的技术进步变化率最高为 0.0908，最低为 0.0640，黑龙江省的平均技术进步变化率为 0.0784。辽宁省的技术进步变化率最高为 0.0939，最低为 0.0581，辽宁省的平均技术进步变化率为 0.0746。从东北地区的整体情况来看，2000—2015 年，东北地区三个省份的技术进步变化率都呈现下降的趋势，表明整个东北地区的技术进步趋向放缓。在东北地区的三个省份中，辽宁省的技术进步率的下降趋势较为平缓，黑龙江省的技术进步率的下降趋势更为陡峭一些。

三　我国区域技术进步变化率的收敛性分析

（一）我国区域技术进步变化率的 σ 收敛检验

从技术进步变化率的演进过程可以看出，我国的技术进步变化率无论从整体上还是从四大经济区域层面，都呈现下降的发展趋势。这意味着我国的技术进步率无论是从总体上还是从四大经济区域层面，均呈现放缓趋势。自然而然地引出一个问题：我国区域技术进步的变化趋势最终是否趋同？为此，对我国技术进步的变化趋势进行 σ 收敛检验。将 σ 收敛性检验的计算公式设定如下：

$$\sigma_t = \frac{\sqrt{\frac{1}{n-1} \sum_i^n (TP_{it} - \overline{TP_t})^2}}{\overline{TP_t}}$$

式中，TP_{it} 表示第 i 个地区 t 时期的技术进步变化率，$\overline{TP_t}$ 表示 t 时期所有 i 个地区技术进步变化率的平均值。当 $\sigma_{t+1} < \sigma_t$ 时，表明我国的技术进步变化率的离散系数在缩小，此时存在着 σ 收敛。[①] 根据超越对数随机前沿生产函数模型计算出全国及四大经济区域的技术进步变化率，图 6-3 中展示了 2000—2015 年全国以及四大经济区域技术进步变化率 σ 收敛系数的演变趋势。

从图 6-3 可以看出，全国技术进步变化率的变异系数总体上呈现明显的下降趋势，因而，总体上看，全国技术进步变化率呈现 σ 收敛特征。其中，2001—2005 年，全国技术进不变化率呈现缓慢下降的趋势；2006—2009 年，呈现缓慢上升的趋势；2010—2015 年，全国技术进步变化率呈现大幅度下降的趋势。从四大经济区域来看，东部、中部、西部地区技术进步率的变异系数在样本考察期内总体上呈现逐渐上升的趋势，说明这三个区域的技术进步变化率不存在 σ 收敛特征，东北地区技术进步率的变异系数在样本考察期内总体上呈现逐渐下降的趋势，表明东北地区技术进步变化率存在着 σ 收敛特征。从变化幅度来看，东部地区技术进步率的变异系数变化较为平稳；中部地区技术进步变化率经历了 2000—2005 年缓慢下降的阶段后，2006—2015 年，技术进步率呈现缓慢上升的趋势；西部地区技术进步变化率从 2000—2002 年经历了缓慢下降的阶段后，从 2003 年开始直至 2009 年，西部地区技术进步变化率呈现大幅度上升的趋势，2009—2010 年经历小幅度下降的过程，2010—2012 年经历了缓慢上升的过程，2013—2015 年呈现小幅度波动缓慢上升的趋势。东北地区技术进步变化率从 2000—2003 年呈现缓慢下降的趋势，2004—2008 年，东北地区技术进步变化率呈现上升的趋势；2008—2009 年，东北地区技术进步变化率呈现下降的发展趋势；2010—2012 年，东北地区技术变化率呈现缓慢上升的趋势，2013—2015 年，东北地区技术进步变化率呈现下降的趋势。

（二）我国区域技术进步变化率的 β 收敛检验

与前面收敛性的分析相似，对我国及四大经济区域技术进步变化率

[①] 林春：《中国金融业全要素生产率影响因素及收敛性研究》，《华中科技大学学报》（社会科学版）2016 年第 6 期，第 117 页。

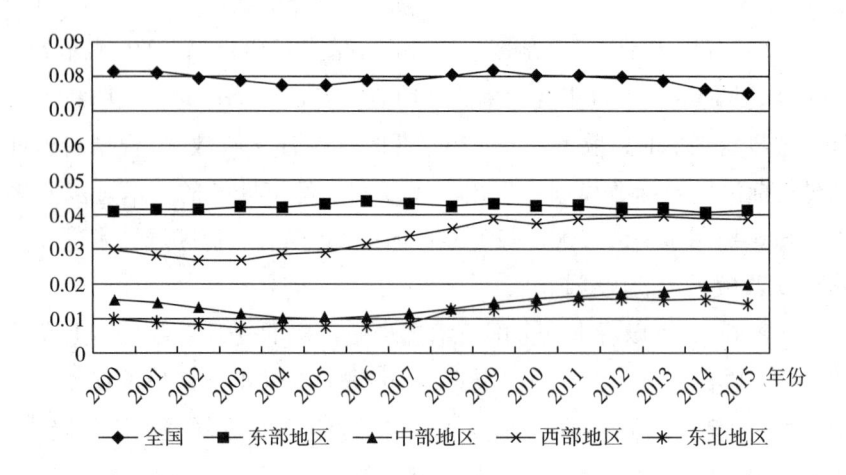

图 6-3 2000—2015 年全国及四大经济区域技术进步变化率 σ 收敛系数演变趋势

进行 β 收敛性检验。β 收敛性检验分为绝对 β 收敛和条件 β 收敛,将技术进步变化率的绝对 β 收敛检验方程和条件 β 收敛检验方程分别设定为:

区域技术进步率的绝对 β 收敛检验方程:

$$\frac{1}{T}(\ln TP_{i,T} - \ln TP_{i,0}) = \alpha + \beta \ln TP_{i,0} + \varepsilon_{i,t}$$

技术进步率的条件 β 收敛检验方程:

$$\ln TP_{i,t} - \ln TP_{i,t-1} = \alpha + \beta \ln TP_{i,t-1} + \phi X_{i,t} + \varepsilon_{i,t}$$

在绝对 β 收敛检验方程中,$\frac{1}{T}(\ln TP_{i,T} - \ln TP_{i,0})$ 表示第 i 个地区从时期 t=0 到时期 t=T 的年均技术进步变化率,$\ln TP_{i,0}$ 表示第 i 个地区的初始技术进步变化率的对数值,如果 β 显著为负,则表明存在着 β 绝对收敛。在条件收敛检验方程中,φ 表示系数矩阵,$X_{i,t}$ 表示影响 β 条件收敛的变量矩阵,选取对外开放程度($Open_{it}$)、政府支出(Gov_{it})、基础设施水平($lnfra_{it}$)、人力资本($lnHumc_{it}$)以及人均 GDP($AGDP_{it}$)作为影响区域技术进步变化率的变量,来检验是否存在着 β 条件收敛。

从表 6-3 可以看出,全国技术进步变化率 $lnTP_{i,0}$ 的系数为 -0.0320,且在 1% 的显著性水平下显著,因此,全国技术进步变化率存在β绝对收敛。从四大经济区域来看,东部、中部和东北地区变量 $\ln TP_{i,0}$ 的系数虽然都为负,但都不显著,这意味着东部、中部和东北地区技术进步变化率并无明显的β绝对收敛特征;西部地区变量 $\ln TP_{i,0}$ 的系数为负,且在10%的显著性水平下显著,表明西部地区的技术进步变化率存在着明显的β绝对收敛特征。

表6-3　全国及四大经济区域技术进步变化率β绝对收敛检验

变量	全国	东部地区	中部地区	西部地区	东北地区
$\ln TP_{i,0}$	-0.0320***	-0.0306	-0.0187	-0.0639*	-0.1396
α	-0.1026***	-0.0995*	-0.0702	-0.1756**	-0.3597
F检验及P值	12.46（0.0015）	2.96（0.1238）	0.32（0.6）	4.96（0.053）	5.84（0.2497）
调整的 R^2	0.2832	0.1786	0.0748	0.2835	0.7078

注:根据 Stata 13.0 计算。

从表6-4中可以看出,全国技术进步变化率变量 $\ln TP_{i,t-1}$ 的系数为正,且在1%的显著性水平下显著,根据β条件收敛条件,全国层面的技术进步变化率不存在β条件收敛特征。从四大经济区域的角度来看,东部地区技术进步变化率变量 $\ln TP_{i,t-1}$ 的系数为负,但没有通过显著性水平检验,表明东部地区技术进步变化无明显的β条件收敛特征;中部地区技术进步变化率变量 $\ln TP_{i,t-1}$ 的系数为正,但没有通过显著性水平检验,表明中部地区技术进步变化也无明显的β条件收敛特征;西部、东北地区技术进步变化率变量 $\ln TP_{i,t-1}$ 的系数为负,且分别在1%和10%的显著性水平下显著,表明西部、东北地区都存在着显著的β条件收敛特征。

表6-4　全国及四大经济区域技术进步变化率β条件收敛检验

变量	全国	东部地区	中部地区	西部地区	东北地区
$\ln TP_{i,t-1}$	0.0255**	-0.0232	0.0014	-0.0596***	-0.1544*
α	0.0791***	0.0171	-0.2265***	0.0318***	-0.8571***

续表

变量	全国	东部地区	中部地区	西部地区	东北地区
$Open_{it}$	0.0098***	0.0075***	0.0209	0.0456***	-0.0051
Gov_{it}	-0.0140*	0.0034	0.1744***	-0.005	-0.052
$lnfra_{it}$	-0.001	0.0005	-0.0059	0.0016	0.022*
$lnAGDP_{it}$	-0.0024	-0.0057	0.0042	-0.0215***	-0.1191**
$lnHumc_{it}$	-0.0005	-0.0042***	0.0149	-0.0025*	0.1032**
F检验（P值）	3.99（0.0000）	—	7.39（0.000）	—	2.4（0.0289）
R^2	0.1626	0.3058	0.5862	0.3024	0.6575

注：根据 Stata 13.0 计算。

（三）我国区域技术进步变化率的"俱乐部"收敛检验

从表6-4的分析中可知，西部地区技术进步变化率的β绝对和条件收敛系数均小于0，且分别在10%和1%的显著性水平下显著，这意味着西部地区技术进步变化率表现出明显的β绝对和条件收敛特征。与四大经济区域技术进步变化率的σ收敛相结合可以发现，我国西部地区内部各省份的技术进步变化率存在着俱乐部收敛特征，但东部、中部和东北地区内部各省份的技术进步变化率不存在俱乐部收敛特征。这也表明，除西部地区外，我国其他三大经济区域内部各省份技术进步变化率无明显的趋同特征，并且四大经济区域之间技术进步变化率的趋同特征也不明显。

第三节 金融发展与技术进步之间关系的实证分析

一 金融发展与技术进步之间关系的实证分析—总体分析

为了考察金融发展与我国技术进步之间的关系，构建基于面板 Tobit 模型来分析两者之间的关系。根据前面随机前沿模型计算的结果，由于技术进步变化率的值都介于0—1之间，为了考察金融发展与技进步变化率之间的关系，构建金融发展与技术进步变化率之间关系的计量模型，如采用普通最小二乘法会造成估计上的偏误，因此，采用面板 Tobit 模型来分析两者之间的关系。为保持与前面研究的一致性，选取金融发展（FD_{it}）作为核心变量，选取一组控制变量即对外开放程度（$Open_{it}$）、政府支出（Gov_{it}）、基础设施水平（$Infra_{it}$）以及人均 GDP（$AGDP_{it}$）作为影响区域技术进步率的因素。构建的面板 Tobit 模型如下：

$$\dot{TP}_{it} = \alpha_0 + \alpha_1 FD_{it} + \alpha_2 X_{it} + \varepsilon_{it}$$

在上面设定的面板 Tobit 模型中，$\dot{TP}_{it}$ 表示技术进步变化率；FD_{it} 表示金融发展变量，X_{it} 表示一组控制变量；ε_{it} 表示随机误差项。根据构建的面板 Tobit 模型，利用金融发展与技术进步变化率及控制变量的相关数据进行参数估计，从表 6–5 中的估计结果可以看出，χ^2 值为 64.24，且对应的 P 值为 0，模型模拟结果较好。

表 6–5 全国金融发展与技术进步之间关系的面板 Tobit 模型回归结果

变量	系数	标准误	Z 值	P>|Z|	95%的置信区间
FD_{it}	0.0087***	0.0017	4.99	0.000	[0.0053, 0.0121]
$Open_{it}$	-0.0065***	0.0014	-4.53	0.000	[-0.0093, -0.0037]
Gov_{it}	-0.0026	0.0050	-0.52	0.603	[-0.0124, 0.0072]
$Infra_{it}$	0.0001	0.0005	0.11	0.911	[-0.0010, 0.0011]
$lnAGDP_{it}$	0.0041***	0.0011	3.71	0.000	[0.0019, 0.0063]
常数项	0.0346**	0.0157	2.20	0.028	[0.0038, 0.0653]
Log – likelihood	\multicolumn{5}{c}{1743.7453}
χ^2 (20)	\multicolumn{5}{c}{64.24}
Prob > χ^2	\multicolumn{5}{c}{0.000}
样本数	\multicolumn{5}{c}{480}

资料来源：根据 Stata 13.0 软件计算所得。

从表 6–5 中可以看出，从整体上看，金融发展的系数为正，且在

1%的显著性水平下显著，表明金融发展从整体上看有利于技术进步。

从控制变量来看，对外开放程度的系数为负，且在1%的显著性水平下显著，表明对外开放水平不利于我国的技术进步。其主要原因在于技术进步的真正动力在于一国的自主创新能力，而不是通过对外开放技术引进来促进技术进步。从政府支出对技术进步的影响来看，政府支出变量的系数为负，但没有通过显著性水平检验，表明政府支出尽管对技术进步有一定的影响，但影响效果不明显。从基础设施水平对技术进步的影响来看，基础设施水平的系数为正，但没有通过显著性水平检验，表明基础设施水平尽管促进了我国的技术进步，但基础设施水平对我国技术进步的作用效果不明显。从人均GDP对技术进步的影响来看，人均GDP的系数都为正，且在1%的显著性水平下显著，表明人均GDP从总体上促进了我国的技术进步。

二 金融发展与技术进步变化之间关系的实证分析：基于四大经济区域分析的视角

由于我国是一个区域差别比较大的国家，地区之间的发展很不平衡，考虑区域之间的差异性，本书从四大区域角度分析金融发展与技术进步之间的关系。为保持与前面研究的一致性，选取金融发展水平（FD_{it}）作为核心变量，选取一组控制变量即对外开放程度（$Open_{it}$）、政府支出（Gov_{it}）、基础设施水平（$lnfra_{it}$）以及人均GDP（$lnAGDP_{it}$）作为影响区域技术进步率的因素。与前面的研究一致，按照四大经济区域的划分范围，以西部地区为参照系，引入区域虚拟变量D_1、D_2、D_3来研究区域差异对技术效率的影响，其中，D_1表示东部地区，D_2表示中部地区，D_3表示东北地区。建立以下模型：

$$T\dot{P}_{it} = \alpha_0 + \alpha_1 FD_{it} + \lambda_1 D_1 FD_{it} + \lambda_2 D_2 FD_{it} + \lambda_3 D_3 FD_{it} + \alpha_2 X_{it} + \lambda_1 D_1 X_{it} + \lambda_2 D_2 X_{it} + \lambda_3 D_3 X_{it} + \varepsilon_{it}$$

根据构建的面板Tobit模型，利用金融发展与技术进步变化率及控制变量的相关数据进行参数估计，从表6-6中的估计结果可以看出，χ^2值为10864.82，且对应的P值为0，模型模拟结果较好。

表6-6 四大经济区域金融发展与技术进步之间关系的面板 Tobit 模型回归结果

变量	系数	标准误	Z值	P>|Z|	95%的置信区间
FD_{it}	-0.0057***	0.0013	-4.51	0.000	[-0.0082, -0.0032]
$Open_{it}$	0.0079**	0.0033	2.4	0.016	[-0.2595, 0.0397]
Gov_{it}	-0.0065***	0.0023	-2.89	0.004	[-0.0110, -0.0021]
$lnfra_{it}$	-0.0016***	0.0003	-5.99	0.000	[-0.0022, -0.0011]
$lnAGDP_{it}$	-0.0170***	0.0004	-42.14	0.000	[-0.0178, -0.0162]
$D_1 \times FD_{it}$	-0.0032***	0.0008	-3.9	0.000	[-0.0048, -0.0016]
$D_1 \times Open_{it}$	0.0031***	0.0006	5.62	0.000	[0.0020, 0.0042]
$D_1 \times Gov_{it}$	-0.0088*	0.0050	-1.76	0.078	[-0.0186, 0.0010]
$D_1 \times lnfra_{it}$	-0.0026***	0.0002	-12.42	0.000	[-0.0030, -0.0021]
$D_1 \times lnAGDP_{it}$	-0.0157***	0.0003	-47.42	0.000	[-0.0163, -0.0150]
$D_2 \times FD_{it}$	-0.0035	0.0031	-1.14	0.254	[-0.0095, 0.0025]
$D_2 \times Open_{it}$	0.0272***	0.0086	3.15	0.002	[0.0102, 0.0441]
$D_2 \times Gov_{it}$	-0.0397***	0.0102	-3.91	0.000	[-0.0596, -0.0198]
$D_2 \times lnfra_{it}$	-0.0018	0.0011	-1.57	0.117	[-0.0395, 0.0004]
$D_2 \times lnAGDP_{it}$	-0.0164***	0.0015	-10.99	0.000	[-0.0193, -0.0135]
$D_3 \times FD_{it}$	-0.0023	0.0032	-0.70	0.484	[-0.0086, 0.0041]
$D_3 \times Open_{it}$	0.0278***	0.0048	5.81	0.000	[0.0184, 0.0372]
$D_3 \times Gov_{it}$	-0.0105	0.0152	-0.69	0.487	[-0.0403, 0.0192]
$D_3 \times lnfra_{it}$	0.0027*	0.0014	1.95	0.051	[-0.0000, 0.0054]
$D_3 \times lnAGDP_{it}$	-0.0222***	0.0018	-12.16	0.000	[-0.0258, -0.0186]
Log-likelihood	\multicolumn{5}{c}{2207.2045}
$\chi^2(20)$	\multicolumn{5}{c}{10864.82}
$Prob>\chi^2$	\multicolumn{5}{c}{0.000}
样本数	\multicolumn{5}{c}{480}

资料来源：根据 Stata 13.0 软件计算所得。

从表6-6中可以看出，西部和东部地区的金融发展系数为负，且都在1%的显著性水平下显著，表明西部和东部地区的金融发展不利于各自地区的技术进步；中部和东北地区金融发展的系数为负，但都没有通过显著性水平检验，表明中部和东北地区的金融发展对各自地区技术进步的影响效果不明显。

从控制变量来看，从对外开放对技术进步的影响来看，西部、东部、中部和东北地区的对外开放程度系数为正，且都在1%的显著性水平下显著，表明对外开放有利于四大经济区域的技术进步。

从政府支出对技术进步的影响来看，西部、东部、中部地区的政府支出系数都为负，且都通过了显著性水平检验，表明政府支出对西部、东部和中部地区的技术进步具有显著的抑制作用。东北地区的政府支出系数尽管为负，但没有通过显著性水平检验，表明东北地区的政府支出对东北地区的技术进步具有一定的抑制作用，但抑制效果不明显。

从基础设施水平对技术进步的影响来看，西部、东部的基础设施水平变量系数为负，且都在1%的显著性水平下显著，表明西部、东部地区的基础设施水平抑制了西部和东部地区的技术进步；中部地区的基础设施水平系数为负，但没有通过显著性水平检验，表明中部地区的基础设施水平对中部地区的技术进步影响效果不明显。东北地区基础设施水平的系数为正，且在10%的显著性水平下显著，表明东北地区的基础设施水平显著地促进了东北地区的技术进步。

从人均 GDP 对技术进步的影响来看，西部、东部、中部和东北地区人均 GDP 的系数都为负，且都在1%的显著性水平下显著，表明人均 GDP 抑制了四大经济区域的技术进步。

第四节　金融发展对我国技术进步影响的门槛效应检验

一　金融发展对技术进步的门槛效应影响：总体分析

（一）门槛面板模型设定

2000—2015 年，基于金融发展与技术进步之间关系的面板 Tobit 模型实证研究表明：从总体来看，金融发展显著地促进了我国的技术进步，但从四大经济区域的角度来看，金融发展对技术进步的影响存在着巨大的差异,具体来说,西部和东部地区的金融发展显著地阻碍了各自地区的技术进步;而中部和东北地区的金融发展尽管不利于各自地区的技术进步,但对各自地区技术进步的影响效果不明显。为什么会产生这种现象呢?这是否意味着金融发展对技术进步的影响与经济发展水平有关呢?为了验证这一猜想,借鉴汉森(1999)的门槛面板模型,以人均国内生产总值作为门槛变量,利用我国30个省份的相关数据,根据估算的门槛值,分析在不同的经济发展水平下,金融发展如何影响技术进步。结合门槛面板模型的分析方法,汉森(1999)面板门槛模型一般形式可设定如下:

$$\dot{TP}_{it} = \alpha_1 FD_{it} \times I(\ln AGDP_{it} \leq \eta_1) + \alpha_2 FD_{it} \times I(\eta_1 < \ln AGDP_{it} \leq \eta_2) + \alpha_3 FD_{it} \times I(\ln AGDP_{it} > \eta_2) + \cdots + \alpha_k FD_{it} \times I(\eta_k < \ln AGDP_{it} \leq \eta_{k+1}) + \alpha_{k+1} FD_{it} \times I(\ln AGDP_{it} > \eta_{k+1}) + \alpha_{k+2} Open_{it} + \alpha_{k+3} Gov_{it} + \alpha_{k+4} \ln fra_{it} + \mu_{it}$$

在上述门槛面板模型中,$\dot{TP}_{it}$表示技术进步的变化率,$\ln AGDP_{it}$表示门槛变量,FD_{it}表示门槛核心解释变量。与前面研究变量的研究一致,$Open_{it}$表示对外开放程度,Gov_{it}表示政府支出,$\ln fra_{it}$表示基础设施水平,$\ln AGDP_{it}$表示人均 GDP。η_1,η_2,$\cdots$,η_{k+1}表示门槛值;$I(\cdot)$表示指示函数,u_{it}表示服从标准正态分布的随机干扰项。t表示时间,本书的时间跨度为2000—2015年,i表示省份。

(二)门槛面板模型检验及估计结果分析

1. 门槛面板模型检验

(1)门槛检验。采用面板门槛效应模型分析金融发展对技术进步的影响,首先检验模型是否存在着门槛效应及门槛个数,以确定模型的具体形式,并采用Bootstrap方法依次计算单一门槛、双重门槛和三重门槛对应模型的P值(计算结果见表6-7)。从表6-7中可以看出,金融发展系数的单一门槛效应和双重门槛效应分别在1%和5%的显著性水平下通过显著性检验,而三重门槛效应则没有通过显著性水平检验。因此,该模型存在着双重门槛效应。

表6-7　　　　　金融发展对我国技术进步的门槛效应检验

模型	F值	P值	BS次数	临界值 1%	5%	10%
单一门槛	84.00	0.0000	300	51.3214	45.9755	42.7467
双重门槛	59.80	0.0000	300	40.2106	35.0505	32.5779
三重门槛	24.87	0.8600	300	119.3769	110.7924	102.4808

注：根据 Stata 13.0 计算所得。

（2）门槛值检验和门槛区间划分。在确定门槛效应和门槛数后，需进一步估计和检验门槛模型的门槛值。以人均 GDP 双重门槛模型的门槛值进行参数估计，估计结果见表6-8。从表6-8中可以看出，模型的第一、第二门槛值分别为 8.9042 和 9.8230，依次分布在 95% 的置信区间 [8.8869, 8.9086] 和 [9.7744, 9.8257]，且均通过了显著性检验。

表6-8　　　　　　　　门槛值估计结果

门槛值	估计值 人均 GDP (lnAGDP)	95% 的置信区间 人均 GDP (lnAGDP)
第一门槛值	8.9042	[8.8869, 8.9086]
第二门槛值	9.8230	[9.7744, 9.8257]

注：根据 Stata 13.0 软件计算所得。

2. 模型估计及结果分析

根据以上门槛效应的检验结果，金融发展对技术进步的影响存在着两个门槛值。因此，可以将金融发展与技术进步之间关系的门槛面板模型设定如下：

$$TP_{it} = \alpha_1 FD_{it} \times I(\ln AGDP_{it} \leq \eta_1) + \alpha_2 FD_{it} \times I(\eta_1 < \ln AGDP_{it} \leq \eta_2) + \alpha_3 FD_{it} \times I(\ln AGDP_{it} > \eta_2) + \alpha_4 Open_{it} + \alpha_5 Gov_{it} + \alpha_6 Infra_{it} + \mu_{it}$$

在确定了门槛值及置信区间分布后，对上式进行参数估计。估计结果见表6-9。从表6-9中可以看出，当人均 GDP 处于不同的门槛值时，金融发展对技术进步的影响是不同的。具体来说，当人均 GDP 小于等于 8.9042（对数自然值）时，金融发展对技术进步具有显著的正向影响；当人均 GDP 大于 8.9042 而小于 9.8230 时，金融发展的系数为正，且在 1% 的显著性水平下显著，表明金融发展促进了技术进步；当人均 GDP 大于 9.8230 时，金融发展的系数为负，但不显著。表明金融发展对技术进步尽管有一定负向影响，但影响效果不明显。在门槛模型中，从控制变量来看，对外开放程度阻碍了我国的技术进步；而政府支出则有利于技术进步，政府支出尤其是重大科技专项的投入促进了我国的技术进步；基础设施水平的提升促进了我国的技术进步。

表 6-9　　　　　　　　模型的门槛参数估计结果

模型变量	估计参数	P 值	95% 的置信区间
$Open_{it}$	-0.0057***	0.000	[-0.0070, -0.0043]
Gov_{it}	0.0174***	0.000	[0.0125, 0.0223]
$Infra_{it}$	0.0010***	0.000	[0.0005, 0.0016]
$FD_{it} \times I(\ln AGDP_{it} \leq \eta_1)$	0.0148***	0.000	[0.0120, 0.0176]
$FD_{it} \times I(\eta_1 < \ln AGDP_{it} \leq \eta_2)$	0.0048***	0.000	[0.0026, 0.0070]
$FD_{it} \times I(\ln AGDP_{it} > \eta_2)$	-0.0007	0.497	[-0.0027, 0.0013]
常数项	0.0639***	0.000	[0.0567, 0.0711]

注：根据 Stata 13.0 软件计算所得。

（三）金融发展对技术进步影响的门槛特征分析

从表 6-9 的结果中可知，当人均 GDP 小于 9.8230，即人均 GDP 小于 18453.328 元/人时，金融发展有利于技术进步；当人均 GDP 大于 9.8230 时，即人均 GDP 大于 18453.328 元/人时，金融发展对技术进步产生一定的负向影响，但影响效果不明显；当人均 GDP 大于 8.9042 小于 9.8230 时，即人均 GDP 大于 7362.8362 元/人小于 18453.328 元/人时，金融发展水平每提升 1%，我国的技术进步水平提升 0.48%；当人均 GDP 大于 0 而小于 8.9042 时，即人均 GDP 小于 7362.8362 元/人时，金融发展水平每提升 1%，我国的技术进步水平提升 1.4%。

二 金融发展对技术进步的门槛效应影响：四大经济区域分析视角

（一）东部地区的门槛面板模型检验及估计结果分析

从东部地区的门槛检验结果来看，在95%的置信区间内，东部地区的金融发展水平对东部地区技术进步的影响存在着两个门槛值，且都通过了显著性水平检验，两个门槛值见表6-10。

表6-10　　　　　　　　门槛值的估计结果

门槛值	估计值	95%的置信区间
	人均GDP（lnAGDP）	人均GDP（lnAGDP）
第一门槛值	9.6143	[9.5759, 9.6174]
第二门槛值	10.0054	[9.9468, 10.0114]

注：根据Stata 13.0软件计算所得。

通过计量模型进行参数估计，可以得到关于东部地区金融发展对东部地区技术进步影响的门槛效应估计结果，见表6-11。

表6-11　　　　　　东部地区门槛效应模型估计结果

模型变量	估计参数	P值	95%的置信区间
$Open_{it}$	-0.0040***	0.000	[-0.0053, -0.0027]
Gov_{it}	0.0604***	0.000	[0.0459, 0.0749]
$Infra_{it}$	0.0020***	0.000	[0.0013, 0.0026]
$FD_{it} \times I(lnAGDP_{it} \leq \eta_1)$	0.0113***	0.000	[0.0078, 0.0149]
$FD_{it} \times I(\eta_1 < lnAGDP_{it} \leq \eta_2)$	0.0036**	0.000	[0.0007, 0.0065]
$FD_{it} \times I(lnAGDP_{it} > \eta_2)$	-0.0016*	0.095	[-0.0035, 0.0003]
常数项	0.0462***	0.000	[0.0375, 0.0548]

注：根据Stata 13.0软件计算所得。

从表6-11中可以看出，当东部地区的人均GDP大于10.0054（自然对数值），即东部地区人均GDP大于22145.73元/人时，金融发展显著地阻碍了东部地区的技术进步。当东部地区人均GDP小于10.0054时，金融发展有利于技术进步，但在不同的区间内金融发展水平对技术进步的影响是不同的。具体来说，当人均国内生产总值大于9.6143小于10.0054，即人均GDP大于14977.435元/人小于22145.73元/人时，东部地区的金融发展水平每提升1%，东部地区的技术进步率就上升0.36%；当人均GDP小于9.6143，即人均GDP小于14977.435元/人时，金融发展水平每提升1%，东部地区的技术进步率就上升1.13%。

从控制变量来看，东部地区的对外开放不利于东部地区的技术进步，东部地区的政府支出显著地促进了东部地区的技术进步；东部地区的基础设施水平的提升显著促进了东部地区的技术进步。

从时间演进的角度来看，2000—2015年，东部地区中人均国内生产总值大于10.0054的地区；2000—2002年，只有北京和上海两个省份；2003—2004年，主要有北京、上海和天津3个省份；2005年主要有北京、上海、天津和浙江4个省份；2006年有北京、上海、天津、浙江、广东和江苏6个省份；2007—2010年，有北京、福建、广东、江苏、山东、上海、天津和浙江8个省份；2001—2012年，除海南省外，有9个省份；2013—2015年，东部地区的十个省份全部的人均国内生产总值大于10.0054。可见，随着经济发展程度的不断提高，东部地区的金融发展水平越来越阻碍着东部地区的技术进步。

（二）中部地区的门槛面板模型检验及估计结果分析

从中部地区的门槛检验的结果来看，在95%的置信区间内，中部地区的金融发展水平对中部地区技术进步的影响仅存在着一个门槛值。根据门槛值的估计结果，有且仅有一个门槛值通过了显著性检验，门槛值估计结果见表6-12。

表6-12　　　　　　　　门槛值的估计结果

门槛值	估计值	95%的置信区间
	人均GDP（lnAGDP）	人均GDP（lnAGDP）
第一门槛值	8.8763	[8.8214, 8.8802]

注：根据Stata 13.0软件计算所得。

通过门槛模型进行参数估计，可以得到关于中部地区金融发展对中部地区技术进步影响的门槛效应估计结果,见表6-13。

表6-13　　　　　　中部地区门槛效应模型估计结果

模型变量	估计参数	P值	95%的置信区间
$Open_{it}$	0.0289***	0.003	[0.0102, 0.0476]
Gov_{it}	0.0420*	0.054	[-0.0008, 0.0847]
$lnfra_{it}$	-0.0016	0.473	[-0.0059, 0.0027]
$FD_{it} \times I\ (lnAGDP_{it} \leq \eta_1)$	-0.0054*	0.099	[-0.0119, 0.0010]
$FD_{it} \times I\ (lnAGDP_{it} > \eta_1)$	-0.0130***	0.000	[-0.0196, -0.0063]
常数项	0.0980***	0.001	[0.0422, 0.1539]

注:根据Stata 13.0软件计算所得。

从表6-13中可以看出,中部地区的金融发展水平显著地抑制了中部地区的技术进步,但当人均GDP处于不同的区间时,金融发展水平对中部地区的技术进步影响存在着差别。具体来说,当中部地区的人均GDP低于8.8763(自然对数值),即中部地区的人均GDP低于7160.2487元/人时,中部地区的金融发展水平每提升1%,中部地区的技术进步率下降0.54%;当中部地区的人均GDP大于8.8763时,中部地区的人均GDP每提升1%,中部地区的技术进步率下降1.3%。

从控制变量来看,中部地区的对外开放程度系数为正,且在1%的显著性水平下显著,表明中部地区的对外开放有利于中部地区的技术进步;中部地区的政府支出变量系数为正,且在10%的显著性水平下显著,表明中部地区的政府支出有利于中部地区的技术进步;中部地区的基础设施水平变量系数为负,但没有通过显著性水平检验,表明中部地区的基础设施水平虽然对中部地区的技术进步有一定的负向影响,但影响效果不明显。

从时间演进的角度来看,2000—2015年,中部地区人均GDP大于8.8763(自然对数值)的地区,2000—2002年,只有湖北省一个省份;2003年,人均GDP大于8.8763的地区有湖北、河南和湖南三个省份;2004年,人均GDP大于8.8763的地区有湖北、河南、湖南、江西和山西5个省份; 2005—2015 年，人均国内生产总值大于 8.8763 的地区覆盖了中部地区的6个省份。可见，随着经济发展程度的不断提高，中部地区的金融发展水平越来越阻碍着中部地区的技术进步。可能的原因在于中部地区的金融市场化改革的滞后，金融资源的配置越来越成为技术进步的障碍。

（三）西部地区的门槛面板模型检验及估计结果分析

从西部地区的门槛检验结果来看，西部地区的金融发展水平对西部地区技术进步的影响有且仅有一个门槛值。根据门槛值的估计结果，有且仅有一个门槛值通过了显著性检验，门槛值估计结果见表6-14。

表 6-14　　　　　　　　　门槛值的估计结果

门槛值	估计值	95%的置信区间
	人均 GDP（lnAGDP）	人均 GDP（lnAGDP）
第一门槛值	8.9012	[8.8241, 8.9054]

注：根据 Stata 13.0 软件计算所得。

通过门槛模型进行参数估计，可以得到关于西部地区金融发展对西部地区技术进步影响的门槛效应估计结果，见表6-15。

表 6-15　　　　　西部地区门槛效应模型估计结果

模型变量	估计参数	P 值	95%的置信区间
$Open_{it}$	-0.0053	0.345	[-0.0164, 0.0058]
Gov_{it}	0.0202***	0.000	[0.0117, 0.0288]
$Infra_{it}$	0.0016***	0.008	[0.0004, 0.0028]
$FD_{it} \times I(lnAGDP_{it} \leq \eta_1)$	0.0138***	0.000	[0.0080, 0.0197]
$FD_{it} \times I(lnAGDP_{it} > \eta_1)$	0.0052**	0.037	[0.0003, 0.0100]
常数项	0.0552***	0.000	[0.0394, 0.0710]

注：根据 Stata 13.0 软件计算所得。

从表6-15中可以看出，西部地区的金融发展水平显著地促进了西部地区的技术进步，但当人均 GDP 处于不同的区间时，金融发展水平对西部地区技术进步的影响是不同的。具体来说，当西部地区的人均 GDP 小于 8.9012（自然对数值），即西部地区人均 GDP 低于 7340.7772 元/人时，西部地区金融发展水平每提升 1%，西部地区的技术进步率提升 1.38%；当西部地区人均 GDP 大于 8.9012 时，西部地区的人均 GDP 每提升 1%，西部地区的技术进步率提升 0.52%。

从控制变量来看，西部地区的对外开放程度系数为负，但没有通过显著性水平检验，表明西部地区的对外开放程度尽管对西部地区的技术进步有一定的负向影响，但影响效果不明显；西部地区政府支出系数为正，且在 1% 的显著性水平下显著，表明西部地区政府对科技投入的增加有利于西部地区的技术进步；西部地区基础设施水平系数为正，且在 1% 的显著性水平下显著，表明西部地区的基础设施水平的提升，显著地促进了西部地区的技术进步。

从时间演进的角度来看，2000—2015 年，西部地区中人均 GDP 大于 8.9012（自然对数值）的地区，2000—2002 年，只有新疆这一个省份满足要求；2003 年，重庆、内蒙古和新疆 3 个省份满足这一要求；2004 年，重庆、内蒙古、青海和新疆 4 个省份满足这一要求；2005 年，重庆、内蒙古、宁夏、青海、四川、陕西和新疆 7 个省份满足这一要求；而到了 2006 年，除云南省和贵州省以外，西部地区的其他 9 个省份都满足人均 GDP 大于 8.9012 的要求；2007—2009 年，除贵州省以外，西部地区的其他十个省份都满足人均 GDP 大于 8.9012 的要求；2010—2015 年，西部地区 11 个省份都满足了人均 GDP 跨越了 8.9012 这个门槛值。

（四）东北地区的门槛面板模型检验及估计结果分析

从东北地区的门槛检验结果来看，东北地区的金融发展水平对东北地区技术进步的影响存在着两个门槛值，根据门槛值的估计结果，两个门槛值都通过了显著性水平检验，两个门槛值估计结果见表 6-16。

表6-16　　　　　　　　门槛值的估计结果

门槛值	估计值	95%的置信区间
	人均GDP（lnAGDP）	人均GDP（lnAGDP）
第一门槛值	9.0901	[8.9957, 9.1412]
第二门槛值	9.6674	[9.5324, 9.7305]

注：根据Stata 13.0软件计算所得。

通过门槛模型进行参数估计，可以得到关于东北地区金融发展对东北地区技术进步影响的门槛效应估计结果，见表6-17。

表6-17　　　　　　东北地区门槛效应模型估计结果

模型变量	估计参数	P值	95%的置信区间
$Open_{it}$	0.0114**	0.033	[0.0010, 0.0218]
Gov_{it}	0.0682***	0.000	[0.0351, 0.1013]
$lnInfra_{it}$	0.0056***	0.007	[0.0017, 0.0096]
$FD_{it} \times I(lnAGDP_{it} \leq \eta_1)$	0.01***	0.009	[0.0027, 0.0172]
$FD_{it} \times I(\eta_1 < lnAGDP_{it} \leq \eta_2)$	0.0020	0.619	[-0.0061, 0.0101]
$FD_{it} \times I(lnAGDP_{it} > \eta_2)$	-0.0062	0.150	[-0.0149, 0.0024]
常数项	0.0002	0.993	[-0.0481, 0.0485]

注：根据Stata 13.0软件计算所得。

从表6-17中可以看出，当东北地区的人均GDP小于9.0901（自然对数值），即人均GDP小于8867.0727元/人时，金融发展显著地促进了东北地区的技术进步。此时，金融发展水平每提升1%，东北地区的技术进步率提升1%；而当东北地区的人均GDP大于9.0901时，金融发展对东北地区的技术进步有一定的影响，但都不显著。具体来说，当东北地区的人均GDP大于9.0901小于9.6674时，金融发展水平的系数为正，但没有通过显著性水平检验，表明东北地区人均GDP处于此区间时，金融发展对东北地区的技术进步具有正向的影响，但影响效果不明显；当东北地区的人均GDP大于9.6674时，金融发展的系数为负，但没有通过显著性水平检验，表明东北地区人均GDP处于此区间时，金融发展对东北地区的技术进步具有负向影响，但影响效果不明显。

从控制变量来看，东北地区对外开放程度的系数为正，且在5%的显著性水平下显著，表明东北地区对外开放程度对东北地区的技术进步具有显著的促进作用；东北地区政府支出系数为正，且在1%的显著性水平下显著，表明东北地区政府对科技投入的增加有利于东北地区的技术进步；东北地区基础设施水平的系数为正，且在1%的显著性水平下显著，表明东北地区基础设施水平的提升，显著地促进了东北地区的技术进步。

从时间演进的角度来看，2000—2015年，东北地区的人均国内生产总值处于不同的门槛区间时，各省份的金融发展水平对各自省份的技术进步造成了不同的影响。具体来说，2000年，辽宁省的人均GDP处于大于9.0901小于9.6674这一区间，黑龙江省、吉林省的人均GDP处在小于9.0901这一区间；2001—2002年，黑龙江省、辽宁省的人均GDP处于大于9.0901小于9.6674这一区间，而吉林省的人均GDP处于小于9.0901这一区间；2003年，东北地区3个省份的人均GDP处于大于9.0901小于9.6674这一区间；2004—2005年，黑龙江省、吉林省的人均GDP处于大于9.0901小于9.6674这一区间，而辽宁省的人均GDP处于大于9.6674这一区间；从2008年开始直至2015年，东北地区3个省份的人均GDP跨越了9.6674这个门槛值。

第五节 本章小结

运用数理模型从理论视角分析了金融发展与技术进步之间的关系，并利用超越对数随机前沿生产函数模型计算的技术进步变化率，分析了我国及四大经济区域技术进步变化率演进过程。在此基础上，采用2000—2015年的省际数据，运用面板Tobit模型以及门槛面板模型，对金融发展与我国技术进步之间的关系进行了实证研究，实证研究表明：

第一，从总体上看，2000—2015年，我国所有年份的平均技术进步率为7.9%。从时间演进的过程来看，2000—2015年，我国的平均技术进步变化率总体上处于下降的发展趋势，尽管下降的幅度较小，但这表明我国平均技术进步变化率总体上处于放缓的变化过程。从四大经济区域的角度来看，2000—2015年，东部、中部、西部和东北地区的平均技术进步变化率呈现大幅度下降的趋势，这表明四大经济区域技术进步呈现放缓的发展态势；从所有年份的平均技术进步变化率来看，技术进步平均变化率最大的是西部地区，技术进步平均变化率最小的是东部地区。

第二，从总体上看，全国技术进步变化率呈现 σ 收敛特征。从四大经济区域来看，东部、中部和西部地区的技术进步变化率不存在 σ 收敛特征，东北地区的技术进步变化率存在着 σ 收敛特征。全国技术进步变化率存在着 β 绝对收敛。从四大经济区域来看，东部、中部和东北地区技术进步变化率并无明显的 β 绝对收敛特征；西部地区的技术进步变化率存在着明显的 β 绝对收敛特征。全国技术进步变化率不存在 β 条件收敛特征。从四大经济区域的角度来看，东部和中部地区的技术进步变化率无明显的 β 条件收敛特征；西部和东北地区的技术进步变化率存在着显著的 β 条件收敛特征。我国西部地区内部各省份的技术进步变化率存在着俱乐部收敛特征，但东部、中部和东北地区内部各省份的技术进步变化率不存在俱乐部收敛特征。

第三，运用面板 Tobit 模型实证分析金融发展与技术进步之间的关系。研究结果表明：从整体上看，金融发展显著地促进了我国的技术进步；但从四大经济区域的角度来看，西部和东部地区的金融发展不利于各自地区的技术进步；而中部和东北地区的金融发展尽管不利于各自地区的技术进步，但对各自地区技术进步的影响效果不明显。

第四，运用面板门槛模型实证分析了金融发展与技术进步之间的门槛效应。研究结果表明：从整体上看，金融发展对我国的技术进步存在着门槛效应，且有两个门槛值；当人均 GDP 小于 9.8230（自然对数值）时，金融发展显著地促进了我国的技术进步；而当人均 GDP 大于 9.8230 时，金融发展对技术进步产生一定的负面影响，但影响效果不明显。从四大经济区域的角度来看，东部地区的金融发展水平对东部地区技术进步的影响存在着两个门槛值，当东部地区的 GDP 大于 10.0054（自然对数值）时，金融发展显著地阻碍了东部地区技术进步；当东部地区人均 GDP 小于 10.0054 时，金融发展有利于技术进步；中部地区金融发展水平对中部地区技术进步的影响有且仅有一个门槛值，且中部地区金融发展水平处于不同的门槛区间时，都显著地抑制了中部地区技术进步；西部地区金融发展水平对西部地区技术进步的影响有且仅有一个门槛值，且西部地区金融发展水平处于不同门槛区间时，都显著地促进了西部地区技术进步；东北地区金融发展水平对东北地区技术进步的影响存在着两个门槛值，且当东北地区的人均 GDP 小于 9.0901（自然对数值）时，金融发展显著地促进了东北地区技术进步；而当东北地区的人均 GDP 大于 9.0901 时，金融发展对东北地区技术进步有一定的影响，但都不显著。

第七章　金融发展与规模效应变化率之间的关系

第一节　我国及四大经济区域规模经济变化率演进过程

一　我国规模经济效应变化率测算

从前面的模型设定检验可知，随机前沿生产函数模型适用，超越对数随机前沿生产函数模型设定为：

$$\ln Y_{it} = \beta_0 + \beta_l \ln L_{it} + \beta_k \ln K_{it} + \beta_t t + 0.5\beta_{ll}(\ln L_{it})^2 + 0.5\beta_{kk}(\ln K_{it})^2 + 0.5\beta_{tt}t^2 + \beta_{lk}(\ln L_{it})(\ln K_{it}) + \beta_{lt}(\ln L_{it})t + \beta_{kt}(\ln K_{it})t + (v_{it} - u_{it})$$

根据 Kumbhakar 和 Lovell（2000）关于全要素生产率增长的分解方法，可以得到规模效应变化率的表达式：

$$\dot{SE} = (\varepsilon_l + \varepsilon_k - 1)\left(\frac{\varepsilon_l}{\varepsilon_l + \varepsilon_k}\dot{l} + \frac{\varepsilon_k}{\varepsilon_l + \varepsilon_k}\dot{k}\right)$$

$$= (\varepsilon_l + \varepsilon_k - 1)(\lambda_l \dot{l} + \lambda_k \dot{k})$$

其中，$\varepsilon_k = \beta_k + \beta_{kk}\ln K_{it} + \beta_{kl}\ln L_{it} + \beta_{tk}t$，$\varepsilon_l = \beta_l + \beta_{ll}\ln L_{it} + \beta_{kl}\ln K_{it} + \beta_{lt}t$，一般在实际计算中，$\dot{k} \approx \ln k_{t+1} - \ln k_t$，$\dot{l} \approx \ln l_{t+1} - \ln l_t$。根据规模效应变化率的表达式，可以计算出我国各省份 2001—2015 年的规模效应变化率。限于篇幅，本书只列出代表性年份的规模效应变化率数据，具体结果如表 7-1 所示。

表 7-1　我国 30 个省份部分年份的规模效应变化率分布情况

地区	2001 年	2005 年	2008 年	2010 年	2012 年	2015 年
北京	-0.0857	-0.1185	-0.0584	-0.0947	-0.0978	-0.0784
天津	-0.0750	-0.0967	-0.1321	-0.1671	-0.1518	-0.0866
河北	-0.3041	-0.3854	-0.4678	-0.4274	-0.4138	-0.3399
山西	-0.1352	-0.1942	-0.1795	-0.2222	-0.1760	-0.1253
内蒙古	-0.1409	-0.2921	-0.2247	-0.2182	-0.1944	-0.1277
辽宁	-0.2216	-0.2921	-0.4296	-0.2811	-0.2455	-0.1299
吉林	-0.1201	-0.1781	-0.2860	-0.2281	-0.1644	-0.1196
黑龙江	-0.0978	-0.1065	-0.1758	-0.1880	-0.1975	-0.1717
上海	-0.0781	-0.0931	-0.0861	-0.0784	-0.0623	-0.0882
江苏	-0.6420	-0.7581	-0.6170	-0.6476	-0.5575	-0.3942
浙江	-0.2813	-0.3425	-0.2848	-0.3244	-0.2827	-0.2578
安徽	-0.3297	-0.4320	-0.4878	-0.5576	-0.5360	-0.4697
福建	-0.1471	-0.1888	-0.2517	-0.2296	-0.2317	-0.2056
江西	-0.1769	-0.2460	-0.2042	-0.2391	-0.2153	-0.1818
山东	-1.2285	-1.4734	-1.2881	-1.5297	-1.3502	-1.1225
河南	-6.8908	-3.5463	-2.5073	-2.2209	-1.9231	-1.6146
湖北	-0.2162	-0.2806	-0.3682	-0.4425	-0.4375	-0.3799
湖南	-0.3286	-0.4424	-0.5769	-0.6241	-0.5470	-0.3939
广东	-0.4126	-0.5281	-0.6934	-0.9841	-1.0513	-0.9205
广西	-0.1973	-0.2814	-0.3417	-0.5570	-0.4547	-0.2094
海南	-0.0330	-0.0464	-0.0600	-0.0777	-0.0958	-0.0574
重庆	-0.1442	-0.1744	-0.1810	-0.1549	-0.1456	-0.1393
四川	-0.6928	-0.7701	-0.8574	-0.8140	-0.7325	-0.5243
贵州	-0.0775	-0.1126	-0.1387	-0.1889	-0.1816	-0.2029
云南	-0.1683	-0.2315	-0.1690	-0.3575	-0.3784	-0.3388
陕西	-0.1517	-0.1965	-0.2634	-0.2778	-0.2462	-0.1555
甘肃	-0.0802	-0.1046	-0.1503	-0.1261	-0.1300	-0.1211
青海	-0.0309	-0.0340	-0.0353	-0.0611	-0.0779	-0.0792
宁夏	-0.0422	-0.0516	-0.0549	-0.0767	-0.0677	-0.0846
新疆	-0.0772	-0.0973	-0.0732	-0.0970	-0.1392	-0.1396

资料来源：根据 Stata 13.0 软件计算所得。

二 我国省际规模效应变化率演进过程

从我国30个省份在不同时间段上平均规模效应变化率情况来看，2001—2015年，我国所有地区所有年份的规模效应变化率为 -0.38499，这表明规模经济效应变化率阻碍了全要素生产率的增长。从时间演进过程来看（见图7-1），2001—2015年，我国的平均规模效应变化率总体上呈现上升的发展趋势。具体来说，2001—2002年，我国的平均规模效应变化率呈现大幅度上升的发展趋势；2003—2006年，我国的平均规模效应变化率呈现小幅度下降的发展趋势；2006—2008年，我国的平均规模效应变化率呈现缓慢上升的过程；2008—2009年，我国的平均规模效应变化率呈现大幅度下降的过程；2009—2015年，我国的平均规模效应变化率呈现大幅度上升的过程。

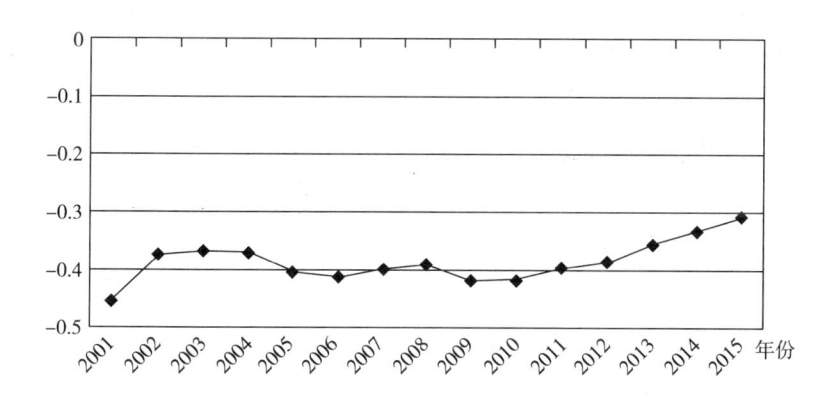

图7-1　2001—2015年全国平均规模经济效应变化率演进趋势

从我国30个省份的平均规模效应变化率来看（见图7-2），结合图7-2和表7-1可以看出，在30个省份中，平均规模效应变化率最低的是河南省，平均规模经济效应变化率处于倒数第二位的是山东省；而平均规模经济效应变化率最高的是青海省，其次是海南省。

三 我国四大经济区域规模效应变化率演进过程

从四大经济区域的角度来看，2001—2015年，总体来看，东部地区的平均规模效应变化率为 -0.385；中部地区的平均规模效应变化率

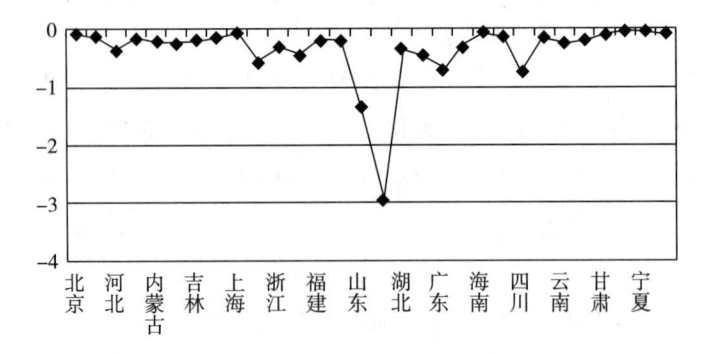

图7-2 我国30个省份平均规模效应变化率演进趋势

为-0.3936；西部地区的平均规模效应变化率为-0.7703；东北地区的平均规模效应变化率为-0.2179。从图7-3中可以看出，2001—2015年，东部、中部、西部和东北地区的平均规模效应变化率总体上都呈现上升的发展趋势，这表明四大经济区域规模效应变化趋向好转；从平均规模效应变化率来看，平均规模效应变化率最大的是东北地区，而平均规模效应变化率最小的是中部地区。

表7-2 我国四大经济区域部分年份规模经济效应变化率的平均值

地区	2001年	2003年	2006年	2009年	2012年	2013年	2014年	2015年	均值
东部	-0.4536	-0.3666	-0.4032	-0.4185	-0.3828	-0.3553	-0.3302	-0.3087	-0.3850
中部	-0.3287	-0.3566	-0.4031	-0.4555	-0.4295	-0.4024	-0.3774	-0.3551	-0.3936
西部	-1.3462	-0.8038	-0.8569	-0.7548	-0.6391	-0.6053	-0.5635	-0.5275	-0.7703
东北	-0.1639	-0.1956	-0.2133	-0.2485	-0.2498	-0.2223	-0.2052	-0.1929	-0.2179

资料来源：经笔者整理计算所得。

从东部地区的情况来看，2001—2015年，从总体上看，东部地区的规模效应变化率呈现小幅波动缓慢上升的发展趋势。在东部地区的10个省份中，平均规模效应变化率最高的是海南省，而平均规模效应变化率最低的是山东省。2001—2015年，海南省的规模效应变化率最高为-0.0330，最低为-0.0958，海南省的平均规模效应变化率为-0.0613%。2001—2015年，山东省的规模效应变化率最高为-1.1225，最低为-1.6026，山东省的平均规模效应变化率为

-1.3437。广东省的平均规模效应变化率在东部地区中处于倒数第二位,广东省的规模经济效应变化率最高为-0.3996,最低为-1.0513,平均规模效应变化率为-0.7360。

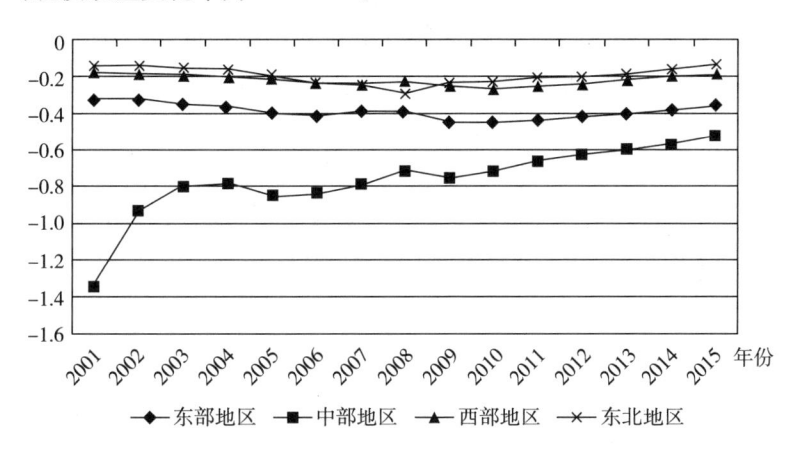

图7-3 2001—2015年四大经济区域平均规模效应变化率演进趋势

从中部地区的情况来看,2001—2015年,从总体上看,中部地区的规模效应变化率呈现大幅波动大幅上升的发展趋势。具体来说,2001—2003年,中部地区的平均规模效应变化率呈现大幅度上升的趋势;2003—2006年,平均规模效应变化率呈现缓慢下降的过程;2006—2008年,平均规模效应变化率呈现小幅的缓慢上升的过程;2008—2009年,呈现小幅下降的过程;2009—2015年,呈现大幅度上升的过程。在中部地区的6个省份中,平均规模效应变化率最高的是山西省,而平均规模效应变化率最低的是河南省。2001—2015年,山西省的规模效应变化率最高为-0.1253,最低为-0.2321,山西省的平均规模效应变化率为-0.1782。河南省的规模效应变化率最高为-1.6146,最低为-6.8908,河南省的平均规模效应变化率为-2.9417。

从西部地区的情况来看,2001—2015年,从总体上看,西部地区的规模效应变化率呈现小幅波动平稳上升的趋势。具体来说,2001—2006年,西部地区的平均规模效应变化率呈现"大幅下降—缓慢下降—大幅下降"的发展态势;2006—2008年,西部地区的平均规模效应变化率呈现缓慢上升的趋势;2008—2010年,西部地区的平均规模效应变化率呈现大幅度下降的趋势；2010—2015年，西部地区的平均规模效应变化率呈现大幅度上升的趋势。在西部地区11个省份中，平均规模效应变化率最高的是青海省，而平均规模效应变化率最低的是四川省。2001—2015年，青海省的规模效应变化率最高为-0.0309，最低为-0.0847，青海省的平均规模效应变化率为-0.052。四川省的规模效应变化率最高为-0.5243，最低为-0.8684%，四川省的平均规模效应变化率为-0.7419。从西部地区的11个省份规模效应变化率的变动趋势来看，青海省的规模经济效应变化率较为平稳，而四川、广西、云南3个省份的规模效应变化率波动幅度较大。

从东北地区的情况来看，2001—2015年，从总体上看，东北地区的规模效应变化率呈现V形变化特征，即先下降后上升的发展态势。具体来说，以2008年为分界点，2001—2008年，东北地区的规模效应变化率呈现大幅度下降的过程；2008—2015年，呈现大幅度上升的趋势。在东北地区的3个省份中，平均规模效应变化率最高的是黑龙江省，而平均规模效应变化率最低的是辽宁省。2001—2015年，辽宁省的规模效应变化率最高为-0.1299，最低为-0.4296，辽宁省的平均规模效应变化率为-0.2597。黑龙江省的规模效应变化率最高为-0.0916，最低为-0.2427，黑龙江省的平均规模效应变化率为-0.1555。从东北地区规模效应变化率的变化趋势来看（见图7-4），

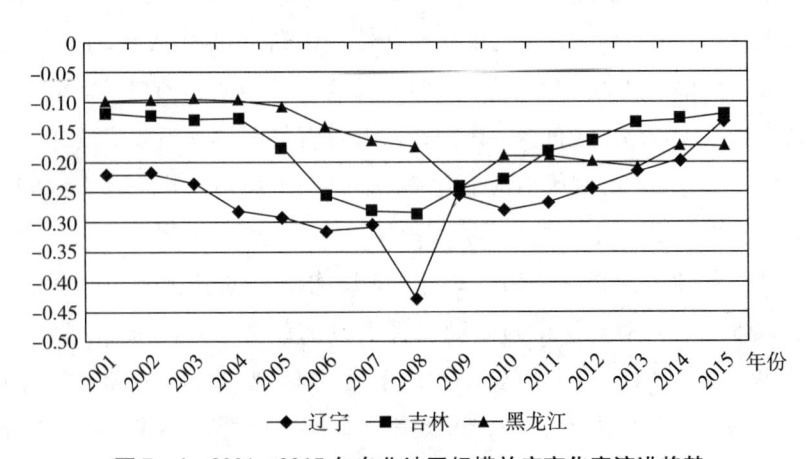

图7-4　2001—2015年东北地区规模效应变化率演进趋势

东北地区 3 个省份的规模效应变化率均呈现大幅度波动。其中，辽宁省、辽宁省的规模效应变化率在大幅波动中最终呈现上升的发展趋势，而黑龙江省的规模经济效应变化率在大幅度波动后最终呈现下降的发展趋势。

第二节 我国规模效应对全要素生产率增长的贡献率分析

一 我国规模效应对全要素生产率增长的贡献率分析

根据规模效应变化率和全要素生产率增长的表达式，可以计算出我国各省份 2001—2015 年规模效应变化率对全要素生产率增长的贡献率。限于篇幅，本书只列出 30 个省份部分年份的规模效应变化率对全要素生产率的贡献率数据，见表 7-3。

表 7-3　　我国 30 个省市部分年份的规模效应变化率对全要素生产率增长的贡献率

地区	2001 年	2005 年	2008 年	2010 年	2012 年	2015 年
北京	-1.7459	-2.7847	-1.6891	-2.5627	-3.0138	-2.0434
天津	-1.2355	-3.0856	-10.8086	28.4508	-39.5233	-3.1748
河北	-4.5362	-8.1652	-10.5430	-9.9433	-15.9995	-6.9529
山西	-2.3145	-6.3395	-4.6447	-15.9088	-8.0476	-3.0759
内蒙古	-2.2156	-20.3739	-9.5286	-12.7838	-23.7535	-2.4470
辽宁	-3.2536	5.8375	-10.4092	-7.0026	-8.2547	-1.3090
吉林	-1.5880	-4.4909	-87.9169	-15.9372	-7.9351	-5.3214
黑龙江	-1.2524	-2.8833	-4.4276	-7.7199	-8.2295	-2.5135
上海	-1.4247	-2.3773	-2.2538	-1.9818	-1.3056	-1.5383
江苏	-8.9723	-14.3098	-11.4883	-12.1241	-10.0974	-6.8286
浙江	-5.5796	-11.6476	-7.4803	-7.1734	-5.5623	-4.9511
安徽	-4.6268	-10.1637	-14.2135	-13.9492	-15.8538	-10.3279
福建	-2.1924	-4.8322	-7.8784	-7.4754	-12.8496	-12.2434
江西	-2.4150	-8.4602	-5.0292	-7.0897	-5.1879	-3.8230

续表

地区	2001 年	2005 年	2008 年	2010 年	2012 年	2015 年
山东	-18.5581	-40.8141	-29.0669	-41.6861	-34.8725	-22.8294
河南	-78.5646	-77.5669	-67.0752	-67.9165	-63.5307	-53.7073
湖北	-3.0611	-5.0560	-7.0071	-9.8465	-9.0990	-6.3921
湖南	-4.4769	-8.9719	-11.1649	-13.8885	-10.9579	-5.5889
广东	-6.7251	-78.3679	-14.7676	-27.1155	-17.1165	-16.6200
广西	-2.6862	-7.0898	-7.4751	-27.8942	-6.0088	-5.3434
海南	-0.4963	-1.0091	-1.5598	-3.0245	-12.0750	-1.6342
重庆	-1.8410	-3.4388	-5.1285	-4.0296	-4.9441	-3.2301
四川	-9.3155	-13.0345	-15.3734	-15.8779	-15.2259	-9.8154
贵州	-9.0152	-2.4436	-2.8130	-0.8615	-6.4787	-6.8156
云南	-3.0468	-7.3629	-4.2958	-45.1675	-15.8239	-8.8983
陕西	-2.0255	-6.1814	-8.7555	-9.4747	-7.4277	-3.5809
甘肃	-1.3554	-1.3293	-5.7440	-2.9264	-2.9878	-3.3969
青海	-0.5645	-0.7687	-0.7682	-2.7319	-14.9807	-19.4032
宁夏	-0.9787	-1.7205	-1.3842	-2.5639	-3.1025	-5.9370
新疆	-1.4529	-5.0927	-1.7075	-3.0321	-22.8292	-19.1715

资料来源：根据 Stata 13.0 软件计算所得。

  从横向即 2001—2015 年我国 30 个省份在不同的时间上平均规模效应变化对全要素生产率增长的贡献率来看，2001—2015 年，我国平均规模效应变化率对全要素生产率增长的贡献率最高年份出现在 2013 年，而贡献率最低的年份出现在 2014 年，我国平均规模效应变化率对全要素生产率增长的贡献总体上呈现大幅度波动变化特征。具体来说，2001—2006 年，我国的平均规模效应变化率对全要素生产率增长的贡献率呈现缓慢下降的过程；2006—2007 年，平均规模效应变化率对全要素生产率增长的贡献率大幅度上升；从 2007 年开始直至 2008 年，又呈现大幅度的下降过程。以 2008 年为节点，规模效应变化率对全要素生产率的贡献率呈现大幅度震荡，其可能的原因是 2008 年席卷全世界的国际金融危机对我国经济的影响，造成规模效应变化率大幅度下滑，从而对全要素生产率增长的贡献率大幅度下滑；从 2008 年开始，随着我国 4 万亿元投资对经济的刺激，我国平均规模效应变化率对全要素生产率增长的贡献率有所回升；而 2009—2011 年，我国平均规模效应变化率对全要素生产率增长的贡献率又出现了缓慢下滑的趋势；2011—2013 年，我国平均规模效应变化率对全要素生产率增长的贡献率呈现大幅度上升的趋势；从 2013 年开始直至 2015 年，随着我国经济步入新常态，平均规模效应变化率对全要素生产率增长的贡献率呈现大幅度下滑的趋势；2014—2015 年，随着我国经济的逐步回暖，平均规模效应变化率对全要素生产率增长的贡献率呈现大幅度回升的趋势。

从纵向比较来看（见表 7-4），即从全国 30 个省份所有年份的平均规模效应变化率各自省份的全要素生产率增长的贡献率来进行比较分析。，在全国 30 个省份中，平均规模效应变化率对各自省份全要素生产率增长贡献率最低的是河南省，贡献率位于倒数第二位的是广东省；而在全国 30 个省份中，平均规模效应变化率对各自省份全要素生产率增长贡献率最高的是青海省，其次是吉林省。

二　四大经济区域规模效应对全要素生产率增长的贡献率分析

从四大经济区域的角度来看（见表 7-4），2001—2015 年，总体来看，东部地区规模效应变化率对东部地区全要素生产率增长的贡献率为 -9.5106；中部地区规模效应变化率对中部地区全要素生产率增长的贡献率为 -18.8602；西部地区规模效应变化对西部地区全要素生产率增长的贡献率为 0.4405；东北地区规模效应变化率对东北地区全要素生产率增长的贡献率为 3.6806。从所有年份的平均规模效应变化率对全要素生产率增长的贡献率来看（见图 7-5），在四大经济区域中，西部和东北地区的规模效应变化率对各自地区全要素生产率增长的贡献率呈现逐步向好的发展趋势，而东部和中部地区的规模效应变化率对各自地区全要素生产率增长的贡献率呈现继续恶化的发展趋势。

从图 7-5 中可以看出，2001—2015 年，在四大经济区域的规模效应变化率对全要素生产率增长的贡献率中，东北地区于 2007 年处于第一高点，西部地区在 2013 年处于第二高点；东北地区于 2008 年处于最低点，中部地区于 2007 年处于第二低点。从四大经济区域规模效应变化率对全要素生产率增长的贡献率变化趋势来看，西部和东北地区的贡献率呈现大幅度震荡式波动的变化趋势；而东部和中部地区的贡献率呈现小幅度的波动变化特征，贡献率的变化较为平缓。

表7-4　　　　我国四大经济区域部分年份规模效应
变化率对全要素生产率增长的贡献率

地区	2001年	2003年	2006年	2009年	2012年	2015年	均值
东部	-5.1466	-7.8719	-11.7349	-12.1486	-15.2415	-7.8816	-9.5106
中部	-15.9098	-12.4453	-24.6079	-21.2880	-18.7795	-13.8192	-18.8602
西部	-3.1361	-3.3790	-7.0186	-4.7411	-11.2330	-8.0036	0.4405
东北	-2.0313	-2.2037	-8.0474	-10.2057	-8.1398	-3.0480	3.6806

资料来源：经笔者整理计算所得。

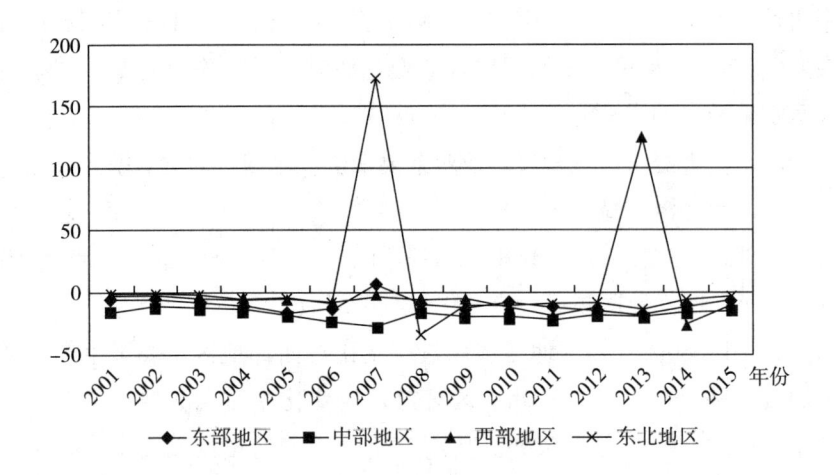

图7-5　2001—2015年四大经济区域规模效应变化率对全要素
生产率增长的贡献率演进趋势

从东部地区的情况来看，2001—2015年，从总体上看，东部地区的规模效应变化率对东部地区全要素生产率增长的贡献率呈现小幅波动缓慢上升的趋势，波动最大的年份出现在2007年，2007年东部地区规模效应的贡献率达到最大值5.7366。以2007年为分界点，2001—2005年，东部地区规模效应变化率对东部地区全要素生产率增长的贡献率呈现小幅度下降的趋势；2005—2007 年，贡献率呈现大幅度上升的趋势；2007—2009 年，贡献率呈现大幅度下降的趋势；2009—2010 年，呈现小幅度上升的趋势；2010—2013 年，呈现缓慢下降的趋势；2013—2015 年，呈现缓慢上升的趋势。在东部地区的 10 个省份中，平均规模效应贡献率最高的是上海市，而平均规模效应变化率最低的是山东省。从上海市规模效应变化率对上海市全要素生产率增长的贡献率变化趋势来看，2006 年上海市规模效应变化率的贡献率下滑到所有年份的最低点，而 2007 年上海市规模效应变化率的贡献率反弹到所有年份的最高点，2001—2015 年，上海市的平均规模效应变化率的贡献率为 - 1.5238。从山东省的规模效应贡献率的变化趋势来看，2001 年山东省的规模效应变化率的贡献率达到所有年份的最高点，而 2006 年贡献率回落到所有年份的最低点，2001—2015 年，山东省的平均规模效应变化率的贡献率为 - 32.415。

从中部地区的情况来看，2001—2015 年，从总体上看，中部地区的规模效应变化率对中部地区全要素生产率增长的贡献率呈现平缓的上升发展态势。其中，2007 年的变化幅度在所有年份中是最大的，以 2007 年为分界点，2001—2003 年，中部地区的规模效应变化率的贡献率呈现缓慢上升的趋势；2003—2007 年，贡献率呈现大幅度下降的趋势；2007—2008 年，贡献率呈现大幅度上升的趋势；2008—2011 年，呈现小幅波动下降的趋势，2011—2015 年，贡献率呈现缓慢上升的趋势。在中部地区的 6 个省份中，平均规模效应贡献率最高的是江西省，而平均规模效应贡献率最低的是河南省。从江西省规模效应变化对江西省全要素生产率贡献的变化趋势来看，2001 年江西省的规模效应变化率的贡献率达到所有年份的最高点，而 2005 年江西省的规模经济效应变化率的贡献率下滑到所有年份的最低点，2001—2015 年，江西省的平均规模效应变化率的贡献率为 - 5.8980。从河南省规模效应变化对河南省全要素生产率增长的贡献率变化趋势来看，2003 年河南省规模效应变化率的贡献率达到所有年份的最高点，而 2007 年河南省规模效应变化率的贡献率下滑到所有年份的最低点，河南省平均规模效应变化率的贡献率为 - 71.8634。

从西部地区的情况来看，2001—2015年，从总体上看，西部地区规模效应变化率对西部地区全要素生产率增长的贡献率呈现大幅波动上升的发展趋势，变化幅度最大的年份出现在2013年。2001—2009年，西部地区规模效应变化率的贡献率呈现小幅波动的、平缓的变化趋势；2009—2011年，西部地区规模效应变化率的贡献率呈现大幅度下降的变化趋势；2001—2013年，西部地区规模效应变化率的贡献率呈现震荡式的大幅度上升的变化趋势，其中，2012—2013年的变化趋势尤为剧烈，直到2013年贡献率达到最大值；2013—2014年，贡献率经历了大幅度的、震荡式的大幅度下降的变化趋势；2014—2015年，贡献率经历了大幅度上升的变化趋势。在西部地区的11个省份中，平均规模效应变化率的贡献率最高的是青海省，而平均规模效应变化率的贡献率最低的是云南省。从青海省规模效应变化率对青海省全要素生产率增长的贡献率的变化趋势来看，2013年青海省规模效应变化率的贡献率达到所有年份的最高点，而到了2014年，规模效应变化率的贡献率迅速下滑到所有年份的最低点，2001—2015年，青海省平均规模经济效应变化率的贡献率为77.6385。从云南省规模效应变化率对云南省全要素生产率增长的贡献率的变化趋势来看，2002年云南省规模效应变化率的贡献率达到所有年份的最高点，而到了2011年，云南省的规模效应贡献率下滑到所有年份的最低点；2001—2015年，云南省平均规模经济效应变化率的贡献率为-16.6709。从西部地区的11个省份规模效应变化率的贡献率变化趋势来看，青海省规模经济效应变化率的贡献率的波动幅度最大，云南省规模经济效应变化率的贡献率波动幅度变化次之，其他9个省份规模经济效应变化率的贡献率的变化趋势较为平稳。

从东北地区的情况来看，2001—2015年，从总体上看，东北地区规模效应变化率对东北地区全要素生产率增长的贡献率呈现大幅度波动上升的发展趋势，变化幅度最大的变化区间主要出现在2006—2008年间。具体来说，2001—2006年，东北地区规模效应变化率的贡献率呈现小幅度波动的平稳下降的变化趋势；而2006—2007年，东北地区规模效应变化率的贡献率呈现震荡式的大幅度上升的变化趋势，直到2007年贡献率达到最大值；2007—2008年，贡献率呈现震荡式的大幅度下降的变化趋势，直到 2008 年贡献率达到最低值；2008—2009 年，贡献率呈现大幅度上升的变化趋势；2009—2012 年，贡献率呈现缓慢上升的变化趋势；2012—2013 年，贡献率呈现大幅下降的变化趋势；2013—2015 年，贡献率呈现大幅度上升的变化趋势。在东北地区的 3 个省份中，平均规模效应变化率的贡献率最高的是吉林省，平均规模效应变化率的贡献率最低的是辽宁省。从吉林省规模效应变化率对吉林省全要素生产率增长的贡献率变化趋势来看，2007 年吉林省规模效应变化率的贡献率达到所有年份的最高点，而到了 2008 年，吉林省规模效应变化率的贡献率回落到所有年份的最低点；2001—2015 年，吉林省平均规模效应变化率的贡献率为 22.7131。从辽宁省规模效应变化率对辽宁省全要素生产率的贡献率变化趋势来看，2007 年辽宁省规模效应变化率的贡献率下滑到所有年份的最低点，而到了 2015 年，辽宁省规模效应变化率的贡献率反弹到所有年份的最高点；2001—2015 年，辽宁省平均规模经济效应变化率的贡献率为 -7.1721。从东北地区 3 个省份贡献率的变化趋势来看（见图 7-6），吉林省规模效应变化率的贡献率波动幅度最大，辽宁省、黑龙江省规模效应变化率的贡献率均呈现平稳的变化趋势。

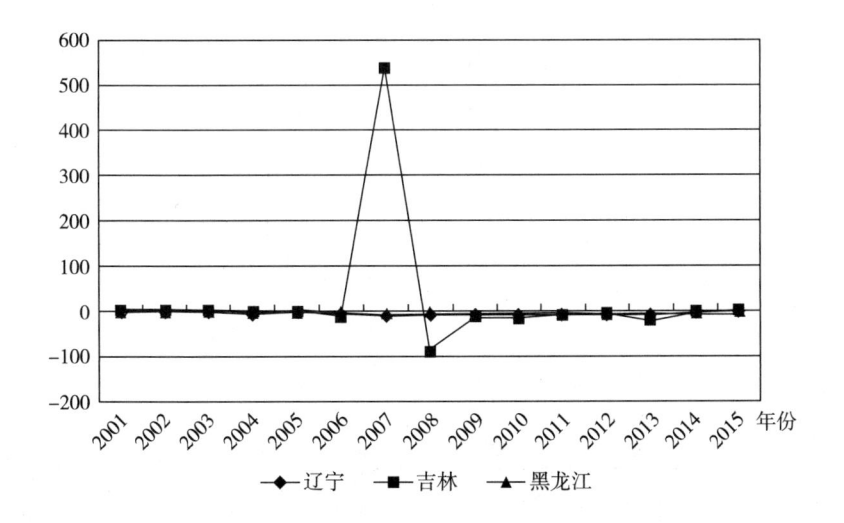

图 7-6　2001—2015 年东北地区规模效应变化率的贡献率演变趋势

三　我国规模效应变化率演进趋势的原因分析

从上面的分析中可知,我国及四大经济区域的规模效应变化率为负值,根据 Kumbhakar 和 Lovell (2000) 关于全要素生产率增长的分解方法,规模经济效应变化率对全要素生产率增长的影响是负向的。为什么会产生这样的结果呢?从规模经济效应变化率的计算公式中可知,如果投入要素资本的弹性 ε_k 和劳动力的弹性 ε_l 大于 1,即 $\varepsilon_k + \varepsilon_l > 1$,则生产处于规模报酬递增阶段;如果 $\varepsilon_k + \varepsilon_l < 1$,则生产处于规模报酬递减阶段;如果 $\varepsilon_k + \varepsilon_l = 1$,则生产处于规模报酬不变阶段。当生产处于规模报酬递增阶段时,随着生产产量的增加,生产中所使用的每单位产量的要素数量就越来越少,在生产要素相对价格及技术水平保持不变的情况下,规模报酬递增会产生规模经济的现象。此时,整个生产过程会出现成本上升的幅度小于产量上升的幅度,平均成本下降。[①] 为了探寻我国规模效应变化对全要素生产率负向影响的深层次原因,根据规模效应变化的计算公式,计算出我国资本要素投入和劳动力要素投入的弹性系数。计算结果见表 7–5。

表 7–5　我国 30 个省份所有年份各投入要素的平均产出弹性

省份	ε_k	ε_l	规模报酬情况 递增	递减	不变
北京	0.3768	-0.0776	否	是	否
天津	0.3567	-0.0162	否	是	否
河北	0.2929	-0.2047	否	是	否
山西	0.2460	-0.0590	否	是	否
内蒙古	0.2843	-0.0436	否	是	否
辽宁	0.3122	-0.1498	否	是	否
吉林	0.2848	-0.0572	否	是	否
黑龙江	0.2714	-0.0938	否	是	否
上海	0.4009	-0.1049	否	是	否
江苏	0.3390	-0.2661	否	是	否
浙江	0.3307	-0.2152	否	是	否

[①] 许庆、尹荣梁、章辉:《规模经济、规模报酬与农业适度规模经营——基于我国粮食生产的实证分析》,《经济研究》2011 年第 3 期,第 61 页。

续表

省份	ε_k	ε_l	规模报酬情况 递增	规模报酬情况 递减	规模报酬情况 不变
安徽	0.1968	-0.1399	否	是	否
福建	0.2954	-0.1293	否	是	否
江西	0.2021	-0.0783	否	是	否
山东	0.3186	-0.2872	否	是	否
河南	0.2508	-0.2350	否	是	否
湖北	0.2610	-0.1756	否	是	否
湖南	0.2239	-0.1590	否	是	否
广东	0.3265	-0.2725	否	是	否
广西	0.2087	-0.1029	否	是	否
海南	0.1962	0.1556	否	是	否
重庆	0.2456	-0.0550	否	是	否
四川	0.2307	-0.1914	否	是	否
贵州	0.1750	-0.0399	否	是	否
云南	0.1978	-0.0887	否	是	否
陕西	0.2497	-0.0896	否	是	否
甘肃	0.1511	0.0199	否	是	否
青海	0.2238	0.1792	否	是	否
宁夏	0.2261	0.1712	否	是	否
新疆	0.2849	-0.0039	否	是	否

资料来源：经笔者整理计算所得。

从表7-5中可以看出，由我国30个省份要素投入的总体规模报酬来看，劳动力的平均弹性与资本要素的平均弹性之和小于1，即 $\varepsilon_k + \varepsilon_l < 1$，表明宏观经济的生产处于规模报酬递减阶段。从30个省份劳动要素的平均产出弹性来看，除海南省、甘肃省、青海省和宁夏回族自治区外，我国30个省份中有26个省份的劳动力的产出弹性均小于0，说明劳动的边际产出小于0，这26个省份通过简单增加劳动投入不会促进产出的增加；相反，如果一味地追求劳动投入而忽视劳动投入的质量，反而会阻碍劳动产出的增长。从30个省份资本要素的平均产出弹

性来看，30个省份的资本产出弹性系数都大于0，说明资本要素的投入在我国目前30个省份经济增长中发挥着一定的作用。

从横向来看（见表7-6），2000—2015年，我国30个省份的劳动力弹性与资本要素的弹性之和小于1，表明我国的经济生产总体上处于规模报酬递减阶段。从劳动力要素的平均产出弹性来看，2000—2015年，我国劳动力要素的平均弹性系数都小于0，且随着时间的推移，劳动力要素的平均产出弹性呈现下降的发展态势，这也说明我国劳动力投入对我国的经济增长产生了一定的负向影响，提高劳动投入的质量是目前的当务之急；从资本要素投入的平均产出弹性来看，2000—2015年，我国资本要素投入的平均产出弹性系数都大于0，且随着时间的推移，资本要素投入的平均产出弹性呈现上升的发展趋势，表明我国的资本要素投入的边际产出并未出现资本边际产出下降的趋势，这是由于我国的资本边际产出具有资本偏向性技术进步特征，能够抵消资本边际产出的下降。[①] 已有的研究也证明，我国的技术进步具有明显的资本偏向特征，资本偏向型技术进步的特征是可以提高资本的边际产出，从而资本的回报率增加，而资本回报率的增加使总产出增加。[②] 因而，增加资本要素的投入能够促进经济增长。

表7-6　　　　2000—2015年我国30个省份生产各
投入要素的平均产出弹性

年份	ε_k	ε_l	规模报酬情况		
			递增	递减	不变
2000	0.2175	-0.0432	否	是	否
2001	0.2226	-0.0479	否	是	否
2002	0.2273	-0.0530	否	是	否
2003	0.2338	-0.0594	否	是	否
2004	0.2396	-0.0667	否	是	否

---

① 杨君、黄先海、肖明月：《金融发展、投资扩张模式与中国的资本回报率》，《经济理论与经济管理》2018年第2期，第81页。

② 郑东雅、皮建才：《中国的资本偏向型经济增长：1998—2007》，《世界经济》2017年第5期，第38页。

续表

年份	ε_k	ε_l	规模报酬情况		
			递增	递减	不变
2005	0.2472	-0.0744	否	是	否
2006	0.2551	-0.0823	否	是	否
2007	0.2619	-0.0905	否	是	否
2008	0.2692	-0.0978	否	是	否
2009	0.2774	-0.1064	否	是	否
2010	0.2864	-0.1142	否	是	否
2011	0.2927	-0.1217	否	是	否
2012	0.2988	-0.1282	否	是	否
2013	0.3030	-0.1340	否	是	否
2014	0.3056	-0.1385	否	是	否
2015	0.3075	-0.1405	否	是	否

资料来源：经笔者整理计算所得。

四 四大经济区域规模效应变化率演进趋势的原因分析

（一）东部地区

从东部地区10个省份投入要素的总体规模报酬来看，10个省份的资本产出弹性与劳动力产出弹性系数之和小于1，表明东部地区10个省份的生产都处于规模报酬递减阶段。从东部地区10个省份的平均规模报酬来看（见图7-7），10个省份中，平均规模报酬最大的省份是海南省，平均规模报酬最小的省份是山东省。

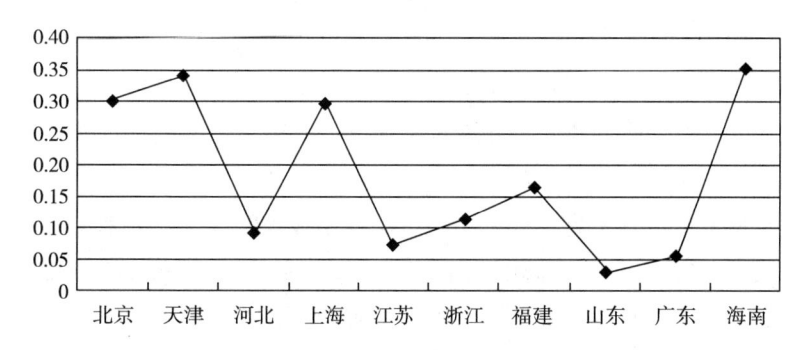

图7-7 东部地区10个省份的平均规模报酬变化率演进趋势

从东部地区 10 个省份要素投入平均规模报酬的演进趋势来看（见图 7-8），2000—2015 年，东部地区的规模报酬递减趋势明显，东部地区的规模报酬从 2000 年开始处于缓慢的下降趋势，主要原因在于劳动力的平均产出弹性处于大幅下降的趋势，尽管资本的平均产出弹性处于上升的变化趋势，但劳动力的平均产出弹性下降的趋势大于资本的平均产出弹性上升的趋势，导致东部地区的平均规模报酬处于下降的趋势，且总体上处于生产的规模报酬递减阶段。

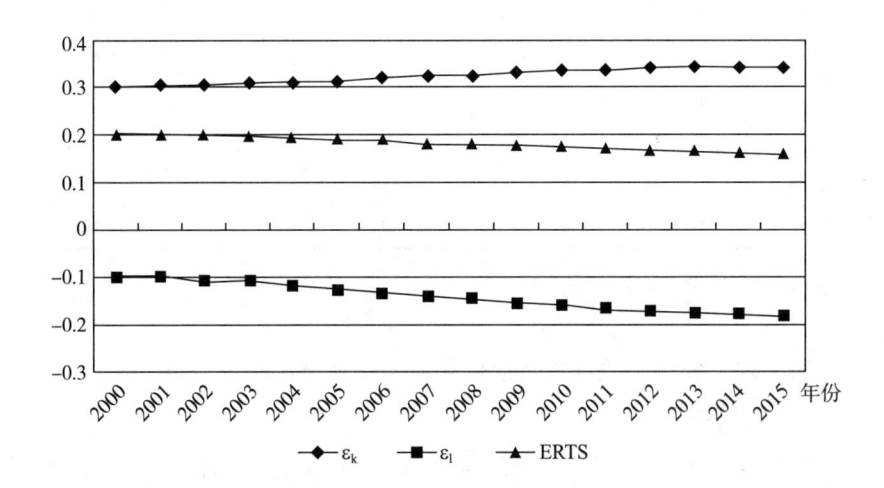

图 7-8　2000—2015 年东部地区的规模报酬变化率演进趋势
（ε_k 表示资本弹性，ε_l 表示劳动力弹性）

（二）中部地区

从中部地区 6 个省份要素投入平均规模报酬的演进趋势来看（见图 7-9），中部地区的资本弹性与劳动弹性之和小于 1，从总体上看，中部地区 6 个省份都处于规模报酬递减阶段。其中，山西的平均规模报酬最大，而河南省的平均规模报酬最小。

从中部地区 6 个省份要素投入平均规模报酬的演进趋势来看（见图 7-10），2000—2015 年，中部地区的规模报酬呈现平缓的上升趋势，从总体上看，变化幅度非常小。导致中部地区平均规模报酬出现平缓的上升趋势的主要原因在于，资本的产出弹性抵消了劳动的产出弹性下降趋势，由于资本的产出弹性与劳动力的产出弹性变动幅度基本一致，导致总体上中部地区规模报酬的变化处于平缓的态势。

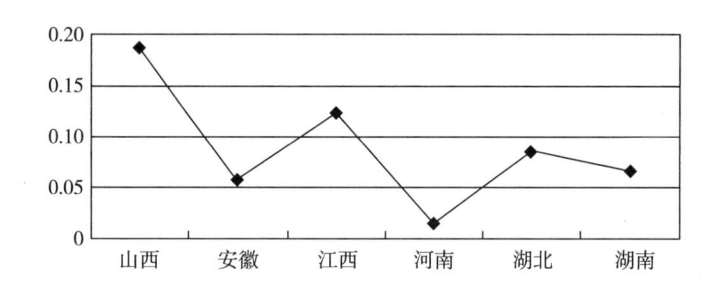

图7-9 中部地区6个省份的平均规模报酬变化率演进趋势

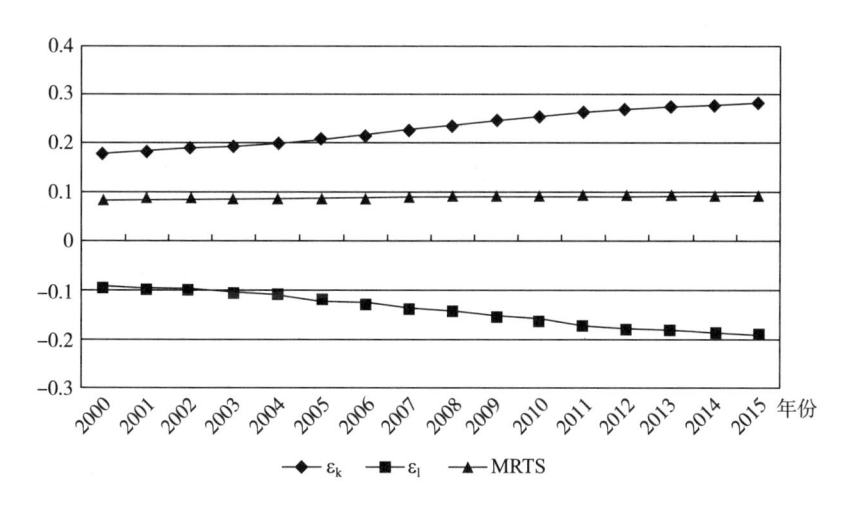

图7-10 2000—2015年中部地区的规模报酬变化率演进趋势

（三）西部地区

从西部地区11个省份要素投入平均规模报酬的演进趋势来看（见图7-11），西部地区的资本弹性与劳动弹性之和小于1，从总体上看，西部地区11个省份都处于规模报酬递减阶段。其中，青海省的平均规模报酬最大，而四川省的平均规模报酬最小。

从西部地区11个省份要素投入平均规模报酬的演进趋势来看（见图7-12），2000—2015年，西部地区的规模报酬呈现平缓的波动状态，最终呈现缓慢的上升趋势，之所以会出现这种发展态势，其主要原因在于西部地区资本产出弹性变动与西部地区劳动产出弹性变动幅度相当，尽管劳动力产出弹性呈现下降的发展趋势，但是，由于资本的产出弹性变动幅度与之相当，相互抵消，从而导致两者之和（规模报酬）呈现平缓的变动趋势。

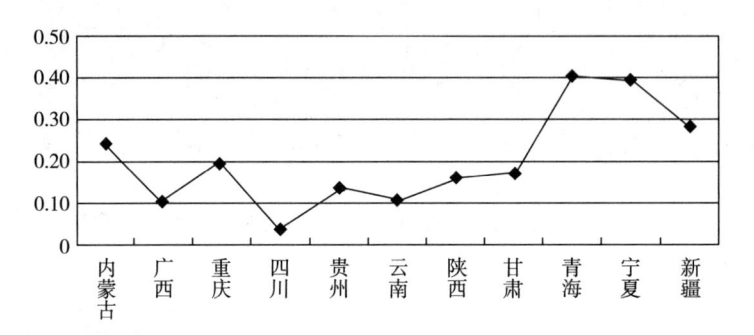

图7-11　西部地区11个省份的平均规模报酬变化率演进趋势
（WRTS表示西部地区平均规模报酬）

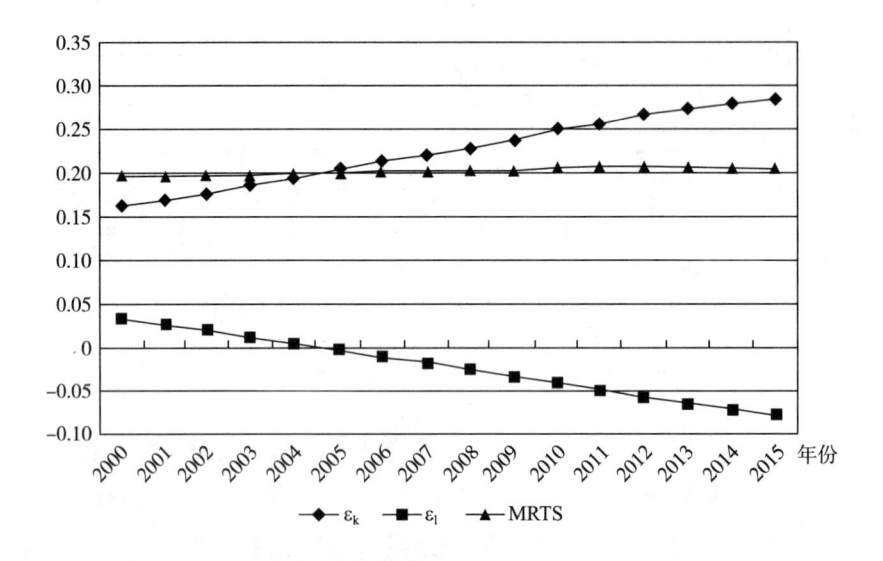

图7-12　2000—2015年西部地区的规模报酬变化率演进趋势

（四）东北地区

从东北地区3个省份要素投入平均规模报酬的演进趋势来看（见图

7-13），东北地区的资本弹性与劳动弹性之和小于1，从总体上看，东北地区3个省份都处于规模报酬递减阶段。其中，吉林省的平均规模报酬最大，而辽宁省的平均规模报酬最小。

从东北地区3个省份要素投入平均规模报酬的演进趋势来看（见图7-14），2000—2015年，东北地区的规模报酬呈现平缓的波动状态，最终呈现缓慢的上升趋势。之所以会出现这种发展态势，其主要原因在于东北地区资本产出弹性变动与劳动产出弹性变动幅度相当，尽管劳动力产出弹性呈现下降的发展趋势，但由于资本的产出弹性变动幅度与之相当，相互抵消，从而导致两者之和（规模报酬）呈现平缓的变动趋势。

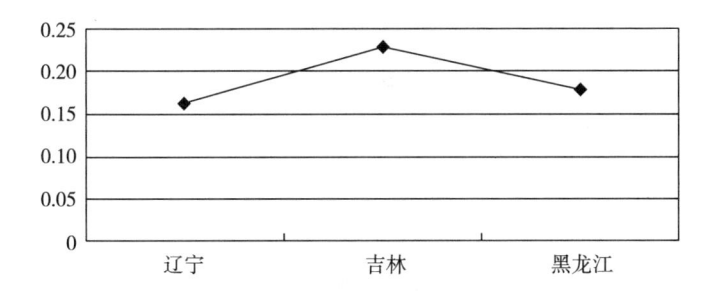

图7-13 东北地区3个省份的平均规模报酬变化率演进趋势

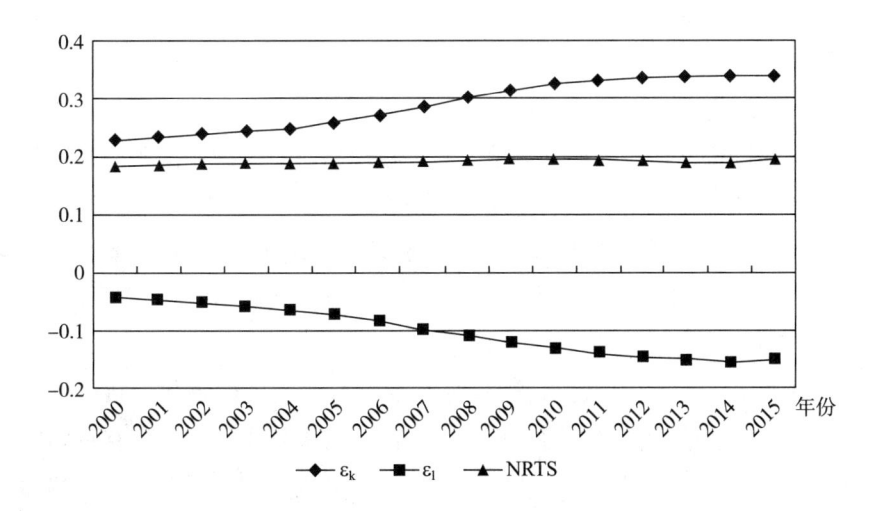

图7-14 2000—2015年东北地区的规模报酬变化率演进趋势

第三节　金融发展与规模效应变化率之间关系的实证分析

一　金融发展与规模效应变化率之间关系的实证分析：总体分析

从我国及四大经济区域规模效应变化率的演进过程以及规模效应变化率对全要素生产率增长的贡献率来看，规模效应变化率总体上阻碍着全要素生产率增长。规模效应变化率阻碍全要素生产率增长的深层次原因在于，宏观经济生产处于规模报酬递减阶段，现阶段中国经济规模报酬递增的驱动机制没有形成。长期以来，中国经济呈现出粗放型增长的特征。金融作为现代经济发展的核心要素，金融发展水平的提升能否成为中国经济增长报酬递增的内生驱动机制，这需要验证。为此，构建金融发展与规模效应变化率的计量模型，来检验两者之间的关系。计量模型设定如下：

$$\dot{SE}_{it} = \alpha_0 + \alpha_1 FD_{it} + \alpha_2 X_{it} + \eta_i + \varepsilon_{it}$$

在上面的计量模型中，$\dot{SE}_{it}$表示规模效应变化率，FD_{it}表示金融发展水平；X_{it}表示一组控制变量，与前面的研究保持一致，主要选择的控制变量有政府支出（Gov_{it}）、基础设施水平（$Infra_{it}$）、人力资本（$Humc_{it}$）、对外开放程度（$Open_{it}$）；η_i表示不可观测的地区个体效应的影响；ε_{it}为随机干扰项，且服从正态分布。

根据设定的计量模型，运用静态面板模型对设定的计量模型进行估计，利用静态面板模型进行估计时，在选择究竟使用固定效应模型还是使用随机效应模型进行估计时，主要通过豪斯曼检验来进行判断。根据表7-7估计的结果，豪斯曼检验的 P 值为 0.8860，不能拒绝原假设，故选择随机效应模型对两者之间的关系进行估计。

从表7-7中可以看出，核心解释变量金融发展的系数为负，但没有通过显著性检验。这表明尽管金融发展对规模效应的增长具有负向影响，但影响效果不明显。这同时也表明，金融发展水平还远未成为我国经济增长报酬递增的内生驱动机制，金融市场化的改革还需进一步推进，通过金融市场化改革，驱动我国经济增长的报酬递增机制尽快形成是目前当务之急。

表 7-7　金融发展与规模效应变化率之间关系的静态面板估计结果

变量	系数	Z 值	P＞|Z|	95%的置信区间
FD_{it}	-0.0100	-0.07	0.945	[-0.2952, 0.2752]
$Open_{it}$	0.05145	0.49	0.626	[-0.1554, 0.2584]
Gov_{it}	1.3255***	2.92	0.003	[0.4363, 2.2146]
$lnHumc_{it}$	-0.1766***	-2.93	0.003	[-0.2949, -0.0583]
$lnfra_{it}$	-0.0878	-1.59	0.111	[-0.1959, 0.0203]
$lnAGDP_{it}$	0.1372**	2.29	0.022	[0.0198, 0.2546]
常数项	1.3041**	2.56	0.011	[0.3051, 2.3030]
R^2	\multicolumn{4}{c}{0.2051}
F 统计量	\multicolumn{4}{c}{—}
豪斯曼检验值	\multicolumn{4}{c}{2.34}
P 值	\multicolumn{4}{c}{0.8860}
估计方法	\multicolumn{4}{c}{随机效应}
样本数	\multicolumn{4}{c}{420}

注：由 Stata 13.0 软件计算得出。

从控制变量的情况来看，对外开放程度的系数为正，但没有通过显著性检验，表明对外开放程度不利于规模效应的增长；政府支出变量的系数为正，且在1%的显著性水平下显著，表明政府支出的增加显著地促进了规模效应的增长；基础设施水平的系数为负，但没有通过显著性水平检验，表明基础设施水平对我国规模效应的增长影响效果不明显；人均 GDP 的系数为正，且在5%的显著性水平下显著，表明经济发展水平的提升，尤其是人均生活水平的提升有利于我国规模效应的增长。人力资本的系数为负，且在1%的显著性水平下显著，表明人力资本的提升阻碍了规模效应的增长。从前面的分析中，我国及四大经济区域的生产处于规模报酬递减阶段，主要原因在于劳动力要素的投入质量不高，随着我国劳动力成本的提升，人口红利消失，劳动力质量不高成为我国规模报酬递减的主要因素，提升劳动力质量成为当前必须转型的关键。

二 金融发展与规模效应变化率之间关系的实证分析：四大经济区域视角

由于我国区域金融发展水平存在着巨大的差异，那么，不同经济区域金融发展水平能否成为各自地区经济增长报酬递增机制的动力源呢？为了探寻四大经济区域金融发展与规模效应变化之间的关系，根据构建的计量模型，从四大经济区域的视角，分析金融发展与各自地区规模效应变化之间的关系。利用静态面板模型，对各自地区的两者之间的关系进行估计，估计结果见表7-8。

表7-8　　　四大经济区域金融发展与规模效应变化率
之间关系的静态面板估计结果

变量	四大经济区域变量的系数			
	东部地区	中部地区	西部地区	东北地区
FD_{it}	0.2163**	-6.1732***	-0.3355***	-0.1652**
$Open_{it}$	-0.0009	12.3511***	0.5571***	-0.2645
Gov_{it}	-0.3884	39.0962***	-0.0526	-1.4121**
$lnHumc_{it}$	-0.3194***	-2.3282***	-0.1176***	0.2036
$lnfra_{it}$	-0.0506	1.5892	-0.0964***	-0.0009
$lnAGDP_{it}$	0.1824***	5.1***	-0.0633	-0.3058*
常数项	2.3675***	-40.2809***	3.1152***	0.5599
R^2	0.6200	0.1105	0.2832	0.0729
F统计量	—	3.03	0.83	4.04
豪斯曼检验值	3.62	31.16	10.86	25.06
P值	0.7281	0.0000	0.0929	0.0003
估计方法	随机效应	固定效应	固定效应	固定效应
样本数	150	90	165	45

注：由 Stata 13.0 软件计算得出。

从表7-8中可以看出，四大经济区域的核心变量金融发展与规模效应变化率之间存在着差异。东部地区金融发展的系数为正，且在5%

的显著性水平下显著，表明东部地区金融发展有利于东部地区规模效应的增长；中部、西部和东北地区金融发展的系数都为负，且分别在1%、1%和5%的显著性水平下显著，表明中部、西部和东北地区金融发展显著地阻碍了规模效应的增长。为什么会出现这种情况呢？从四大经济区域金融发展水平来看，东部地区金融发展水平显著地高于其他三大经济区域，因而东部地区金融发展水平能够成为东部地区经济增长报酬递增机制的动力源，在东部地区规模报酬递减的情况下，通过金融发展水平的提升，为东部地区规模效应的增长提供动力源。

从控制变量来看，东部和东北地区的对外开放程度的系数都为负，但都没有通过显著性水平检验，表明东部和东北地区的对外开放程度对规模效应的增长具有负向影响，但影响效果不明显；中部和西部地区的对外开放程度的系数都为正，且在1%的水平下显著，表明中部和西部地区的对外开放水平显著地促进了各自地区规模效应的增长。

从政府支出来看，东部和西部地区政府支出的系数都为负，但没有通过显著性水平检验，表明东部和西部地区政府支出对各自区域规模效应的增长具有负向影响，但影响效果不明显；中部地区政府支出的系数为正，且在1%的显著性水平下显著，表明中部地区政府支出的增加有利于中部地区规模效应的增长；东北地区的政府支出的系数为负，且在5%的显著性水平下显著，表明东北地区政府支出的增加显著地阻碍了东北地区规模效应的增长。

从人力资本来看，东部、中部和西部地区人力资本的系数都为负，且三大经济区域的系数都在1%的显著性水平下显著，表明东部、中部和西部地区的人力资本都显著地阻碍了各自经济区域规模效应的增长，三大经济区域提高劳动力投入的质量是当务之急；东北地区的人力资本系数为正，但没有通过显著性水平检验，表明东北地区的人力资本尽管对东北地区规模效应增长具有一定的影响，但影响效果不明显。

从基础设施水平来看，东部和东北地区的基础设施水平的系数都为负，但都没有通过显著性水平检验，表明东部和东北地区的基础设施水平对各自地区规模效应增长具有负向影响，但影响效果不明显；中部地区的基础设施水平的系数为正，但没有通过显著性水平检验，表明中部地区的基础设施水平对中部地区的规模效应增长具有一定的影响，但影响效果不明显；西部地区的基础设施水平的系数为负，且在1%的显著性水平下显著，表明西部地区基础设施水平显著地阻碍了西部地区规模效应的增长。

从人均GDP来看，东部和中部地区的人均GDP的系数都为正，且都在1%的显著性水平下显著，表明东部和中部地区经济发展的提升促进了东部、中部地区规模效应的增长；西部地区的人均GDP的系数为负，但没有通过显著性水平检验，表明西部地区经济发展水平对西部地区规模效应的增长具有负向影响，但影响效果不明显；东北地区人均GDP的系数为负，且在10%的显著性水平下显著，表明东北地区经济发展水平阻碍了东北地区规模效应的增长，东北地区由于产业结构单一，经济发展水平增速低于全国的平均经济增速，经济下滑极大地阻碍了东北地区规模效应的增长，东北地区当前应尽快进行产业结构调整，通过产业结构调整发挥规模经济效应，振兴东北经济。

第四节　本章小结

运用Kumbhakar和Lovell（2000）关于全要素生产率增长的分解方法，并根据超越对数随机前沿生产函数模型，对我国及四大经济区域的规模效应变化率进行了测算。利用计算的规模效应变化率数据，对我国及四大经济区域规模效应变化率的演进过程进行了分析，并着重分析了规模效应变化率对全要素生产率增长的贡献率。在此基础上，采用我国2000—2015年的省际面板数据，运用静态面板模型，对金融发展与我国规模效应变化率之间的关系进行了实证研究。主要研究结论如下：

第一，从总体上看，我国30个省份所有年份的平均规模效应变化率为负值，且所有地区在所有年份的平均规模效应变化率为 - 0.38499；2001—2015年，我国的平均规模效应变化率总体上呈现上升的发展趋势。从四大经济区域来看，东部、中部、西部和东北地区的平均规模效应变化率总体上都呈现上升的发展趋势；从所有年份的平均规模效应变化率来看，平均规模效应变化率最大的是东北地区，变化率最小的是中部地区。

第二，从总体上看，我国 30 个省份在不同的时间上平均规模效应变化率对全要素生产率增长的贡献率呈现大幅度波动变化的特征；在全国 30 个省份中，平均规模效应变化率对各自省份全要素生产率增长的贡献率最低的是河南省，而平均规模效应变化率对各自省份全要素生产率增长的贡献率最高的是青海省。从四大经济区域的角度来看，2001—2015 年，西部和东北地区的规模效应变化对各自地区全要素生产率增长的贡献率呈现逐步向好的发展态势，而东部和中部地区的规模效应变化地对各自地区全要素生产率增长的贡献率呈现继续恶化的发展趋势。

第三，我国规模效应变化率为负值的主要原因在于我国经济处于生产的规模报酬递减阶段。2000—2015 年，我国的平均规模报酬处于规模报酬递减阶段，而导致我国经济处于规模报酬递减的原因在于，劳动力要素的平均产出弹性呈现下降的趋势，劳动力投入不高影响了规模报酬的提高，提高劳动投入的质量是当务之急。尽管资本要素投入的平均产出弹性呈现上升的趋势，但劳动力的下降趋势部分地抵消了资本要素投入上升的贡献，导致总体上规模报酬递减。

第四，从总体上看，核心解释变量金融发展还远未成为我国经济增长报酬递增的内生驱动机制，金融市场化的改革还需进一步推进，通过金融市场化改革，驱动我国经济增长的报酬递增机制尽快形成是当务之急。从四大经济区域来看，东部地区的金融发展有利于东部地区规模效应的增长；而中部、西部和东北地区的金融发展则显著地阻碍了规模效应的增长。

第八章 金融发展与资源配置效应变化率之间的关系

第一节 我国及四大经济区域资源配置效应变化率演进过程

一 我国资源配置效应变化率测算

根据 Kumbhakar 和 Lovell（2000）关于全要素生产率增长率的分解方法，全要素生产率增长率可以分解为技术进步率、技术效率变化率、规模效应变化率和资源配置效应变化率四部分。为了测算出资源配置效应变化率，需要设定函数模型，根据相关函数形式设定检验，超越对数随机前沿生产函数模型符合我国实际。在测算资源配置效应变化率过程中，设定的超越对数随机前沿生产函数模型和全要素生产率增长率分解后的资源配置变化率表达式如下：

$$\ln Y_{it} = \beta_0 + \beta_l \ln L_{it} + \beta_k \ln K_{it} + \beta_t t + 0.5\beta_{ll}(\ln L_{it})^2 + 0.5\beta_{kk}(\ln K_{it})^2 + 0.5\beta_{tt}t^2 + \beta_{lk}(\ln L_{it})(\ln K_{it}) + \beta_{lt}(\ln L_{it})t + \beta_{kt}(\ln K_{it})t + (v_{it} - u_{it})$$

$$\dot{AE} = \sum_j (\lambda_j - s_j)\dot{x}_j = (\lambda_k - s_k)\dot{k} + (\lambda_l - s_l)\dot{l}$$

式中，$\lambda_l = \dfrac{\varepsilon_l}{\varepsilon_l + \varepsilon_k}$，$\lambda_k = \dfrac{\varepsilon_k}{\varepsilon_l + \varepsilon_k}$，$s_l = \dfrac{wL_{it}}{wL_{it} + rK_{it}}$，$s_k = \dfrac{rK_{it}}{wL_{it} + rK_{it}}$，$w$ 和 r 分别表示资本要素和劳动力要素价格。根据超越对数随机前沿生产函数模型以及资源配置效应变化率的表达式，可以计算出我国 30 个省份 2001—2015 年的资源配置效应变化率。限于篇幅，本书只列出部分年份的资源配置效应变化率的数据，见表 8-1。

表 8-1　　　　　我国 30 个省份部分年份的资源配置
效应变化率分布情况

地区	2001 年	2005 年	2008 年	2010 年	2012 年	2015 年
北京	0.0621	0.0931	0.0294	0.0708	0.0720	0.0623
天津	0.0558	0.0562	0.0786	0.1010	0.1003	0.0639
河北	0.2839	0.3528	0.4390	0.4015	0.3748	0.3288
山西	0.1007	0.1423	0.1433	0.1668	0.1328	0.1061
内蒙古	0.1049	0.2274	0.1804	0.1736	0.1456	0.1279
辽宁	0.2004	0.2634	0.4016	0.2565	0.2147	0.1733
吉林	0.1043	0.1361	0.2196	0.1790	0.1261	0.0877
黑龙江	0.0896	0.0622	0.1399	0.1415	0.1546	0.1791
上海	0.0618	0.0664	0.0618	0.0584	0.0525	0.0898
江苏	0.6273	0.7346	0.6010	0.6359	0.5517	0.3957
浙江	0.2475	0.2972	0.2534	0.3035	0.2705	0.2513
安徽	0.3042	0.3861	0.4403	0.5204	0.4969	0.4480
福建	0.1277	0.1488	0.2114	0.1923	0.1851	0.1632
江西	0.1527	0.1889	0.1653	0.1979	0.1860	0.1634
山东	1.2068	1.4311	1.2603	1.4988	1.3253	1.1133
河南	6.8828	3.5058	2.4676	2.1823	1.8868	1.5840
湖北	0.1980	0.2528	0.3434	0.4147	0.4176	0.3776
湖南	0.3074	0.4046	0.5485	0.5943	0.5271	0.4006
广东	0.3895	0.4571	0.6681	0.9521	1.0484	0.9167
广西	0.1726	0.2320	0.3069	0.5040	0.4643	0.1878
海南	0.0094	0.0079	0.0192	0.0287	0.0335	0.0279
重庆	0.1297	0.1439	0.1422	0.1233	0.1088	0.1214
四川	0.6735	0.7431	0.8340	0.7906	0.7103	0.5126
贵州	-0.0084	0.0701	0.1045	0.3314	0.1373	0.1676
云南	0.1273	0.1754	0.1271	0.2892	0.3316	0.3137
陕西	0.1350	0.1453	0.2183	0.2374	0.2148	0.1403
甘肃	0.0386	0.0932	0.0939	0.0909	0.0998	0.0893

续表

地区	2001年	2005年	2008年	2010年	2012年	2015年
青海	-0.0018	-0.0025	0.0055	0.0122	0.0174	0.0262
宁夏	-0.0048	0.0009	0.0210	0.0384	0.0256	0.0422
新疆	0.0468	0.0400	0.0448	0.0609	0.0807	0.0886

资料来源：根据Stata 13.0软件计算所得。

二 我国资源配置效应变化率演进过程

（一）全国层面的资源配置效应变化率演进过程

从横向即从我国30个省份在不同时间段上平均资源配置效应的变化情况来看，2001—2015年，我国30个省份所有年份平均资源配置效应变化率为0.3499。按照时间演进的过程（见图8-1），从总体上看，我国30个省份平均资源配置效应变化率呈现小幅度波动下降的趋势，30个省份的平均资源配置效应变化率最高点出现在2001年，最低点出现在2015年。具体来说，2001—2004年，我国平均资源配置效应变化率呈现大幅度下降的趋势，下降趋势幅度最大的年份出现在2001—2002年；2004—2006年，我国平均资源配置效应变化率开始出现上升的趋势；从2006年开始直至2007年，平均资源配置效应变化率又开始下降；2007—2010年，平均资源配置效应变化率呈现上升的趋势；2010—2015年，我国平均资源配置效应变化率呈现大幅度下降的趋势。

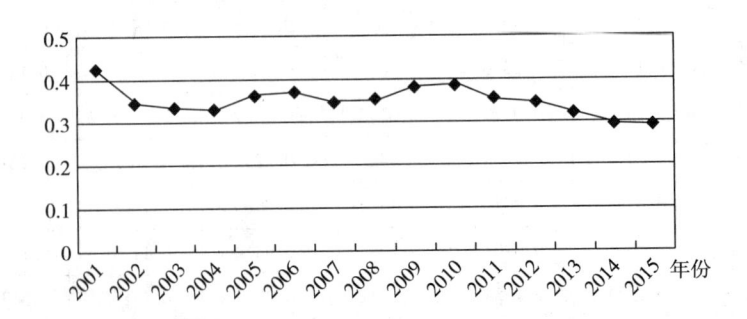

图8-1 2001—2015年全国平均资源配置效应变化率演进趋势

第八章 金融发展与资源配置效应变化率之间的关系 / 259

从纵向比较来看（见表8-1和图8-2），在我国30个省份中，所有年份的平均资源配置效应变化率呈现"草帽"形波动变化特征，以河南省为分界点，两端变化比较缓和。在30个省份中，所有年份的平均资源配置效应变化率最高的是河南省，而所有年份的平均资源配置效应变化率最低的是青海省。

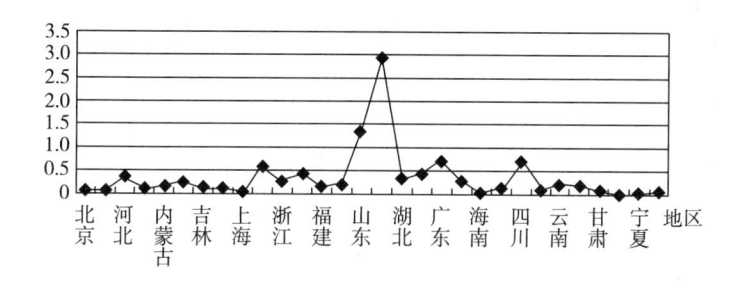

图8-2 30个省份所有年份的平均资源配置效应变化率演进趋势

（二）四大经济区域层面的资源配置效应变化率演进过程

从四大经济区域的角度来看（见表8-2），2001—2015年，我国四大经济区域所有年份的平均资源配置效应变化率最大的是中部地区，其次是东部地区，而东北地区所有年份的平均资源配置效应变化率最小。东部地区的平均资源配置效应变化率为0.3614；中部地区的平均资源配置效应变化率为0.7364；西部地区的平均资源配置效应变化率为0.1789；东北地区平均资源配置效应变化率为0.1655。从我国四大经济区域平均资源配置效应变化率的总体变化趋势来看（见图8-3），2001—2015年，中部和西部地区的平均资源配置效应变化率呈现波动中下降的趋势，而波动幅度最大的是中部地区；东部和东北地区的平均资源配置效应变化率呈现波动中上升的发展态势。

表8-2 我国四大经济区域部分年份资源配置效应变化率的平均值

地区	2001年	2003年	2006年	2009年	2012年	2013年	2014年	2015年	均值
东部	0.3072	0.3248	0.3779	0.4257	0.4014	0.3774	0.3449	0.3413	0.3614

续表

地区	2001年	2003年	2006年	2009年	2012年	2013年	2014年	2015年	均值
中部	1.3243	0.7692	0.7922	0.7196	0.6079	0.5753	0.5407	0.5133	0.7364
西部	0.1285	0.1632	0.1798	0.2075	0.2124	0.1775	0.1676	0.1652	0.1789
东北	0.1314	0.1369	0.1946	0.2038	0.1652	0.1421	0.1370	0.1467	0.1655

资料来源：经笔者整理计算所得。

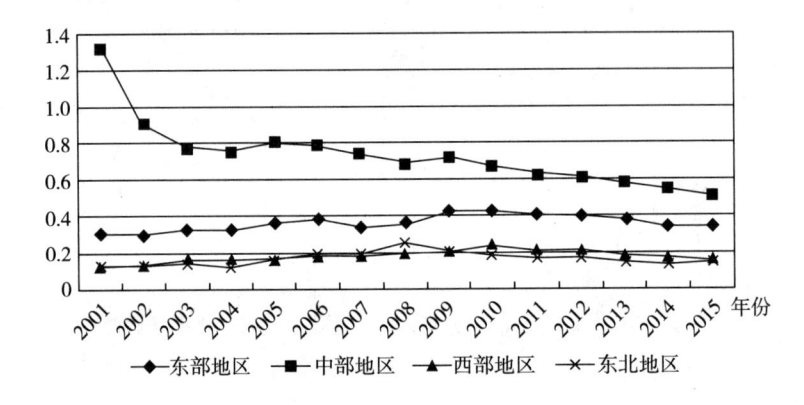

图 8-3　2001—2015 年四大经济区域平均资源配置效应变化率演进趋势

从东部地区的情况来看，2001—2015 年，东部地区的平均资源配置效应变化率呈现小幅波动下降的趋势。在东部地区的 10 个省份中，平均资源配置效应变化率最大的是山东省，而平均资源配置效应变化率最小的是海南省。2001—2015 年，山东省的资源配置效应变化率总体上呈现波动中下降的趋势，山东省的资源配置效应变化率最高点出现在 2009 年，最低点出现在 2015 年，山东省的平均资源配置效应变化率为 1.3154。2001—2015 年，海南省的资源配置效应变化率最高点出现在 2014 年，最低点出现在 2007 年，海南省的平均资源配置效应变化率为 0.0188。海南省的资源配置效应变化率呈现大幅度波动总体下降的趋势。具体来说，2001—2007 年，海南省的资源配置效应变化率呈现波动中下降的趋势，其中，最大的波幅出现在 2006—2007 年，出现了大幅度下降的趋势；2007—2014 年，海南省的资源配置效应变化率呈现大幅度上升的趋势，其中，2007—2010 年海南省的资源配置效应变化率波幅最大。2014—2015 年，海南省的资源配置效应变化率呈现大幅下降的变化趋势。

从中部地区的情况来看，2001—2015 年，中部地区资源配置效应变化率呈现大幅度波动下降的变化趋势，其中，2001—2004 年的波动幅度最大。2004—2005 年，中部地区资源配置效应变化率出现小幅上升的趋势；2005—2008 年，中部地区资源配置效应变化率出现下降的趋势；2008—2009 年，又出现了小幅度上升；2009—2015 年，中部地区资源配置效应变化率出现大幅度下降的趋势。在中部地区的 6 个省份中，平均资源配置效应变化率最高的是河南省，而平均资源配置效应变化率最低的是山西省。2001—2015 年，河南省资源配置效应变化率呈现大幅度下降趋势，其中波幅最大的年份出现在 2001—2004 年。2001—2015 年，河南省资源配置效应变化率最高点出现在 2001 年，最低点出现在 2015 年，河南省的平均资源配置效应变化率为 2.9067。从山西省资源配置效应变化率情况来看，山西省资源配置效应变化率呈现"中间高、两头低"的波动变化特征，山西省资源配置效应变化率最高点出现在 2009 年，以 2009 年为分界点，2001—2009 年，山西省资源配置效应变化率呈现波动中缓慢上升的趋势；2009—2015 年，山西省资源配置效应变化率呈现缓慢的下降变趋势。2001—2015 年，山西省资源配置效应变化率最高为 0.1961，最低为 0.1007，山西省平均资源配置效应变化率为 0.1338。

从西部地区的情况来看，2001—2015 年，西部地区资源配置效应变化率呈现平缓的波动变化趋势，且在整个时间跨度期内，西部地区资源配置效应变化率变动波幅很小。2001—2010 年，除 2003—2004 年出现了小幅度下降外，西部地区资源配置效应变化率均呈现小幅度上升趋势，直至 2010 年达到最高点；2010—2015 年，西部地区资源配置效应变化率呈现下降的趋势。在西部地区 11 个省份中，平均资源配置效应变化率最高的是四川省，而平均资源配置效应变化率最低的是青海省。从四川省资源配置效应变化率的变化趋势来看，四川省资源配置效应变化率总体上呈现先上升后下降的趋势。2001—2003 年，四川省资源配置效应变化率呈现上升的趋势；2003—2004 年，四川省资源配置效应变化率呈现下降的趋势；2004—2008年，四川省资源配置效应变化率呈现上升的趋势，直到2008年达到最高点；2008—2015年，四川省资源配置效应变化率呈现大幅度下降的趋势。四川省资源配置效应变化率最高为0.8340，最低为0.5126，四川省的平均资源配置效应变化率为0.7189。从青海省省资源配置效应变化率的变化趋势来看，青海省资源配置效应变化率总体上呈现"先升后降再上升"的趋势，青海省资源配置效应变化率呈现大幅度波动的趋势，其中波动幅度最大的年份出现在2007—2009年，第二大波幅出现在2010—2014年。青海省资源配置效应变化率最高点出现在2015年，最低点出现在2004年，青海省的平均资源配置效应变化率为0.0080。

  从东北地区的情况来看，2001—2015年，东北地区平均资源配置效应变化率呈现"上升—下降—缓慢上升"的趋势。具体来说，2001—2004年，东北地区平均资源配置效应变化率呈现下降的趋势；2004—2006年，平均资源效应变化率呈现缓慢上升的趋势；2006—2007年，平均资源效应变化率呈现小幅度缓慢下降的趋势；2007—2008年，平均资源效应变化率呈现大幅度上升的趋势，直至2008年达到最高点；2008—2014年，平均资源效应变化率呈现大幅度下降的趋势；2014—2015年，平均资源效应变化率呈现缓慢上升的趋势。在东北地区的3个省份中，平均资源配置效应变化率最高的是辽宁省，而平均资源配置效应变化率最低的是黑龙江省。从辽宁省资源配置效应变化率来看，2001—2015年，辽宁省资源配置效应变化率呈现"中间高、两头低"的趋势，以2008年为分界点，2001—2006年，辽宁省资源配置效应变化率呈现上升的趋势；2006—2007年，辽宁省资源配置效应变化率出现大幅度回落；2007—2008年，出现大幅度反弹，呈现大幅度上升的趋势，直至2008年达到最高点。2008—2009年，又出现大幅度下降；2009—2010年，呈现大幅度上升的趋势；2010—2013年，呈现大幅度下降的趋势；2013—2015年，呈现缓慢上升的趋势。辽宁省资源配置效应变化率最高为0.4016，最低为0.1722，辽宁省平均资源配置效应变化率为0.2356。从黑龙江省的资源配置效应变化趋势来看，黑龙江省资源配置效应变化率总体上呈现"下降—上升—下降"的波动趋势，其中，波动幅度最大的区间是 2004—2009 年，黑龙江省资源配置效应变化率从最低点 0.0497 快速上升到 2009 年的最高点 0.2030。从东北地区 3 个省份的总体变化趋势来看，3 个省份的资源配置效应变化率均呈现大幅度波动的变化趋势（见图 8-4），其中，辽宁省、吉林省资源配置效应变化率总体上呈现大幅波动下降的趋势，而黑龙江省资源配置效应变化率呈现大幅波动中上升的趋势。

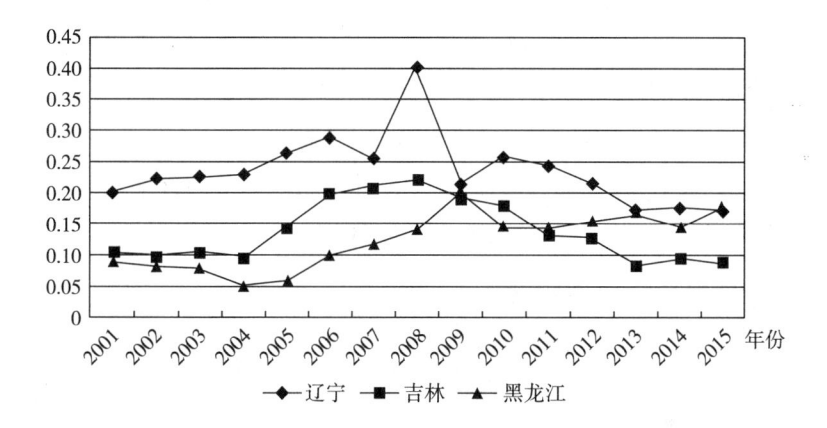

图 8-4 2001—2015 年东北地区 3 个省份的
资源配置效应变化率演进趋势

三 我国资源配置效应变化率演进趋势的原因分析

根据 Kumbhakar 和 Lovell（2000）关于全要素生产率增长率的分解方法，资源配置效应变化率的表达式为：

$$\dot{AE} = \sum_{j}(\lambda_j - s_j)\dot{x}_j = (\lambda_k - s_k)\dot{k} + (\lambda_l - s_l)\dot{l}$$

式中，$\lambda_l = \dfrac{\varepsilon_l}{\varepsilon_l + \varepsilon_k}$，$\lambda_k = \dfrac{\varepsilon_k}{\varepsilon_l + \varepsilon_k}$，$s_l = \dfrac{wL_{it}}{wL_{it} + rK_{it}}$，$s_k = \dfrac{rK_{it}}{wL_{it} + rK_{it}}$，$w$ 和 r 分别表示资本要素和劳动力要素的价格。λ_l、λ_k 可理解为劳动要素投入、资本要素投入在产出端所贡献的份额。

从资源配置效应变化率的公式中可以看出，资源配置效应变化率主要取决于 $(\lambda_k - s_k)\dot{k}$ 和 $(\lambda_l - s_l)\dot{l}$。在完全竞争市场的条件下，满足条件 $\lambda_l = s_l$，$\lambda_k = s_k$，此时资源配置效应的变化率为 0，整个要素资源配置是有效率的。但在现实经济中两者并不必然相等。当出现 $\lambda_1 \neq s_1$、$\lambda_k \neq s_k$ 时，此时资源配置存在着非效率问题，导致资源配置非效率问题的主因在于，要素投入在产出端贡献的比重与要素投入成本出现了偏差。($\lambda_j - s_j$) 表示要素配置的扭曲（偏离）程度。当 $\lambda_j - s_j > 0 (j = k, l)$ 时，表示要素 j 在总成本中所占的比重就低。此时，要素 j 的投入增长率如果为正数，则提高要素 j 在投入端的要素成本 s_j 中所占的比重，使得其比重逐步接近最优值，从而使 $\lambda_j = s_j (j = k, l)$。在这种情况下，要素 j 配置的改善，或者说增加要素 j 的投入，就会对全要素生产率的增长起到积极的促进作用。[①]

根据 Kumbhakar 和 Lovell（2000）全要素生产率增长率的分解公式中资源配置效应变化率的表达式，可以计算出我国劳动力配置效应、资本要素配置效应和资源配置总效应，见表 8-3。

表 8-3　　我国劳动力要素配置效应、资本要素配置效应和
资源配置总效应变化率平均值

年份	劳动力要素配置效应 $\lambda_l - s_l$	g_l	AE_l	资本要素配置效应 $\lambda_k - s_k$	g_k	AE_k	资源配置总效应
2001	-2.9297	0.0085	0.0016	2.9297	0.1398	0.4259	0.4275
2002	-2.5627	0.0145	-0.0184	2.5627	0.1416	0.3624	0.3441
2003	-2.4189	0.0134	-0.0267	2.4189	0.1547	0.3623	0.3356
2004	-2.3890	0.0248	-0.0443	2.3890	0.1566	0.3727	0.3284
2005	-2.3717	0.0175	-0.0460	2.3717	0.1653	0.4079	0.3619
2006	-2.3024	0.0183	-0.0357	2.3024	0.1678	0.4054	0.3698
2007	-2.2698	0.0254	-0.0446	2.2698	0.1655	0.3909	0.3463
2008	-2.3662	0.0166	-0.0352	2.3662	0.1624	0.3875	0.3523
2009	-2.4437	0.0215	-0.0457	2.4437	0.1723	0.4280	0.3823
2010	-2.4824	0.0111	-0.0367	2.4824	0.1709	0.4216	0.3849
2011	-2.5510	0.0234	-0.0463	2.5510	0.1597	0.4014	0.3551
2012	-2.5844	0.0166	-0.0292	2.5844	0.1534	0.3789	0.3498

---

① 张军、陈诗一、张熙：《中国工业部门的生产率变化与要素配置效应：1993—2006》，《东岳论丛》2010 年第 10 期，第 78 页。

续表

年份	劳动力要素配置效应			资本要素配置效应			资源配置总效应
	$\lambda_l - s_l$	g_l	AE_l	$\lambda_k - s_k$	g_k	AE_k	
2013	-2.6448	0.0220	-0.0389	2.6448	0.1437	0.3590	0.3202
2014	-2.7204	0.0207	-0.0360	2.7204	0.1302	0.3343	0.2983
2015	-2.7971	0.0058	-0.0151	2.7971	0.1148	0.3067	0.2917

注：g_l 表示劳动要素增长率，g_k 表示资本要素增长率。AE_l 表示劳动要素配置效应，AE_k 表示资本要素配置效应。

从表 8-3 中可以看出，2001—2015 年，$(\lambda_l - s_l)L$ 部分对资源配置效率大部分表现为负贡献（除 2001 年以外）。之所以出现这种情况，其原因在于 $\lambda_l - s_l < 0$，这表明劳动力投入在要素成本中所占增长比重过高，劳动力投入成本上升成为我国资源配置效率持续下降的直接原因。因而，应该控制劳动力使用成本，通过降低劳动使用成本，发挥劳动力对资源配置效率增长的积极作用。随着我国劳动密集型产业向低收入的亚非其他国家转移，以及 2000 年以来我国劳动力价格不断上涨用工成本不断上升，极大地影响了我国劳动要素的配置效应，对我国资源配置的总效应造成了不小的影响，这也说明长期以来我国经济过于依赖低成本劳动力优势的政策也需要进行改变。

从表 8-3 中也可以看出，2001—2015 年，$(\lambda_k - s_k)k$ 部分对资源配置效率整体上表现为正贡献，而且 $\lambda_k - s_k > 0$，这表明增加资本要素投入有利于资源配置效率的改善。之所以出现这种情况，其原因在于资本要素投入的平均产出弹性呈现上升的发展趋势，表明我国资本要素投入的边际产出呈现递增趋势，增加资本要素的投入能够促进经济增长。

从纵向来看，我国 30 个省份的劳动力配置效应、资本配置效应以及资源配置的总效应见表 8-4。从表 8-4 中可以看出，我国 30 个省份的资源配置总效应为正值，表明我国 30 个省份的资本和劳动等要素投入配置到了更高生产率的产业。从劳动力要素配置效应来看，我国 30 个省份的劳动力要素效应都为负，表明我国 30 个省份的劳动力要素配置到了低生产率产业；从资本要素配置效应来看，我国 30 个省份资本要素配置效应都为正，表明我国30个省份的资本要素都配置到了高生产率产业。从劳动力要素配置效应、资本要素配置效应以及资源配置总效应可以看出，劳动力要素存在着错配现象，影响了资源配置总效应的提升；而资本要素配置是有效的，资本要素配置提升了我国资源配置总效应。

表8-4　　　　我国30个省份劳动力配置效应、资本配置效应和资源配置总效应变化率

地区	劳动力要素配置效应 $\lambda_l - s_l$	g_l	AE_l	资本要素配置效应 $\lambda_k - s_k$	g_k	AE_k	资源配置总效应
北京	-0.8575	0.0433	-0.0356	0.8575	0.1106	0.0929	0.0574
天津	-0.5737	0.0407	-0.0240	0.5737	0.1701	0.0983	0.0744
河北	-2.9545	0.0146	-0.0438	2.9545	0.1365	0.4022	0.3584
山西	-0.9059	0.0198	-0.0182	0.9059	0.1718	0.1519	0.1338
内蒙古	-0.7871	0.0214	-0.0210	0.7871	0.2579	0.1840	0.1630
辽宁	-1.5296	0.0107	-0.0170	1.5296	0.1684	0.2526	0.2356
吉林	-0.8053	0.0160	-0.0136	0.8053	0.1905	0.1503	0.1367
黑龙江	-1.1039	0.0153	-0.0161	1.1039	0.1254	0.1403	0.1241
上海	-0.9037	0.0402	-0.0372	0.9037	0.0920	0.0817	0.0445
江苏	-4.2495	0.0049	-0.0209	4.2495	0.1457	0.6185	0.5975
浙江	-2.5201	0.0210	-0.0502	2.5201	0.1341	0.3272	0.2770
安徽	-3.1655	0.0153	-0.0487	3.1655	0.1495	0.4723	0.4235
福建	-1.4416	0.0341	-0.0509	1.4416	0.1508	0.2168	0.1659
江西	-1.2864	0.0159	-0.0198	1.2864	0.1630	0.2022	0.1825
山东	-9.8290	0.0132	-0.1270	9.8290	0.1486	1.4424	1.3154
河南	-17.7467	0.0117	-0.1459	17.7467	0.1776	3.0526	2.9067
湖北	-2.6610	0.0052	-0.0133	2.6610	0.1262	0.3388	0.3254
湖南	-3.1179	0.0071	-0.0213	3.1179	0.1490	0.4679	0.4466
广东	-6.4665	0.0296	-0.1718	6.4665	0.1368	0.8763	0.7046
广西	-1.5901	0.0063	-0.0092	1.5901	0.1844	0.2974	0.2882
海南	-0.1699	0.0337	-0.0064	0.1699	0.1382	0.0252	0.0188
重庆	-0.8774	0.0018	-0.0039	0.8774	0.1546	0.1331	0.1292
四川	-5.4903	0.0026	-0.0144	5.4903	0.1338	0.7333	0.7189
贵州	-0.8679	0.0028	-0.0030	0.8679	0.1309	0.1161	0.1131

续表

地区	劳动力要素配置效应			资本要素配置效应			资源配置总效应
	$\lambda_l - s_l$	g_l	AE_l	$\lambda_k - s_k$	g_k	AE_k	
云南	-1.4213	0.0166	-0.0232	1.4213	0.1678	0.2429	0.2197
陕西	-1.1217	0.0089	-0.0090	1.1217	0.1636	0.1831	0.1742
甘肃	-0.5036	0.0026	-0.0024	0.5036	0.1606	0.0794	0.0770
青海	-0.0417	0.0083	-0.0004	0.0417	0.1454	0.0084	0.0080
宁夏	-0.0901	0.0183	-0.0018	0.0901	0.1709	0.0164	0.0146
新疆	-0.5888	0.0383	-0.0239	0.5888	0.1425	0.0857	0.0618

资料来源：根据 Stata 13.0 软件计算所得。

第二节 我国资源配置效应变化对全要素生产率增长的贡献分析

一 我国资源配置效应变化对全要素生产率增长的贡献分析

根据资源配置效应变化率的公式 $\dot{AE} = \sum_j (\lambda_j - s_j) \dot{x}_j = (\lambda_k - s_k) \dot{k} + (\lambda_l - s_l) \dot{l}$ 以及全要素生产率增长率的公式 $\dot{TFP} = \dot{TE} + \dot{TP} + \dot{SE} + \dot{AE}$。可以计算出我国各省份 2001—2015 年的资源配置效应变化率在全要素生产率增长中的贡献率。限于篇幅，本书只列出 30 个省份部分年份的规模效应变化率对全要素生产率增长的贡献率数据，见表 8-5。

表 8-5　　　　　我国 30 个省份部分年份的资源配置效应
变化率对全要素生产率增长的贡献率

地区	2001 年	2005 年	2008 年	2010 年	2012 年	2015 年
北京	1.2654	2.1897	0.8491	1.9153	2.2186	1.6255
天津	0.9195	1.7927	6.4337	-17.1924	26.1192	2.3440
河北	4.2340	7.4731	9.8930	9.3401	14.4888	6.7259
山西	1.7251	4.6474	3.7073	11.9398	6.0726	2.6046

续表

地区	2001年	2005年	2008年	2010年	2012年	2015年
内蒙古	1.6502	15.8626	7.6500	10.1716	17.7964	2.4515
辽宁	2.9423	5.2646	9.7308	6.3900	7.2203	1.7466
吉林	1.3790	3.4320	67.4836	12.5019	6.0864	3.9018
黑龙江	1.1471	1.6847	3.5251	5.8112	6.4435	2.6213
上海	1.1276	1.6969	1.6179	1.4760	1.1008	1.5662
江苏	8.7674	13.8680	11.1911	11.9045	9.9920	6.8542
浙江	4.9092	10.1072	6.6550	6.7105	5.3230	4.8269
安徽	4.2694	9.0825	12.8304	13.0170	14.6971	9.8506
福建	1.9039	3.8103	6.6179	6.2624	10.2625	9.7167
江西	2.0846	6.4959	4.0712	5.8682	4.4807	3.4363
山东	18.2312	39.6406	28.4412	40.8465	34.2303	22.6409
河南	78.4730	76.6811	66.0133	66.7384	62.3343	52.6903
湖北	2.8032	4.5560	6.5368	9.2289	8.6834	6.3527
湖南	4.1886	8.2054	10.6154	13.2248	10.5585	5.6843
广东	6.3498	67.8275	14.2298	26.2330	17.0686	16.5506
广西	2.3494	5.8468	6.7142	25.2415	6.1356	4.7928
海南	0.1422	0.1726	0.5003	1.1158	4.2262	0.7954
重庆	1.6548	2.8359	4.0288	3.2075	3.6956	2.8149
四川	9.0558	12.5788	14.9535	15.4210	14.7629	9.5953
贵州	-0.9745	1.5212	2.1192	1.5111	4.8974	5.6276
云南	2.3052	5.5782	3.2306	36.5357	13.8676	8.2377
陕西	1.8023	4.5697	7.2564	8.0962	6.4802	3.2305
甘肃	0.6519	1.1851	3.5901	2.1096	2.2953	2.5050
青海	-0.0321	-0.0566	0.1187	0.5471	3.3412	6.4159
宁夏	-0.1108	0.0301	0.5292	1.2840	1.1746	2.9657
新疆	0.8802	2.0932	1.0453	1.9045	13.2374	12.1644

资料来源：根据Stata 13.0软件计算所得。

从横向来看（见图8-5），2001—2015年，我国平均资源配置效应变化率对全要素生产率增长的贡献率呈现大幅波动下降的趋势，其中，最大波幅区间出现在 2006—2008 年，第二大波幅区间出现在 2012—2014 年，而这两个时间段恰好与我国的经济周期相吻合，2006—2008 年，我国遭遇到了席卷全球的国际金融危机的袭击，2012—2014 年，我国经济步入经济新常态，经济增速下滑影响了资源配置效应对全要素生产率增长的贡献率。从总体上看，我国平均资源配置效应变化率对全要素生产率增长的贡献最低点出现在 2007 年，第二低点出现 2013 年，两个低点都出现在波幅的谷底；而平均资源配置效应变化率的贡献最高点出现在 2011 年。具体来说，2001—2002 年，我国平均资源配置效应变化率的贡献率出现了小幅度下降的趋势；2002—2005 年，资源配置效应变化率的贡献率呈现大幅度上升的趋势；2005—2007 年，资源配置效应变化率的贡献率呈现大幅度下降的趋势，2005—2006 年，资源配置效应变化率的贡献率呈现小幅度下降的趋势。从 2006 年开始，资源配置效应变化率的贡献率呈现震荡式的大幅度下降的趋势，直到 2007 年下滑到最低点；2007—2008 年，资源配置效应变化率的贡献率呈现震荡式的大幅度上升的趋势；2008—2009 年，资源配置效应变化率的贡献率呈现小幅度下降的趋势；2009—2011 年，资源配置效应变化率的贡献率呈现大幅上升的趋势；2011—2013 年，资源配置效应变化率的贡献率呈现大幅度下降的趋势，尤其是在 2012—2013 年间资源配置效应变化率的贡献率呈现震荡式的、大幅度跳水式下降的趋势；2013—2014 年，资源配置效应变化率的贡献率呈现大幅度上升的趋势；2014—2015 年，资源配置效应变化率的贡献率呈现大幅度下降的趋势。

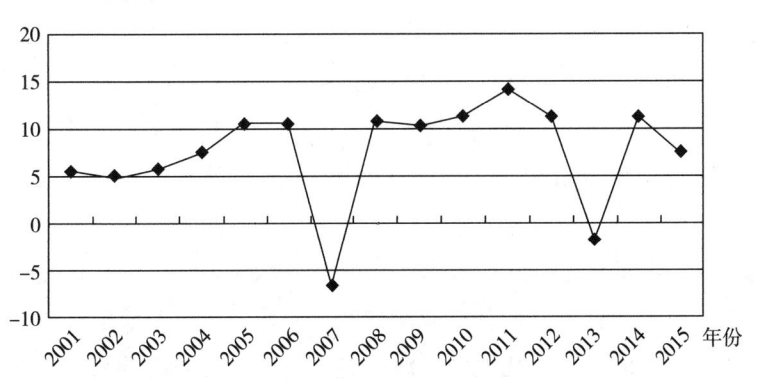

图 8-5　2001—2015 年全国平均资源配置效应变化率的贡献率演进趋势

从纵向比较（见表8-5和图8-6）即从全国30个省份资源配置效应变化率对各自省份全要素生产率增长的贡献来看，河南省平均资源配置效应变化率对河南省全要素生产率增长的贡献率最高，其次是山东省；而青海省平均资源配置效应变化率对青海省全要素生产率增长的贡献率最低，吉林省平均资源配置效应变化率对吉林省全要素生产率增长的贡献率处于倒数第二位。

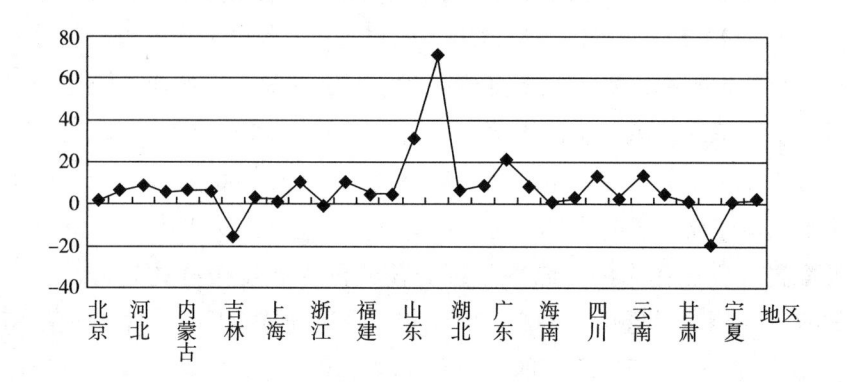

图8-6 30个省份所有年份的平均资源配置效应变化率对全要素生产率增长的贡献率演进趋势

二 四大经济区域资源配置效应变化率对全要素生产率增长的贡献分析

从四大经济区域角度来看（见表8-6和图8-7），2001—2015年，四大经济区域资源配置效应变化率对全要素生产率增长的贡献率都呈现波动向下的变化趋势。在四大经济区域中，东北地区资源配置效应变化率对全要素生产率增长的贡献率波动幅度最大，西部地区贡献率的波动幅度次之，相比较而言，中部地区的波动幅度较东部地区更为平缓一些。从四大经济区域资源配置效应变化率对全要素生产率增长的平均贡献率来看，东部、中部和西部地区的贡献率均为正值，只有东北地区的贡献率为负值，且中部地区资源配置效应变化的平均贡献率在四大经济区域中是最高的，而东北地区资源配置效应变化的平均贡献率在四大经济区域中是最低的。从四大经济区域资源配置效应变化率的贡献率变化趋势来看，四大经济区域的贡献率总体均呈现波动中下滑的变化趋势，表明四大经济区域资源配置效应变化率对各自区域全要素生产率的贡献有下滑的发展趋势，尤其是东北地区的下滑趋势最为突出。

表 8-6　　　　　我国四大经济区域部分年份规模效应
变化率对全要素生产率增长的贡献率

地区	2001年	2003年	2006年	2009年	2012年	2015年	均值
东部	4.7850	7.0033	10.5451	11.0406	12.5030	7.3646	8.7120
中部	15.5906	11.5368	22.5435	20.3394	17.8044	13.4365	17.8267
西部	1.7484	2.5534	5.3500	5.1908	7.9713	5.5274	3.5605
东北	1.8228	1.9672	6.4556	8.3682	6.5834	2.7566	-2.2281

资料来源：经笔者整理计算所得。

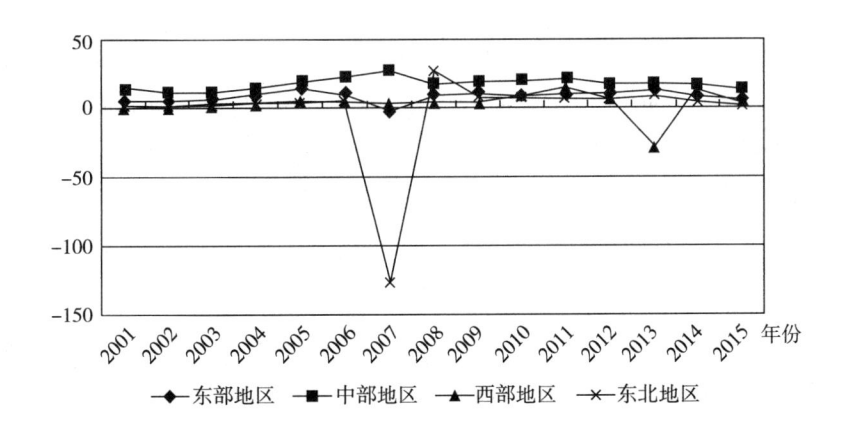

图 8-7　2001—2015 年四大经济区域资源配置效应变化对
全要素生产率增长的贡献率演进趋势

从图 8-7 中可以看出，2001—2015 年，在四大经济区域中，资源配置效应变化率对全要素生产率增长的贡献率最高点出现在 2007 年，这个最高点来自中部地区，贡献率第二高点出现在 2008 年的东北地区；贡献率最低点出现在 2007 年的东北地区，贡献率第二低点出现在 2013

年的西部地区。

从东部地区的情况来看，2001—2015 年，东部地区资源配置效应变化率对东部地区全要素生产率增长的贡献率总体上呈现出"上升—下降—上升—下降"的趋势，其中，波动幅度最大的区间出现在 2005—2009 年，在这个时间跨度区间内，东部地区资源配置效应变化率的贡献率既达到了最高点，也滑落到最低点。在这个时间跨度区间内，以 2007 年为分界点，呈现了两次震荡式波动的趋势。2005—2007 年，呈现了震荡式大幅度下降的趋势；2007—2009 年，呈现震荡式大幅度上升的趋势。2009—2010 年，贡献率出现小幅度下降的趋势；2010—2013 年，贡献率呈现大幅度上升的趋势；2013—2015 年，贡献率呈现大幅度下降的趋势。在东部地区的 10 个省份中，平均资源配置效应变化率的贡献率最大的是山东省，而平均规模效应变化率的贡献率最小的是浙江省。从山东省资源配置效应变化率的贡献率变化趋势来看，山东省资源配置效应变化率的贡献率呈"M"形，以 2008 年为分界点，2001—2006 年，贡献率呈现上升的趋势，2006—2008 年，贡献率呈现下降的趋势；2008—2010 年，贡献率呈现上升的趋势；2010—2015 年，贡献率呈现下降的趋势。2001—2015 年，山东省资源配置效应变化率的贡献率最高点出现在 2006 年，而最低点则出现在 2008 年，山东省的平均资源配置效应变化的贡献率为 31.7007。从浙江省的资源配置效应变化率的贡献率变化趋势来看，浙江省的贡献率呈"V"形，以 2007 年为分界点，浙江省的资源配置效应变化率的贡献率呈现缓慢上升到震荡式大幅度下降的趋势，具体来说，2001—2006 年，浙江省资源配置效应变化率的贡献率呈现缓慢上升的趋势；2006—2007 年，贡献率呈现大幅度震荡式下跌的趋势；2007—2008 年，贡献率呈现震荡式大幅度上升的趋势；2008—2015 年，呈现缓慢下降的趋势。2001—2015 年，浙江省资源配置效应变化率的贡献率最高点出现在 2005 年，最低点出现在 2007 年，浙江省资源配置效应的平均贡献率为 -0.8874。

从中部地区的情况来看，2001—2015 年，中部地区资源配置效应变化率对中部地区全要素生产率增长的贡献率总体上呈现出"下降—上升—下降—上升—下降"的趋势，其中，最大波动幅度出现在 2003—

2008年。具体来说,2001—2003年,贡献率呈现小幅度下降的趋势;2003—2007年,贡献率呈现大幅度上升的趋势,直到2007年达到所有年份的最高点;2007—2008年,贡献率呈现大幅度下降的趋势。2008—2009年,贡献率又呈现出大幅度上升的趋势;2009—2010年,贡献率呈现小幅度平缓下降的趋势;2010—2011年,贡献率呈现大幅度上升的趋势;2011—2015年,贡献率呈现大幅度下降的趋势。在中部地区的6个省份中,平均资源配置效应变化率对中部地区全要素生产率增长的贡献率最高的是河南省,而平均资源配置效应变化率的贡献率最低的是江西省。从河南省资源配置效应变化率对河南省全要素生产率增长的贡献来看,河南省资源配置效应的贡献率呈现波动中下降的趋势,其中,波动幅度最大的区间出现在2003—2007年,以2007年为分界点,2001—2003年,河南省资源配置效应变化率的贡献率呈现大幅度下降的趋势,2003—2007年,贡献率呈现大幅度上升的趋势;2007—2008年,贡献率呈现大幅度下降的趋势;2008—2015年,贡献率呈现波动向下的趋势。2001—2015年,河南省资源配置效应变化率的贡献率最高点出现在2007年,而最低点出现在2003年,河南省资源配置效应的平均贡献率为70.7861。从江西省资源配置效应变化率对江西省全要素生产率增长的贡献来看,总体上看,江西省资源配置效应变化率的贡献率呈现波动中上升的趋势,其中,波动幅度最大的年份出现在2007—2009年。2001—2005年,江西省资源配置效应变化率的贡献率呈现大幅度上升的趋势;而2005—2008年,贡献率呈现大幅度下降的趋势;2008—2009年,贡献率呈现大幅度上升的趋势;2009—2014年,贡献率呈现大幅度下降的趋势;2014—2015年,贡献率呈现上升的趋势。2001—2015年,江西省资源配置效应变化率的贡献率最高点出现在2009年,最低点出现在2001年,江西省资源配置效应变化率的平均贡献率为4.8114。

从西部地区的情况来看,2001—2015年,西部地区资源配置效应变化率对西部地区全要素生产率增长的贡献率总体上呈现大幅波动下降的趋势,其中,最大的波动幅度出现在2011—2014年。以2013年为分界点,2001—2006年,西部地区资源配置效应变化率的贡献率呈现小幅度缓慢上升的趋势；2006—2007 年，贡献率呈现小幅度下降的趋势；2007—2011 年，贡献率呈现大幅度上升的趋势，2011—2013 年，贡献率呈现大幅度震荡式的跳水式下降的趋势；2013—2014 年，贡献率呈现大幅度震荡式上升的趋势；2014—2015 年，贡献率又呈现大幅度下降的趋势。在西部地区的 11 个省份中，资源配置效应变化率对全要素生产率增长的贡献率最高的是云南省，而贡献率最低的是青海省。从云南省资源配置效应变化率对全要素生产率贡献的变化趋势来看，云南省资源配置效应变化率的贡献率呈现大幅度波动的趋势，其中，最大的波动幅度出现在 2009—2012 年，以 2011 年为分界点，2001—2007 年，云南省资源配置效应变化率的贡献率呈现小幅度缓慢上升的趋势；2007—2008 年，贡献率呈现下降的趋势；2008—2009 年，贡献率呈现缓慢上升的趋势；2009—2011 年，贡献率呈现大幅度震荡式上升的趋势；2011—2012 年，贡献率呈现震荡式的大幅度下降的趋势；2012—2014 年，贡献率呈现缓慢上升的趋势；2014—2015 年，贡献率呈现大幅度下降的趋势。2001—2015 年，云南省资源配置效应变化率的贡献最高点出现在 2011 年，最低点出现在 2002 年，云南省资源配置效应变化率的平均贡献率为 13.6364。从青海省资源配置效应变化率的贡献率变化趋势来看，青海省资源配置效应变化率的贡献率总体上呈现大幅度波动的趋势，其中，较大幅度波动区间出现在 2012—2014 年，以 2013 年分界点，2001—2012 年，青海省资源配置效应变化率的贡献率呈现非常平缓上升的趋势；2012—2013 年，青海省资源配置效应变化率的贡献率呈现震荡式大幅度下降的趋势；2013—2014 年，贡献率又呈现震荡式大幅度上升的趋势；2014—2015 年，贡献率呈现大幅度下降的趋势。2001—2015 年，青海省资源配置效应变化率的贡献率最高点出现在 2014 年，贡献率的最低点出现在 2013 年，青海省资源配置效应变化率的贡献率平均值为 -19.4377。

从东北地区的情况来看（见图 8-8），2001—2015 年，东北地区资源配置效应变化率对东北地区全要素生产率增长的贡献总体上呈现大幅波动下降的趋势，其中，东北地区资源配置效应变化率的贡献率波动幅度最大的年份出现在 2006—2008 年，以 2007 年为分界点，

2001—2006年，东北地区资源配置效应变化率的贡献率呈现非常平缓上升的趋势；2006—2007年，贡献率呈现震荡式的大幅度下降的趋势；2007—2008年，贡献率呈现震荡式的大幅度上升的趋势；2008—2009年，贡献率呈现大幅度下降的趋势；2009—2013年，贡献率呈现平缓的小幅度下降的趋势，波动幅度非常小；2013—2015年，贡献率呈现大幅度下降的趋势。在东北地区的3个省份中，资源配置效应变化率对全要素生产率增长的贡献率最高的是辽宁省，而贡献率最低的是吉林省。从辽宁省资源配置效应变化率对全要素生产率增长的贡献变化趋势来看，辽宁省资源配置效应变化率的贡献率呈现波动中下降的趋势。2001—2002年，贡献率呈现缓慢下降的趋势；2002—2004年，贡献率呈现大幅度上升的趋势；2004—2005年，贡献率呈现大幅度下降的趋势；2005—2007年，贡献率呈现大幅度上升的趋势；2007—2010年，贡献率呈现大幅度下降的趋势；2010—2013年，贡献率呈现大幅度上升的趋势；2013—2015年，贡献率呈现大幅度下降的趋势。2001—2015年，辽宁省资源配置效应变化率的贡献率最高点出现在2007年，最低点出现在2015年，辽宁省资源配置效应变化率的平均贡献率为6.3052。从吉林省资源配置效应变化率对全要素生产率贡献的变化趋势来看，吉林省资源配置效应变化率的贡献率呈现大幅度波动的趋势，其中，最大的波动区间出现在2006—2008年，以2007年为分界点，2001—2006年，吉林省资源配置效应变化率的贡献率呈现小幅度缓慢上升的趋势；但2006—2007年，贡献率呈现震荡式大幅度下降的趋势；2007—2008年，贡献率呈现震荡式的大幅度上升的趋势；2008—2009年，贡献率呈现大幅度下降的趋势；2009—2015年，贡献率呈现缓慢下降的趋势。2001—2015年，吉林省资源配置效应变化率的贡献率最高点出现在2008年，最低点出现在2007年，吉林省资源配置效应变化率的平均贡献率为-16.5161。

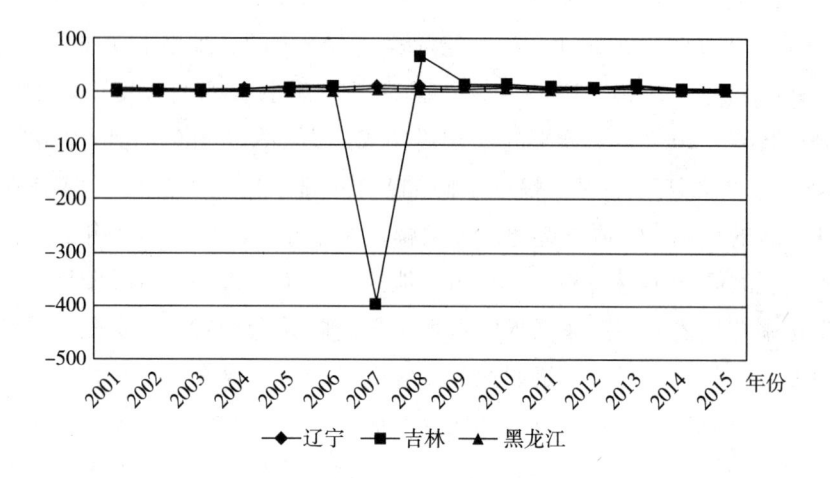

图 8-8　2001—2015 年东北地区 3 个省份规模效应贡献率变化演进趋势

第三节　金融发展与资源配置效应变化率之间关系的实证分析

一　金融发展与资源配置效应变化率之间关系的实证分析：总体分析

从我国及四大经济区域资源配置效应变化率的变化过程以及资源配置效应变化对全要素生产率增长的贡献来看，我国资源配置效应变化率总体上呈现下滑的变动趋势。导致我国资源配置效应变化率呈现下滑的原因在于，我国劳动力投入成本上涨，劳动力投入成本上涨影响了我国资源配置效应的改善。长期以来，我国依赖低成本的劳动力资源，推动了我国经济的快速增长。随着我国劳动力成本的上升，人口红利逐渐消失，如何为我国经济的持续增长提供新动能支持，则是我国经济需要进一步寻求的突破口。金融作为现代经济发展的核心因素，金融发展增强了金融部门的竞争性，提升了资源的边际生产率，提高了资源配置的整体效率，并最终有利于全要素生产率的提升。金融发展对全要素生产率的促进也体现在金融体系对资源再配置的影响上：一方面，金融中介发展促使有形财富或资源的所有权和构成发生变化,从而提高了既定数量的有形财富或资本的配置效率;另一方面,金融部门的发展促使新的资源从生产性较低的行业转向生产性较高的行业,从而提高了新资源的配置效率。① 金融发展能否改善我国要素资源配置的扭曲问题,从而从总体上改善资源配置效应,进而促进全要素生产率的增长。这需要从实践中进行验证,为此,构建金融发展与资源配置效应变化的计量模型,来检验两者之间的关系。计量模型设定如下:

$$\dot{AE}_{it} = \alpha_0 + \alpha_1 FD_{it} + \alpha_2 X_{it} + \eta_i + \varepsilon_{it}$$

在上面的计量模型中,$\dot{AE}_{it}$表示资源配置效应变化率,来自 Kumbhakar 和 Lovell(2000)全要素生产率增长率的分解公式中资源配置效应变化率的表达式的计算结果。FD_{it}表示金融发展水平。X_{it}表示一组控制变量,与前面的研究保持一致,主要选择的控制变量有政府支出(Gov_{it})、基础设施水平(lnfra_{it})、人力资本(lnHumc_{it})、对外开放程度(Open_{it})。η_i表示不可观测的地区个体效应的影响。ε_{it}为随机干扰项,且服从正态分布。

根据设定的计量模型,运用静态面板方法对设定的计量模型进行估计。在利用静态面板模型进行估计时,在选择使用固定效应模型还是使用随机效应模型进行估计时,一般通过豪斯曼检验来进行判断。根据豪斯曼检验的结果,豪斯曼检验的 P 值为 0.8860,不能拒绝原假设,故选择随机效应模型对两者之间的关系进行估计。估计结果见表 8-7。

表 8-7　金融发展与资源配置效应变化率之间关系的静态面板估计结果

变量	系数	Z 值	P > |Z|	95% 的置信区间
FD_{it}	0.0260	0.18	0.858	[-0.2596, 0.3117]
Open_{it}	-0.0579	-0.55	0.584	[-0.2652, 0.1493]
Gov_{it}	-1.3706***	-3.02	0.003	[-2.2612, -0.4799]

---

① 马正兵:《中国金融发展的生产率增长和要素再配置效应—基于省区市动态面板的系统广义矩估计实证研究》,《山西财经大学学报》,2014 年第 9 期,第 47 页。

续表

变量	系数	Z 值	P > |Z|	95%的置信区间
$lnHumc_{it}$	0.1786***	2.96	0.003	[0.0602, 0.2971]
$lnfra_{it}$	0.0906	1.64	0.101	[-0.0177, 0.1988]
$lnAGDP_{it}$	-0.1369**	-2.28	0.022	[-0.2545, -0.0194]
常数项	-1.3999***	-2.74	0.006	[-2.4004, -0.3993]
R^2	0.2098			
F 统计量	—			
豪斯曼检验值	3.06			
P 值	0.8012			
估计方法	随机效应			
样本数	420			

注：由 Stata 13.0 软件计算得出。

从表 8-7 中可以看出，核心解释变量金融发展（FD_{it}）的系数为正，但没有通过显著性检验。这表明尽管金融发展对资源配置效应的增长具有正面影响，但影响效果不明显。这同时也表明，我国金融发展通过优化资源配置的效应还没有出现。其原因在于，我国金融市场化改革的滞后，导致金融发展无法使经济体资源配置总效应得到改善，从而使金融发展无法通过资源配置效率来促进全要素生产率的增长。

从控制变量的情况来看，对外开放程度（$Open_{it}$）的系数为负，但没有通过显著性检验，表明对外开放程度虽然对资源配置效应有一定的负面影响，但影响效果不显著。

政府支出（Gov_{it}）的系数为负，且在 1% 的显著性水平下显著，表明政府支出的增加显著的阻碍了资源配置效应的改善。长期以来，我国劳动力资源配置的扭曲，劳动力低成本的优势主要在于政府对于劳动力工资的干预，随着我国劳动力用工成本的不断攀升，政府对劳动力用工成本的限制越来越成为资源配置效应改善的阻碍。

人力资本（$lnHumc_{it}$）的系数为正，且在 1% 的显著性水平下显著，表明人力资本的提升有利于资源配置效应的改善。从目前我国资源配置效应的结构来看，劳动力投入成本过高是我国改善资源配置效率最大的阻碍，要改善我国资源配置效率，唯有通过提升劳动力投入的质量，改变依赖劳动数量投入的方式。

基础设施水平（lnfra$_{it}$）的系数为负，但没有通过显著性水平检验，表明基础设施水平对我国资源配置变化的影响效果不明显。

人均 GDP（lnAGDP$_{it}$）的系数为正，且在 5% 的显著性水平下显著，表明经济发展水平的提升，尤其是人均生活水平的提升有利于我国规模效应的增长。

二 金融发展与资源配置效应变化率之间关系的实证分析：四大经济区域视角

由于我国区域金融发展水平存在着巨大的差异，不同区域的金融发展水平存在着很大的差异，金融发展水平高的区域与金融发展水平低的区域，在优化资源配置、促进资本积累以及推动技术创新方面所起的作用是不同的。因而，不同经济区域的金融发展能否改善各自地区的资源配置效率呢？为此，构建区域金融发展与区域资源配置效应的计量模型，从四大经济区域的视角，分析金融发展与各自地区的资源配置效应变化之间的关系。利用静态面板模型，对各自地区两者之间的关系进行估计，估计结果见表 8-8。

表 8-8　四大经济区域金融发展与资源配置效应变化率之间关系的静态面板模型估计结果

变量	四大经济区域变量的系数			
	东部地区	中部地区	西部地区	东北地区
FD$_{it}$	-0.2052**	6.1412***	0.2614***	0.2050**
Open$_{it}$	-0.0042	-12.3695***	-0.5285***	0.3266
Gov$_{it}$	0.3628	-39.0088***	-0.6294***	0.8999
lnHumc$_{it}$	0.3220***	2.3387***	0.0584**	-0.2185
lnfra$_{it}$	0.0543	-1.5950	0.1092***	0.0615
lnAGDP$_{it}$	-0.1822***	-5.0619***	-0.0623**	0.2750
常数项	-2.4795***	39.8208***	-1.1673***	-0.7271
R^2	0.6235	0.1096	0.4759	0.1346

续表

变量	四大经济区域变量的系数			
	东部地区	中部地区	西部地区	东北地区
F统计量	—	3.03	—	2.76
豪斯曼检验值	4.19	31.15	10.03	20.10
P值	0.6506	0.0000	0.1234	0.0027
估计方法	随机效应	固定效应	随机效应	固定效应
样本数	150	90	165	45

注：由Stata 13.0软件计算得出。

从表8-8中可以看出，四大经济区域的核心变量金融发展（FD_{it}）与各自地区的资源配置效应变化率之间的关系存在着很大的差异。东部地区的金融发展变量系数为负，且在5%的显著性水平下显著，表明东部地区的金融发展显著的阻碍了东部地区资源配置效应的增长；中部、西部和东北地区的金融发展变量的系数都为正，且分别在1%、1%和5%的显著性水平下显著，表明中部、西部和东北地区的金融发展显著促进了各自地区资源配置效应的增长。为什么会出现如此反差的情况呢？从四大经济区域的金融发展水平来看，东部地区的金融发展水平显著地高于其他三大地区，为什么会出现金融发展不利于东部地区资源配置效应的增长呢？从东部地区的资源配置效应变化的结构来看，在东部地区的资源配置结构中，劳动力投入成本远远高于其他三大地区，再加上劳动密集型产业向中部、西部和东北地区的转移，导致东部地区资源配置效应呈现大幅度恶化，尽管东部地区的金融发展水平较高，但是，我国金融市场化改革的滞后，金融发展优化资源配置功能还未完全发挥，从而使东部地区的金融发展水平成为东部地区资源配置效应改善的桎梏。而从其他三大地区来看，中部、西部和东北地区劳动力投入成本不高，再加上承接东部地区劳动密集型产业带来的便利，从而使中部、西部和东北地区的劳动力要素配置改善了各自地区的资源配置总效应。尽管中部、西部和东北地区的金融发展水平落后于东部地区，但是，随着经济发展水平的不断提升，三大地区与东部地区金融发展水平在缩小。因而，中部、西部和东北地区金融发展水平的提升显著地促进了各自地区资源配置效率的发展。

从控制变量来看，东部地区对外开放程度（$Open_{it}$）的系数为负，但没有通过显著性水平检验，表明东部地区的对外开放水平对东部地区资源配置效应的改善效果不明显；东北地区的对外开放程度的系数为正，也没有通过显著性水平检验，表明东北地区的对外开放程度对东北地区资源配置效应的改善效果也不明显；中部和西部地区的对外开放程度的系数为负，且都在1%的显著性水平下显著，表明中部和西部地区对外开放程度显著地阻碍了各自地区资源配置效率的改善。

从政府支出（Gov_{it}）来看，东部和东北地区政府支出的系数都为正，但都没有通过显著性水平检验，表明东部和东北地区政府支出对各自地区资源配置效应的增长具有正面影响，但影响效果不明显；中部和西部地区政府支出的系数为负，且都在1%的显著性水平下显著，表明中部和西部地区政府支出的增加显著地阻碍了中部和西部地区的资源配置效应的增长。

从人力资本（$lnHumc_{it}$）来看，东部、中部和西部地区人力资本的系数都为正，且分别在1%、1%和5%的显著性水平下显著，表明东部、中部和西部地区的人力资本都显著地促进了各自地区资源配置效应的增长；而东北地区的人力资本为负，但没有通过显著性检验，表明东北地区的人力资本对东北地区的资源配置具有负面影响，但影响效果不明显。从我国目前人力资源的分布来看，我国人力资本的分布呈现东部、中部和西部地区逐步下降的梯度分布状态，但总体上看，东部、中部和西部的人力资本质量均呈现增长的态势，但东北地区的人力资本分布呈现下降的趋势，东北地区人力资本的下降直接影响了东北地区资源配置效率的改善。

从基础设施水平（$lnfra_{it}$）来看，东部和东北地区的基础设施水平的系数都为正，但都没有通过显著性水平检验，表明东部和东北地区的基础设施水平对各自地区规模效应增长具有一定的正面影响，但影响效果不明显；中部地区的基础设施水平的系数为负，但也没有通过显著性水平检验，表明中部地区的基础设施水平对中部地区的规模效应增长具有一定的负面影响，但影响效果不明显；西部地区的基础设施水平的系数为正，且在1%的显著性水平下显著，表明西部地区基础设施水平显著地促进了西部地区资源配置效应的增长。

从人均GDP（lnAGDP$_{it}$）来看，东部、中部和西部地区人均GDP变量的系数都为负，且分别在1%、1%和5%的显著性水平下显著，表明东部、中部和西部地区经济发展的显著地阻碍了东部、中部和西部地区资源配置效应的增长；东北地区的人均GDP的系数为正，但没有通过显著性水平检验，表明东北地区经济发展水平对西部地区规模效应的增长具有一定的积极影响，但影响效果不明显。

第四节　本章小结

运用Kumbhakar和Lovell（2000）关于资源配置效应变化率的公式，并根据设定的超越对数随机前沿生产函数模型，对我国及四大经济区域的资源配置效应变化率进行了测算。利用测算的资源配置效应变化率数据，对我国及四大经济区域资源配置效应变化率的演进过程进行了分析，在此基础上，分析了资源配置效应变化率对全要素生产率增长的贡献。利用我国30个省份2000—2015年的省际面板数据，运用静态面板模型，对金融发展与我国资源配置效应变化率之间的关系进行了实证研究。本章主要研究结论如下：

第一，2001—2015年，我国30个省份的平均资源配置效应变化率呈现小幅波动下降的变化趋势，30个省份的平均资源配置效应变化率最高点出现在2001年，最低点出现在2015年。在我国30个省份中，所有年份的平均资源配置效应变化率呈现草帽形的波动变化特征，以河南省为分界点，两端变化比较缓和。从四大经济区域的角度来看，2001—2015年，我国四大经济区域所有年份的平均资源配置效应变化率最大的是中部地区，其次是东部地区，而东北地区所有年份的平均资源配置效应变化率在四大经济区域中最小。从我国四大经济区域的总体变化趋势来看，2001—2015年，东部、中部和西部地区的平均资源配置效应变化率呈现波动中下降趋势,而波动幅度最大的是中部地区,东北地区的平均资源配置效应变化率呈现波动中上升的变化态势。

第二,导致我国资源配置效应变化率呈现下降趋势的原因在于,劳动力投入在要素成本中所占比重过高,劳动力投入成本上升是我国资源配置效率持续下降的直接原因。因而,应该控制劳动力使用成本,通过降低劳动力使用成本,发挥劳动力对资源配置效率增长的积极作用。相反,增加资本要素投入则有利于我国资源配置效率的改善。

第三,2001—2015 年,我国资源配置效应变化率对全要素生产率增长的平均贡献率呈现大幅波动下降趋势,资源配置效应变化率的贡献率下降与我国的经济周期相吻合。从纵向比较来看,河南省资源配置效应变化率的贡献率最高,其次是山东省,而青海省资源配置效应变化率的贡献率最低,吉林省资源配置效应变化率的贡献率位于倒数第二位。从四大经济区域的角度来看,四大经济区域资源配置效应变化率的贡献率都呈现波动下降的趋势,在四大经济区域中,东北地区资源配置效应变化率的贡献率波动幅度最大,西部地区资源配置效应变化率的贡献率波动幅度次之,相比较而言,中部地区的波动幅度较东部地区更为平缓一些。从资源配置效应变化率在所有年份的平均贡献率来看,东部、中部和西部地区的贡献率均为正值,只有东北地区的贡献率为负值。中部地区资源配置效应变化率的平均贡献率在四大经济区域中是最高的,而东北地区资源配置效应变化率的平均贡献率是最低的。从四大经济区域资源配置效应变化率的贡献率变化趋势来看,四大经济区域资源配置效应变化率的贡献率总体上都呈现波动中下降的态势,表明四大经济区域资源配置效应变化率对各自区域全要素生产率的贡献逐渐降低,在四大经济区域中,东北地区资源配置效应变化率的贡献率下降趋势最为突出。

第四,从总体上看,我国金融发展对资源配置效应的增长效果不明显。从四大经济区域的角度来看,东部地区的金融发展显著地阻碍了东部地区资源配置效应的增长,而中部、西部和东北地区的金融发展则显著地促进了各自地区资源配置效应的增长。这同时也表明,我国的金融发展优化资源配置的效应还没有出现。其原因在于，我国金融市场化改革的滞后，导致金融发展无法使经济体资源配置总效应得到改善，从而使金融发展无法通过资源配置效率来促进全要素生产率增长。

第九章　结论及展望

现阶段，虽然我国金融市场化程度有一定的提高，但我国金融业仍属于高度管制的行业，政府在金融资源配置中占有相当重要的地位，由此导致信贷资源的过度需求和信贷配额，信贷资源的配置不是按照效率原则分配，而是按照企业的"身份"来分配。① 政府偏好有国家成分的、规模大的或者已获上市资格的国有企业②，并倾向于向这些国有企业提供信贷，同时抑制向非国有企业的信贷。③ 统计显示，我国大中型企业的数量仅占1%，但占有的金融资源则高达65%，银行业对规模或限额以下企业的贷款覆盖率不及5%，不仅明显低于发达国家54%的水平，而且低于规模以上企业覆盖率约25%，以大型化、集中化为表现特征的银行资源供给结构与小型化、分散化的民营经济出现了严重的不相匹配，导致生产决策单位不能达到最优的生产规模④，造成总体经济结构失衡和潜在生产率损失⑤，严重影响经济结构调整的方向和经济效益的发挥，并冲击银行信贷资产质量。

另外，我国的商业银行面临着业务范围趋同、产品服务相近、竞争同质化现象，难以满足实体经济多元化的金融需求。随着中国经济逐步

---

① 卢峰、姚洋：《金融压抑下的法治、金融发展和经济增长》，《中国社会科学》2004年第1期，第45页。

② 张幕濒、孙亚琼：《金融资源配置效率与经济金融化的成因》，《经济学家》2014年第4期。

③ 戴静、张建华：《金融所有制歧视、所有制结构与创新产出》，《金融研究》2013年第5期，第87页。

④ 赵自芳、史晋川：《中国要素市场扭曲的产业效率损失——基于DEA方法的实证分析》2006年第10期，第43页。

⑤ 孙浦阳、彭伟瑶：《外商直接投资、资源配置与生产率提升——基于微观数据的验证》2014年第6期，第2页。

进入新常态，在新常态下如何为中国经济增长动力转换提供金融支持，是中国经济成功转型升级的关键，而经济增长动力能否顺利转换，关键取决于资金能否通过金融系统及时配置给高效率企业。[1] 在经济新常态下，对于金融业来说，如何通过体制机制创新加快金融业转型，为经济增长新动能的培育源源不断地提供资金支持，是我国当前推进金融体制改革不可回避的重大课题。尤其是近年来随着大量的产业资本涌入高收益率的金融、房地产行业，继续依赖粗放型的投资扩张来达到经济的中高速发展则不具备可持续性。通过构建高效率、广覆盖的金融服务系统，把资金配置给高效率企业，为实体经济转型升级提供全方位的金融服务和支持，是我国当前和今后金融体制改革的方向。[2]

第一节 主要观点与研究结论

本书利用超越对数随机前沿生产函数模型，利用 Kumbhakar 和 Lovell（2000）关于全要素生产率增长率的分解方法，将全要素生产率增长率分解为技术效率变化率、技术进步变化率、规模效应变化率和资源配置效应变化率四个部分。利用我国 2000—2015 年间的相关数据，对我国的金融发展水平和全要素生产率增长率进行了测算，在此基础上，先分析金融发展对我国全要素生产率增长的影响，接着分析金融发展与全要素生产率增长率四个部分之间的关系，探讨金融发展在促进或抑制全要素生产率增长的条件下，金融发展通过哪个渠道影响全要素生产率的增长。本书研究得到的主要结论如下：

第一，2000—2015 年，我国区域金融发展水平存在差异，其差异总体上呈现缩小趋势。从四大经济区域来看，2000—2015 年，除中部地区外，其他三大经济区域内的金融发展水平差异呈现波动中下降的趋势。从区域金融发展的差异来看，中部与西部地区、中部与东北地区、

---

[1] 康珂：《新常态下中国经济增长动力转换的金融支持》，《金融论坛》2016 年第 3 期。
[2] 同上书，第 15 页。

西部与东北地区之间的金融发展水平差异处于中间水平，中部与西部地区之间的金融发展水平差异较小。从来源大小来看，区域间差异最大，区域内差异来源最小。从区域金融发展水平差异的贡献率大小来看，区域间差异贡献率最大，而区域内差异贡献率最小，我国四大经济区域金融发展水平总体差异主要来自区域间的差异。从我国区域金融发展差异的收敛性检验来看，我国区域金融发展的差异存在着 σ 收敛，但无明显的 β 绝对收敛、β 条件收敛特征，也不具有"俱乐部收敛"特征。

第二，利用 Kumbhakar 和 Lovell (2000) 的分解方法，将全要素生产率的增长分解为技术效率变化率、技术进步变化率、规模效应变化率和资源配置效应变化率四个部分。研究结果发现，我国全要素生产率增长的主要来源于技术进步变化率和资源配置效应变化率的贡献，而技术效率变化率和规模效应变化率对全要素生产率增长的贡献度为负。从总体上看，我国全要素生产率增长存在着 σ 收敛和 β 收敛特征（包括 β 绝对收敛特征和 β 条件收敛特征），但从四大经济区域层面来看，我国区域全要素生产率增长存在着 σ 收敛和 β 条件收敛特征，β 绝对收敛特征不明显。

第三，从金融发展与全要素生产率增长之间的关系来看，无论从总体上还是从四大经济区域的层面，金融发展均显著地促进了全要素生产率增长率增长。由于我国金融市场化发展的滞后，金融资源错配对我国全要素生产率的提升造成了一定的影响。从整体上看，金融资源错配程度每提升1%，我国全要素生产率水平下降1.39%。从四大经济区域的层面来看，东部地区金融错配显著地阻碍了东部地区全要素生产率的提升；中部地区金融资源的错配对中部地区全要素生产率的增长虽然有一定的影响，但影响效果不明显；西部地区的金融资源错配显著地抑制了西部地区全要素生产率的提升；东北地区的金融资源错配对东北地区全要素生产率的影响效果不明显。

第四，从金融发展与全要素生产率的中间渠道技术效率变化之间的关系来看，通过构建超越对数随机前沿生产函数模型，将金融发展作为影响技术效率的一个因素来分析金融发展和技术效率之间的关系。研究结果表明，从总体上看，金融发展不利于我国技术效率的改善；而从四大经济区域的角度来看，金融发展对我国技术效率的影响具有差异性。具体来说，金融发展对西部地区的技术效率具有显著的负面影响，而金融发展对其他三个经济区域技术效率影响的系数虽然为正，但均未通过显著性检验，表明金融发展对其他三个区域技术效率水平的影响效果不明显。金融发展对技术效率具有不同影响的原因在于，金融发展对技术效率的影响存在门槛效应。金融发展对技术效率的影响受人均 GDP 的影响，当人均 GDP 超过 63882.453 元/人时，金融发展有利于促进技术效率水平的提升。从门槛值计算的结果来看，只有上海市和天津市的人均 GDP 符合要求。

第五，从金融发展与全要素生产率的中间渠道技术进步之间的关系来看，从整体上看，金融发展显著地促进了我国的技术进步；但从四大经济区域的角度来看，金融发展不利于四大经济区域的技术进步。金融发展不利于区域技术进步的原因在于金融发展与技术进步之间的门槛效应。从整体上看，金融发展对我国的技术进步存在着门槛效应，且有两个门槛值；而从四大经济区域的角度来看，东部地区的金融发展水平对东部地区技术进步的影响存在着两个门槛值；中部地区金融发展水平对中部地区技术进步的影响只有一个门槛值，且中部地区金融发展水平处于不同的门槛区间时，都显著地抑制了中部地区的技术进步；西部地区金融发展水平对西部地区技术进步的影响仅有一个门槛值，且西部地区金融发展水平处于不同门槛区间时都显著地促进了西部地区的技术进步；东北地区金融发展水平对东北地区技术进步的影响存在着两个门槛值。

第六，从金融发展与全要素生产率的中间渠道规模效应变化率之间的关系来看，尽管金融发展对规模效应的增长具有一定的负面影响，但影响效果不明显；而从四大经济区域来看，东部地区金融发展有利于东部地区规模效应的增长，但中部、西部和东北地区金融发展显著地阻碍了规模效应的增长。这同时也表明，金融发展水平还远未成为我国经济增长报酬递增的内生驱动机制，金融市场化的改革还需进一步推进，通过金融市场化改革，驱动我国经济增长的报酬递增机制尽快形成是当务之急。

第七，从金融发展与全要素生产率的中间渠道资源配置效应变化率之间的关系来看，从总体上看，我国金融发展对资源配置效应的增长效果不明显；从四大经济区域的角度来看，东部地区金融发展显著地阻碍了东部地区资源配置效应的增长，而中部、西部和东北地区金融发展则显著地促进了各自地区资源配置效应的增长。

第二节 政策建议

综观国内外关于金融发展与全要素生产率增长之间关系的研究，以及以上关于我国金融发展与全要素生产率增长的研究结论，可以得到如下政策建议：

第一，要推动我国全要素生产率的持续增长，需要同时重视技术效率的改善和规模效应增长，形成四轮驱动促进全要素生产率增长的体制机制。从实证研究结果来看，我国全要素生产率的增长主要依赖于技术进步和资源配置效应的增长，而通过进一步对资源配置效应进行分解，研究发现：我国长期以来所依赖的低成本劳动力优势随着用工成本的上升，极大地阻碍了我国资源配置效应的扩大效应。另外，我国全要素生产率的增长，不能盲目地追求技术水平的进步，也需要关注经济运行过程中技术效率的改善和经济运行过程中规模效应的增长，我国目前技术效率的增长呈现不断恶化的趋势，需要通过金融体制机制创新来促进技术效率的改善。从我国规模效应变化率来看，我国规模效率总体上处于生产规模报酬递减阶段，导致我国经济处于规模报酬递减的原因在于劳动力要素的平均产出弹性呈现下降的态势，劳动力投入质量不高影响了规模报酬的发挥，提高劳动投入的质量是当务之急。

第二，以非国有企业贷款余额占 GDP 比重衡量的金融发展对全要素生产率增长具有显著的正向影响，这意味着，金融市场化改革有助于增强金融发展对全要素生产率增长具有促进作用。但是，由于我国金融市场化改革的滞后，金融资源配置效率低下，极大地影响了金融发展对全要素生产率增长的中间渠道。因此，进一步推进金融市场化改革，充分发挥市场机制配置金融资源的作用,提高金融资源的配置效率,促使金融发展更好地服务于实体经济。

第三,金融发展通过技术效率和技术进步渠道来促进全要素生产率增长,均具有一定的门槛约束。我国以银行为主导的金融体系极大地制约了我国全要素生产率的增长。随着经济的发展,证券市场对经济发展的贡献度越来越大,银行对经济发展的贡献度越来越小。经济发展与金融发展的协同作用会随着经济发展水平的提高更偏向于资本市场,而资本市场的发展,也会推动着我国金融发展水平的提高,从而金融发展跨越技术效率、技术进步对全要素生产率增长的门槛约束。因此,要构建多层次资本市场,逐步提高企业直接融资比例,减少企业对银行信贷的依赖。适当放宽发行主体准入、发行条件的限制,增加中小企业集合债券、集合票据、公司债券等的品种及规模。①

第三节　研究展望

在现有文献研究的基础上,本书分析了金融发展与全要素生产率增长之间的关系,在此基础上,分析了金融发展与全要素生产率增长率四个部分之间的关系,从而拓展了金融发展与全要素生产率之间关系的分析视野。本书关于金融发展与全要素生产率之间关系的研究是金融与经济增长之间关系的一个大胆尝试,对于两者之间关系的研究,未来还可以从以下几个方面进行拓展:

第一,在分析全要素生产率时,未考虑能源和环境因素对全要素生产率增长的影响。显然,在将能源和环境要素同时纳入生产过程的条件下,对全要素生产率的测算才更加贴近现实情况。尤其是在利用超越对数随机前沿生产函数模型条件下,如何将能源和环境因素引入超越对数随机前沿生产函数模型,并对我国全要素生产率进行测算,这是今后研

---

① 余利丰:《金融资源错配与技术进步偏向性研究》,《江汉大学学报》(社会科学版)2017年第6期,第79页。

究努力的方向，也是今后研究的重点。

第二，经过40年的改革开放，中国经济发展迫切需要从资源消耗型经济过渡到资源节约型和环境友好型经济，金融作为现代经济的核心，在生态文明建设全面实施、深入推进中，迫切需要金融业加快创新，实现金融发展与生态文明建设的有机统一，绿色金融则成为金融业顺应这一形式的必然选择。目前，我国关于绿色金融的研究大多处于宏观层面，对差异较大的不同地区绿色金融发展的研究涉及较少。可以预见，绿色金融将会成为金融发展领域研究的重点。

第三，全要素生产率增长的资源配置效率领域是今后研究的一大难点和重点。一方面，要素价格的量化问题是目前研究争论最大的领域，要素成本量化的困难制约了资源配置效应的测算，从而也制约了全要素生产率的测算；另一方面，将环境因素和能源要素纳入分析框架后，资源配置效应的量化将更加复杂，如何更好地量化纳入环境和能源要素的资源配置效应问题将是今后研究的重点和难点。

参考文献

[1] Aigner, D. J. and Chu, S. F. , "On Estimating the Industry Production Function", *The American Economic Review*, Vol. 58, No. 4, 1968, pp. 826 –839.

[2] Aigner, D. J. and Schmidt, Lovell C. A. K. , "Formulation and Estimation of Stochastic Frontier Production Function Models", *Journal of Econometrics*, Vol. 1, 1977, pp. 21 –37.

[3] Albert, M. G. , "Regional Technical Efficiency: A Stochastic Frontier Approach", *Applied Economics Letters*, Vol. 5, 1998, pp. 723 –726.

[4] Arestis, P. , Chortareas, G. and Desli, E. , "Financial Development and Productive Efficiency in OECD Countries: An Exploratory Analysis", *The Manchester School Special Issue*, Vol. 74, No. 4, 2006, pp. 417 –440.

[5] Arestis, P. , Chortareas, G. and Desli, E. , "Technical Efficiency and Financial Deepening in the Non – OECD", *Economies International Review of Applied Economics*, Vol. 20, No. 3, 2006, pp. 353 –373.

[6] Arizala, F. , Eduardo, Cavallo and Galindo, A. J. , "Financial Development and TFP Growth: Cross Country and Industry Level Evidence", *Applied Financial Economics*, Vol. 23, 2013, pp. 433 –448.

[7] Allen, F. and Santomero, A. M. , "The Theory of Financial Intermediation", *Journal of Banking & Finance*, Vol. 21, No. 1, 1998, pp. 1461 –1485.

[8] Banker, R. D. , Charnes, A. and Cooper, W. W. , "Some Models for Estimating Technical and Scale Inefficiencies in Data Envelopment Anal-

ysis", *Management Science*, Vol. 30, No. 9, 1984, pp. 1078 – 1092.

[9] Bannistter, G. and Stolp, C., "Regional Concentration and Efficiency in Mexican Manufacturing, European", *Journal of Operational Research*, Vol. 80, No. 3, 1995, pp. 672 – 690.

[10] Battese, E. and Coelli, T., "A Model of Technical Inefficiency Effects in Stochastic Frontier Production for Panel Data", *Empirical Economics*, Vol. 20, 1995, pp. 325 – 332.

[11] Battese, E. and Coelli, T., "Frontier Production Functions, Technical Efficiency and Panel Data: With Application to Paddy Farmers in India", *Journal of Productivity Analysis*, Vol. 3, 1992, pp. 153 – 169.

[12] Baumol, W. J., Panzar, J. C. and Willing, R. D., *Contestable Markets and the Theory of Industry Structure*, New York: Harcourt Brace Jovanovich, 1982, pp. 1 – 510.

[13] Becivenga, V., Smith, B. and Starr, R., "Transactions Costs, Technological Choice, and Endogenous Growth", *Journal of Economic Theory*, Vol. 67, No. 1, 1995, pp. 153 – 177.

[14] Beck, T., Demirguc – Kunt, A. and Levine, R., "Law and Finance: Why does Legal Origin Matter?", *Journal of Comparative Economics*, Vol. 31, 2003, pp. 653 – 675.

[15] Beck, T., Levine, R. and Loayza, N., "Finance and the Source of Growth", *Journal of Financial Economics*, Vol. 58, No. 2, 2000, pp. 261 – 300.

[16] Bencivenga, V. R. and Smith, B. D., "Financial Intermediation and Endogenous Growth", *Review of Economics Studies*, Vol. 58, No. 1, 1991, pp. 195 – 209.

[17] Bencivenga, V., Smith, B. and Starr, R., "Transactions Costs, Technological Choice, and Endogenous Growth", *Journal of Economic Theory*, Vol. 67, 1995, pp. 153 – 177.

[18] Bencivenga, V. R. and Smith, B. D., "Some Consequences of Credit Rationing in an Endogenous Growth Model", *Journal of Economic Dy-

namics and Control, Vol. 17, No. 1, 1993, pp. 97 – 122.

[19] Bencivenga, V. R. and Smith, B. D. , "Financial Intermediation and Endogenous Growth", *Review of Economics Studies*, Vol. 58, No. 1, 1991, pp. 195 – 209.

[20] Benhabib, Spiegel, "The Role of Human Capital in Economic Development: Evidence from Aggregate cross Country Data", *Journal of Monetary Economics*, Vol. 34, No. 2, 1997, pp. 143 – 173.

[21] Benhabib, J. and Spiegel, M. , "The Role of Financial Development in Growth and Investment", *Journal of Economic Growth*, Vol. 5, No. 4, 2000, pp. 341 – 360.

[22] Benston, G. J. , "Economies of Scale and Marginal Costs in Banking Operations", *The National Banking Review*, Vol. 2, 1965, pp. 312 – 331.

[23] Bose, N. and Cothern, R. , "Equilibrium Loan Contracts and Endogenous Growth in the Presence of Asymmetric Information", *Journal of Monetary Economics*, Vol. 38, 1996, pp. 363 – 376.

[24] Boot, A. and Thakor, A. , "Financial System Architecture", *The Review of Financial Studies*, Vol. 10, No. 3, 1997, pp. 693 – 733.

[25] Brown, J. and Petersen, Fazzari S. , "Financing Innovation and Growth: Cash Flows, External Equity, and the 1990s R&D Boom", *Journal of Finance*, Vol. 64, 2009, pp. 151 – 185.

[26] Buffie, Edward F. , "Financial Repression, the New Structuralist, and Stabilization Policy in Semi – industrialized Economics", *Journal of development Economics*, Vol. 14, No. 3, 1984, pp. 305 – 322.

[27] Caves, Douglas W. , Christensen, Laurits R. and Erven, Diewert W. , "The Theory of Index Numbers and the Measurement of Input, Output, and Productivity", *Econometrica*, Vol. 50, 1982, pp. 1393 – 1414.

[28] Charnes, A. , Cooper, W. W. and Rhodes, E. , "Measuring the Efficiency of Decision Making Units", *European Journal of Operational Reasearch*, Vol. 2, No. 6, 1978, pp. 429 – 444.

[29] Christensen, L. R., Jorgenson, D. W. and Lau, L. J., "Transcendental Logarithmic Production Frontier", *The Review of Economics and Statistics*, Vol. 55, No. 1, 1973, pp. 28 – 45.

[30] Coelli, T. J., "A Guide to Frontier Version 4.1: A Computer Program for Stochastic Frontier Production and Cost Function Estimation", *CEPA Working Paper*, Centre for Efficiency and Productivity Analysis, University of New England, Armidale, Australia, 1996.

[31] Coffee, John, "Do Norms Matter? A Cross – Country Examination of Private Benefits of Control", *Columbia University Law School Working Paper*.

[32] Colli, T. and Rao, P., "Total Factor Productivity Growth in Agriculture: A Malmquist Index Analysis of 93 Countries, 1980 – 2000", Presentaion at the International Association of Agricultural Economics (IAAE) Conference in Durban August, 2003, pp. 16 – 22.

[33] Debreu, G., "The Coefficient of Resource Utilization", *Econometrica*, Vol. 19, No. 3, 1951, pp. 273 – 292.

[34] Demetriades, Hussein K. A., "Does Financial Development Cause Economic Growth? Time – series Evidence from 16 Countries", *Journal of Development Economics*, Vol. 51, No. 2, pp. 387 – 411.

[35] Demetriades, P. O. and Luintel, K. B., "Financial Development, Economic Growth and Banking Sector Controls: Evidence from India", *The Economic Journal*, Vol. 106, No. 435, 1996, pp. 359 – 374.

[36] Dension, E., *Why Growth Rates Differ*, Washington: Brooking Institute, 1967.

[37] Diamond, P. A., "Disembodied Technical Change in a Two – Sector Model", *Review of Economic Studies*, Vol. 32, No. 2, 1965, pp. 161 – 168.

[38] Diamond, D. W. and Dybvig, P. H., "Bank Runs, Deposit Insurance and Liquidity", *Journal of Political Economy*, Vol. 91, No. 3, 1983, pp. 299 – 314.

[39] Dietsch, M., "Localiation and Competition in Banking", *Revue Economique*, Vol. 44, No. 4, 1993, pp. 779 – 790.

[40] Drake, L., "Efficiency and Productivity Change in UK Banking", *Applied Financial Economics*, Vol. 11, 2001, pp. 557 – 571.

[41] Fan, S., "Effects of Technological Change and Institutional Reform on Production Growth in Chinese Agriculture", *American Journal of Agricultrual Economics*, Vol. 73, No. 2, 1991, pp. 266 – 275.

[42] Fare, R., Grosskopf, S., Norris, M. And Zhongyang, Zhang, "Productivity Growth, Technical Progress, and Efficiency Change in Industrialized Countries", *The American Economic Review*, Vol. 84, No. 1, 1994, pp. 66 – 83.

[43] Farrell, M. J., "The Measurement of Productivity Efficiency", *Journal of the Royal Statistical Society*, Vol. 120, 1957, pp. 253 – 282.

[44] Ferrier, G. and Lovell, C. A. Knox, "Measuring Cost Efficiency in Banking: Econometric and Linear Programming Evidence", *Journal of Econometrics*, Vol. 46, 1990, pp. 229 – 245.

[45] Fleisher, B. M. and Chen, J., "The Coast – noncoast Income Gap, Productivity and Regional Economic Policy in China", *Journal of Comparative Economics*, Vol. 25, No. 2, 1997, pp. 220 – 236.

[46] Forstner, H. and Isaksson, A., "Productivity, Technology, and Efficiency: An Analysis of the World Echnology Frontier When Memory is Infinite", *SIN Working Paper* No. 7 (UNIDO: Vienna), 2002.

[47] Fritz, R. G., "Time Series Evidence on the Causal Relationship between Financial Deepening and Economic Development", *Journal of Economic Development*, Vol. 9, 1984, pp. 91 – 111.

[48] Goldsmith, R., "A Perpetual Inventory of National Wealth", *Studies in Income and Wealth*, Vol. 14, 1951, pp. 5 – 61.

[49] Goldsmith, R. W., *Financial Structure and Development*, New Haven, CT: Yale University Press, 1969.

[50] Greenwood and Jovanovic, "Financial Development, Growth and Dis-

tribution of Income", *Journal of Political Economy*, Vol. 98, No. 5, 1990, pp. 1076 – 1107.

[51] Greenwood, J. and Smith, B. D., "Financial Markets in Development, and the Development of Financial Markets", *Journal of Economic Dynamics and Control*, Vol. 21, No. 1, 1997, pp. 145 – 181.

[52] Jovanovic, Greenwood J., "Financial Development, Growth, and the Distribution of Income", *Journal of Political Economy*, Vol. 98, No. 5, 1990, pp. 1076 – 1107.

[53] Hao, C., "Development of Financial Intermediation and Economic Growth: The Chinese Experience", *China Economic Review*, Vol. 17, 2006, pp. 347 – 362.

[54] Hellmann, T., Murdock, K. and Stiglitz, J., *Financial Restrain: Towards a New Paradigm*, New York: Oxford University Press, 1997, 163 – 207.

[55] Hicks, John, *A Theory of Economic History*, Oxford: Clarendon Press, 1969.

[56] Hsieh, C. and Klenow, P. J., "Misallocation and Manufacturing TFP in China and India", *The Quarterly Journal of Economics*, Vol. CxxⅣ, No. 4, 2009, p. 1403.

[57] Hunter, W. C. and Timme, S. G., "Technological Change in Large US Commercial Banks", *Journal of Business*, Vol. 64, 1991, pp. 339 – 362.

[58] Jefferson, G., Rawski, T. and Zheng, Y., "Growth, Efficiency, and Convergence in China's State and Collective Industry", *Economic Development and Cultural Change*, Vol. 40, 1992, pp. 239 – 266.

[59] Jorgenson, Dale W. and Griliches, Z., "The Explanation of Productivity Change", *The Review of Economic Studies*, Vol. 34, No. 3, 1967, pp. 249 – 283.

[60] Kalirajan, K. P., "An Econometric Analysis of Yield Variability in Paddy Production", *Canadian Journal of Agricultural Economics*,

Vol. 29, 1981, pp. 283 – 294.

[61] Khanna, N., "Analyzing the Economic Cost of the Kyoto Protocol", *Ecological Economics*, Vol. 38, No. 1, 2001, pp. 56 – 69.

[62] Kim, S. and Han, G., "A Decompositon of Total Factor Productiviy Growth in Korean Manufacturing Industries: A Stochastic Frontier Approach", *Journal of Productivity Analysis*, Vol. 16, No. 3, 2001, pp. 269 – 281.

[63] King, R. G. and Levine, R., "Finance and Growth: Schumpeter Might be Right?", *The Quarterly Journal of Economics*, Vol. 108, No. 3, 1993, pp. 717 – 737.

[64] Kodde, D. A. and Palm, F. C., "Wald Criteria for Jointly Testing Equality and Inequality Restrictions", *Econometrica*, Vol. 54, No. 5, 1986, pp. 1243 – 1248.

[65] Koopmans, T., "An Analysis of Production as an Efficient Combination of Activities", in, T. Koopmans (ed.), *Activity Anlysis of Production and Allocation*, New York: Wiley, 1951, pp. 177 – 189.

[66] Kumbhakar, S. C., Soumendra, G. and Thomas, G., "A Generalized Production Frontier Approach for Estimating Determinants of Inefficiency in US Dairy Farms", *Journal of Business and Economics Statistics*, Vol. 9, No. 3, 1991, pp. 279 – 286.

[67] Kumbhakar, S. and Lovell, G., *Stochastic Frontiter Analysis*, New York: Cambridge University Press, 2000.

[68] La Porta, Rafael, Lopez – desilanes, Florencio, Shleifer, Andrei and Vishny, Robert, "Law and Finance", *Journal of Political Economy*, Vol. 106, 1998, pp. 1113 – 1155.

[69] Lau, K. And Brada, J., "Technological Progress and Technical Efficiency in Chinese Industrial Growth: A Frontier Production Function Approach", *China Economic Review*, Vol. 1, 1990, pp. 113 – 124.

[70] Leibenstein, H., "Allocative Efficiency vs. X – Efficiency", *American Economic Review*, Vol. 56, 1966, pp. 392 – 415.

[71] Levine, R., Loayza, N. and Beck, T., "Financial Intermediation and Growth: Causality and Causes", *Journal of Monetary Economics*, Vol. 46, 2000, pp. 31 – 77.

[72] Luintel, K. B. and Khan, M., "A Quantitative Reassessment of the Finance – Growth Nexus: Evidence from a Multivariate VAR", *Journal of Development Economics*, Vol. 60, 1999, pp. 381 – 405.

[73] Mcallister, P. H. and Mcmansus, D., "Resolving the Scale Efficiency Puzzle in Banking", *Journal of Banking and Finance*, Vol. 17, 1993, pp. 389 – 405.

[74] Mckinnon, R. I., *Money and Capital in Economic Development*, Washington: Brookings Institution, 1973.

[75] Meeusen, W. and Vanden, Broeck J., "Efficiency Estimation from Cobb – Douglas Production Functions with Composed Error", *International Economic Review*, Vol. 18, 1977, pp. 435 – 444.

[76] Mieko Nishimizu and John M. Page Jr., *Total Factor Productivity Growth, Technological Progress and Technical Efficiency Change: Dimensions of Productivity Change in Yugoslavia*, 1965 – 1978, p. 924.

[77] Mochebelele, M. T. and Nelson, W., "Migrant Labor and Farm Technical Efficiency in Lesotho", *World Development*, Vol. 28, 2000, pp. 143 – 153.

[78] Nan – Kuang Chen, "Bank Net Worth, Asset Prices and Economic Activity", *Journal of Monetary Economics*, Vol. 48, No. 2, 2001, pp. 415 – 436.

[79] Nourzad, F., "Financial Development and Productive Efficiency: A Panel Study of Developed and Developing Countries", *Journal of Economics and Finance*, Vol. 26, No. 2, 2002, pp. 138 – 149.

[80] Odedokun, M. O., "Alternative Econometric Approaches for Analyzing the Role of the Financial Sector in Economic Growth: Time – series Evidence from LDCs", *Journal of Development Economics*, Vol. 50, 1996, pp. 119 – 146.

[81] Pagano, M., "Financial Markets and Growth: An Overview", *European Economic Review*, Vol. 37, 1993, pp. 613 – 622.

[82] Pitt, L. M. and Lee, L., "The Measurent and Sources of Technical Inefficiency in Indonesian Weaving Industry", *Journal of Development Economics*, Vol. 9, 1981, pp. 43 – 64.

[83] Rajan, Raghuram G. and Zingales, Luigi, *Saving Capital from the Capitalists: Unleashing the Power of Financial Markets to Create Wealth and Spread Opportunity*, Crown Business, Random House.

[84] Rajan, R. G. and Zingales, L., "Financial Dependence and Growth", *American Economic Review*, Vol. 88, No. 3, 1998, pp. 559 – 586.

[85] Reinsdorf, M. and Cover, M., "Measurement of Capital Stocks, Consumption of Fixed Capital, and Capital Services: Report on a Presention to the Central American AD Hoc Group on National Accounts", *Working Paper*, 2005.

[86] Rioja, F. and Valev, N., "Finance and the Sources of Growth at Various Stages of Economic Development", *Economic Inquiry*, Vol. 42, No. 1, 2004, pp. 27 – 40.

[87] Robert, Solow, "Technical Change and the Aggregate Production Function", *Review of Economics and Statistics*, Vol. 39, 1957, pp. 312 – 320.

[88] Romer, P. M., "Increasing Returns and Long – run Growth", *The Journal of Polotical Economy*, Vol. 94, No. 5, 1986, pp. 1002 – 1037.

[89] Rousseau, P. and Wachtel, P., *Inflation, Financial Development and Growth, Economic Theory, Dynamics and Markets*: Essays in Honor of Ryuzo Sato.

[90] Saint, P. G., "Technological Choice, Financial Markets and Economic Development", *European Economic Review*, Vol. 36, No. 4, 1992, pp. 763 – 781.

[91] Schmidt, P. and Wang, H. J., "One – Step and Two – Step Estima-

tion of the Effects of Exogenous Variables on Technical Efficiency Levels", *Journal of Productivity Analysis*, Vol. 18, 2002, pp. 129 – 144.

[92] Schmidt, Peter and Knox, Lovell C. A. , "Estimating Stochastic Production and Cost Frontier When Technical and Allocative Inefficiency are Correlated", *Journal of Econometrics*, Vol. 13, 1980, pp. 83 – 100.

[93] Shaw, R. S. , *Financial Deepening in Economic Development*, New York: Oxford University Press, 1973.

[94] Stigler, J. and Uzawa, H. , *Readings in the Modern Theory of Economic Growth*, Cambridge, Mass. : MIT Press, 1969.

[95] Stulz, Williamson, "Culture, Openness and Finance", *Journal of Financial Economics*, 2003, 70 (3): 313 – 349.

[96] Steve Olley and Ariel Pakes, "The Dynamics of Productivity in the Telecommunications Equipment Industry", *Econometrica*, Vol. 64, No. 6, 1996, pp. 1263 – 1298.

[97] Sylviane, G. J. , Ping, H. and Zhicheng, L. , "Financial Development, Economic Efficiency and Productivity Growth: Evidence from China", *The Developing Economies*, Vol. Xlov, No. 1, 2006, pp. 27 – 52.

[98] Tadesse, S. , "Financial Development and Technology", *William Davidson Institute Working Paper*, No. 749, February 2005.

[99] Tidrick, G. , "Productivity Growth and Technological Change in Chinese Industry", *World Bank Working Papers*, Washington D. C. : World Bank, 1986, p. 761.

[100] Tone, K. and Tsutsui, M. , "An Epsilon – Based Measure of Efficiency in DEA – Athird Pole of Technical Efficiency", *European Journal of Operational Research*, Vol. 207, No. 3, 2010, pp. 1554 – 1563.

[101] Uri, Noel D. , "The Adoption of Incentive Regulation and Its Effect on Technical Efficiency in Telecommunications the United States", *International Journal of Production Economics*, Vol. 86, No. 1,

2003, pp. 21 – 34.

[102] Wang, E. C., "A Production Function Approach for Analyzing the Finance – Growth Nexus the Evidence from Taiwan", *Journal of Asian Economics*, Vol. 10, 1999, pp. 319 – 328.

[103] Wang, Y. and Yao, Y. D., "Sources of China's Economic Growth 1952 – 1999: Incorporating Human Capital Accumulation", *China Economic Review*, Vol. 14, 2003, pp. 32 – 52.

[104] Woo, W. T., Hai, W., Jin, Y. and Fan, G., "How Successful Has Chines Enterprise Reform Been? Pitfalls in Opposite Biases and Focus", *Journal of Comparative Economics*, Vol. 18, 1994, pp. 410 – 437.

[105] Wu, Shunxiang, Devadoss, S. and Lu, Yaochi, "Estimation and Decomposition of Technical Efficiency for Sugarbeet Farms", *Applied Economics*, Vol. 35, 2003, pp. 471 – 484.

[106] Wu, Y., "Is China's Economic Growth Sustainable? A Productivity Analysis", *China Economic Review*, Vol. 11, 2000, pp. 278 – 296.

[107] Wu, Y., "Productivity Growth, Technological Progress, and Technical Efficiency Change in China: A Three – Sector Economic Growth Sustainable? A Productivity Analysis", *China Economic Review*, Vol. 11, 2000, pp. 278 – 296.

[108] Wu, S. X., David Walker, Stephen Devadoss and Lu, Y. C., "Productivity Growth and Its Components in Chinese Agriculture after Reforms", *Review of Development Economics*, Vol. 5, No. 3, 2001, pp. 375 – 391.

[109] Wu, Walker and Devadoss et al., "Productivity Growth and Its Components in Chinese Agriculture after Reforms", *Review of Development Economics*, Vol. 5, No. 3, 2001, p. 378.

[110] Zheng, J. H. and Hu, A. G., "An Empirical Analysis of Provincial Productivity in China (1979 – 2001)", *Working Paper*, 2004,

Goteborg, Department of Economics.

[111] Zofio, J. L., "Malmquist Productivity Index Decompositions: A Unifying Framework", *Applied Economics*, Vol. 39, No. 18, 2007, pp. 2371–2387.

[112] 蔡建明：《民间资本参与中国技术创新的金融支持研究》，《财经问题研究》2006 年第 12 期。

[113] 陈刚、李树：《金融发展与增长源泉：要素积累、技术进步与效率改善》，《南方经济》2009 年第 5 期。

[114] 程恩江、D. A. Abdullahi：《信贷需求：小额信贷覆盖率的决定因素之一——来自中国北方四县调查的证据》，《经济学》（季刊）2008 年第 7 期。

[115] 单豪杰：《中国资本存量 K 的再估算：1952—2006》，《数量经济技术经济研究》2008 年第 10 期。

[116] 段一群、李东、李廉水：《中国装备制造业的金融支持效应分析》，《科学学研究》2009 年第 3 期。

[117] 冯涛、宋艳伟、路燕：《财政分权、地方政府行为与区域金融发展》，《西安交通大学学报》（社会科学版）2007 年第 8 期。

[118] 傅晓霞、吴利学：《技术效率、资本深化与地区差异》，《经济研究》2006 年第 10 期。

[119] 郭继强：《教化投资：人力资本投资的新形式》，《经济学家》2006 年第 4 期。

[120] 郭庆旺、贾俊雪：《中国全要素生产率的估算：1979—2004》，《经济研究》2005 年第 6 期。

[121] 郝大江、张荣：《要素禀赋、集聚效应与经济增长动力转换》，《经济学家》2018 年第 1 期。

[122] 韩延春：《金融发展与经济增长的内生机制》，《清华大学学报》（哲学社会科学版）2003 年第 1 期。

[123] 何枫、陈荣、何炼成：《SFA 模型及其在我国技术效率测算中的应用》，《系统工程理论与实践》2004 年第 5 期。

[124] 何枫、陈荣：《金融中介发展对中国技术效率省际差异的影

响——SFA 模型的应用》,《西北农林科技大学学报》(社会科学版) 2004 年第 2 期。

[125] 何元贵:《中国汽车企业规模经济实证研究》,博士学位论文,暨南大学,2009 年。

[126] 胡俊华:《中国商业银行规模经济实证研究》,硕士学位论文,中央财经大学,2006 年。

[127] 黄凌云、徐磊、冉茂盛:《金融发展、外商直接投资与技术进步——基于中国省际面板数据的门槛模型分析》,《管理工程学报》2009 年第 3 期。

[128] 金雪军、田霖:《我国区域金融成长差异的态势:1978—2003》,《经济理论与经济管理》2004 年第 8 期。

[129] 靳来群:《所有制歧视所致金融资源错配程度分析》,《经济学动态》2015 年第 6 期。

[130] 康珂:《新常态下中国经济增长动力转换的金融支持》,《金融论坛》2016 年第 3 期。

[131] 孔翔、E. M. Robert:《国有企业全要素生产率变化及其决定因素:1990—1994》,《经济研究》1999 年第 7 期。

[132] 李光众:《银行、股票市场与长期经济增长:中国的经验研究与国际比较》,《世界经济》2002 年第 9 期。

[133] 李健、盘宇章:《金融发展、实体部门与全要素生产率增长——基于中国省际面板数据分析》,《经济科学》2017 年第 5 期。

[134] 李建伟:《技术创新的金融支持》,上海财经大学出版社 2005 年版。

[135] 李敬、冉光和、万广华:《中国区域金融发展差异的解释——基于劳动力分工理论与 Shapley 值分解方法》,《经济研究》2007 年第 5 期。

[136] 李敬、徐鲲、杜晓:《区域金融发展的收敛机制与中国区域金融发展差异的变动》,《中国软科学》2008 年第 11 期。

[137] 李连发、辛晓岱:《外部融资依赖、金融发展与经济增长:来自非上市企业的证据》,《金融研究》2009 年第 2 期。

[138] 连艳华：《科研经费节余现象与科技资源配置分析》，《科学学与科学技术管理》2002年第8期。

[139] 刘舜佳：《国际贸易、FDI和中国全要素生产率下降——基于1952—2006年面板数据的DEA和协整检验》，《数量经济技术经济研究》2008年第11期。

[140] 鲁蓉、张林秀：《我国个体私营乡镇企业的技术效率因素分析——浙江省织里镇案例研究》，《农业技术经济》2002年第1期。

[141] 陆文喜、李国平：《中国区域金融发展的收敛性分析》，《数量经济技术经济研究》2004年第2期。

[142] 吕炜：《风险投资发展的制度支持研究》，《财政研究》2001年第8期。

[143] 彭涛：《金融发展与经济增长：基于银行效率的实证研究》，硕士学位论文，湖南大学，2004年。

[144] 秦宛顺、欧阳俊：《我国国有独资商业银行的费用与规模偏好》，《金融研究》2002年第1期。

[145] 邱晓华、郑京平、万东华：《中国经济增长动力及前景分析》，《经济研究》2006年第5期。

[146] 冉光和、李敬、熊德平：《我国金融发展与经济增长关系的区域差异——基于东部和西部面板数据的检验和分析》，《中国软科学》2006年第2期。

[147] 沈汉溪：《中国经济增长源泉分解——基于Solow增长核算、SFA和DEA的比较分析》，博士学位论文，浙江大学，2007年。

[148] 沈坤荣：《中国综合要素生产率的计量分析与评价》，《数量经济技术经济研究》1997年第11期。

[149] 史永东、武志、甄红线：《我国金融发展与经济增长关系的实证分析》，《预测》2003年第4期。

[150] 孙建国、李文溥：《电力企业技术效率和全要素生产率增长的国际比较》，《中国经济问题》2003年第6期。

[151] 孙伍琴、朱顺林：《金融发展促进技术创新的效率研究——基于

Malmuquist 指数的分析》,《统计研究》2008 年第 3 期。

[152] 涂正革、肖耿:《我国工业企业技术进步的随机前沿模型分析》,《华中师范大学学报》(人文社会科学版) 2007 年第 4 期。

[153] 涂正革、肖耿:《中国的工业生产力革命》,《经济研究》2005 年第 3 期。

[154] 王一鸣:《中国经济新一轮动力转换与路径选择》,《管理世界》2017 年第 2 期。

[155] 王晓芳、高继祖:《中国金融发展与经济效率的实证分析》,《中南财经政法大学学报》2006 年第 3 期。

[156] 王永中:《浅析金融发展、技术进步与内生增长》,《中国社会科学院研究生院学报》2007 年第 4 期。

[157] 王林辉、姚洋:《金融压抑下的法治、金融发展和经济增长》,《中国社会科学》2004 年第 1 期。

[158] 王志刚、龚六堂、陈玉宇:《地区间生产率与全要素生产率增长率分解 (1978—2003)》,《中国社会科学》2006 年第 2 期。

[159] 魏下海:《贸易开放、人力资本与中国全要素生产率——基于分位回归方法的经验研究》,《数量经济技术经济研究》2009 年第 7 期。

[160] 温涛、冉光和、熊德平:《中国金融发展与农民收入增长》,《经济研究》2005 年第 9 期。

[161] 吴诣民、张凌翔:《我国区域技术效率的随机前沿模型分析》,《统计与信息论坛》2004 年第 2 期。

[162] 王一鸣:《中国经济新一轮动力转换与路径选择》,《管理世界》2017 年第 2 期。

[163] 王稳妮:《我国银行信贷对经济波动的影响研究——基于金融摩擦的视角》,博士学位论文,中央财经大学,2016 年。

[164] 徐传湛、郑贵廷、齐树天:《我国商业银行规模经济问题与金融改革策略透析》,《经济研究》2002 年第 10 期。

[165] 严兵:《效率增进、技术进步与全要素生产率增长——制造业内外资企业生产率比较》,《数量经济技术经济研究》2008 年第

11 期。

[166] 颜鹏飞、王兵：《技术效率、技术进步与生产率增长：基于 DEA 的实证分析》，《经济研究》2004 年第 12 期。

[167] 阳佳余：《金融发展与经济增长》，博士学位论文，湖南大学，2006 年。

[168] 杨蒙莺、陈德棉：《风险投资介入的最优创业融资探讨》，《科学管理研究》2005 年第 1 期。

[169] 姚伟峰、何枫、冯宗宪：《CEPA 下珠江三角洲与长江三角洲技术效率比较研究》，《开放导报》2004 年第 2 期。

[170] 姚洋、章奇：《中国工业企业技术效率分析》，《经济研究》2001 年第 10 期。

[171] 姚耀军：《中国金融发展与全要素生产率——基于时间序列的经验证据》，《数量经济技术经济研究》2010 年第 3 期。

[172] 叶裕民：《全国及各省区市全要素生产率的计算和分析》，《经济学家》2002 年第 3 期。

[173] 尹希果、陈刚、程世骑：《中国金融发展与城乡收入差距关系的再检验——基于面板单位根和 VAR 模型的估计》，《当代经济科学》2007 年第 1 期。

[174] 尹希果、陈刚、潘杨、付翔：《我国金融发展与地区经济收敛》，《当代经济科学》2005 年第 5 期。

[175] 袁晓玲、斑斓：《中国经济增长的动力转换与区域差异——基于包含资源、环境的非参数核算框架的经济增长分解》，《陕西师范大学学报》（哲学社会科学版）2017 年第 4 期。

[176] 于良春、高波：《中国银行业规模经济效应与相关产业组织政策》，《中国工业经济》2003 年第 3 期。

[177] 袁云峰、曹旭华：《金融发展与经济增长效率的关系实证研究》，《统计研究》2007 年第 5 期。

[178] 张健华：《我国商业银行效率研究的 DEA 方法及 1997—2001 年效率的实证分析》，《金融研究》2003 年第 3 期。

[179] 张建华、邹凤明：《资源错配对经济增长的影响机制及其机制研

究进展》,《经济学动态》2015 年第 1 期。

[180] 张军、金煜:《中国的金融深化和生产率关系的再检测: 1987—2001》,《经济研究》2005 年第 11 期。

[181] 张军、吴桂英、张吉鹏:《中国省际物质资本存量估算: 1952—2000》,《经济研究》2004 年第 10 期。

[182] 张立军、湛泳:《金融发展影响城乡收入差距的三大效应分析及其检验》,《数量经济技术经济研究》2006 年第 12 期。

[183] 张立军、湛泳:《金融发展与降低贫困——基于中国 1994—2004 年小额信贷的分析》,《当代经济科学》2007 年第 11 期。

[184] 赵楠:《中国各地区金融发展的统计学描述》,《统计研究》2007 年第 7 期。

[185] 赵伟、马瑞永:《中国区域金融发展的收敛性、成因及政策建议》,《中国软科学》2006 年第 2 期。

[186] 赵勇、雷达:《金融发展与经济增长: 生产率促进抑或资本形成》,《世界经济》2010 年第 2 期。

[187] 郑京海、刘小玄、Arne Bigstrn:《1980—1994 期间中国国有企业的效率、技术进步和最佳实践》,《经济学》(季刊) 2002 年第 1 期。

[188] 郑志刚:《金融发展的决定因素——一个文献的综述》,《管理世界》2007 年第 3 期。

[189] 钟加坤、钱艳英:《民营科技企业融资障碍分析》,《广州商学院学报》2001 年第 5 期。

[190] 仲玲:《科技型中小企业融资的理论与实证研究》,博士学位论文,吉林大学,2006 年。

[191] 周立、胡鞍钢:《中国金融发展的地区差距状况分析 1978—1999》,《清华大学学报》(哲学社会科学版) 2002 年第 2 期。

[192] 周毓萍、郭庆:《我国高科技产业化各阶段融资模式选择》,《中国科技论坛》2000 年第 5 期。

[193] 朱承亮、岳宏志、李婷:《中国经济增长效率及其影响因素的实证研究: 1985—2007 年》,《数量经济技术经济研究》2009 年第

9 期。
[194] 朱建芳:《区域金融发展差距:理论与实证分析》,博士学位论文,浙江大学,2006 年。
[195] 朱彤、曹珂:《外部融资依赖、金融发展与出口商品结构——基于中国制造业部门的行业分析》,《上海金融》2009 年第 12 期。
[196] 张军、陈诗一、张熙:《中国工业部门的生产率变化与要素配置效应:1993—2006》,《东岳论丛》2010 年第 10 期。

后 记

　　本书是在我的博士学位论文基础上进一步研究的结晶。博士学位论文中的一些研究大部分只是开了个头，许多地方都没有展开论述，而今决定将博士学位论文重新整理出版，面临着许多困难：一是博士学位论文数据过于陈旧，我是2010年从华中科技大学经济学院毕业的，之后去了河南省发展和改革委员会工作；从2010年博士毕业到2018年决定修改，不仅数据出现了长达近十年的断档，而且博士学位论文中的数据也是2008年以前的。因此，补充数据是必需的，而补充数据意味着博士学位论文的许多观点可能发生变化，这会大大加重书稿修改的难度。二是从2010—2018年，关于金融发展与全要素生产率之间关系的研究的文献不断呈现，新的观点、新的论述用汗牛充栋来形容一点也不为过。如何通过重新补充数据，并将新的观点、新的论述贯穿整个书稿，而又不会将博士学位论文全部推倒重来？我面临着艰难的决策，经过反复斟酌，决定沿用博士学位论文中的主要框架，而数据采取绝大部分更新的方法来重新整理书稿。从2018年2月1日开始，直至2018年8月3日修改完成，整个书稿的修改耗时六个多月，也正是这六个多月的书稿修改，使我重拾对科研的信心！这六个多月的修改，尽管工作量巨大，但我从这次的修改中获益良多：一方面，阅读了大量关于金融发展与全要素生产率之间关系的文献，对于金融发展与全要素生产率相关研究的前沿动态有了初步的把握；另一方面，对于计量方法方面的运用相比较以前，有了较大的提升。由于现有文献关于两者之间关系的研究涉及许多新的计量方法的运用，通过"干中学"，计量方法方面得到了很大的提升。

　　在整个博士学位论文修改成书稿期间，江汉大学武汉研究院的领导给予了极大的支持,如沈少兰、夏宏武副主任,在我修改书稿期间,他们几乎很少让我参与院里的相关工作,使我能够全心全意地修改书稿;还有我的同事王肇磊博士、徐艳飞博士、高路博士等,在我修改书稿的问题上,给了我许多有益的建议,在此一并表示感谢!

当然,本书的修改完善也离不开亲人们的大力支持,对于亲人们,我有太多的感激之情,盖不能以笔管之只字片语而言之,我想对你们说:"我爱你们!"为了让书稿早日完工,我几乎把所有的精力都投入到了书新的修改完善当中,我的母亲为我承担了所有的家务事,使我能够安心下来修改书稿,而我给予母亲的回报却太少,唯有将此书作为最好的礼物来回报我的母亲。母亲想要的美好生活,我都没有能实现,可怜天下父母心,或许父母最大的心愿就是希望子女成龙成凤,而子女的回报在他们心里则微不足道。这不由得使我想起唐代诗人孟郊的诗:"慈母手中线,游子身上衣。临行密密缝,意恐迟迟归。谁言寸草心,报得三春晖!"或许,许多感激的语言远不如此诗所能表达的意境!从博士入学到博士毕业参加工作,母亲为我全心全意地付出,但她却总是觉得亏欠我太多,比如我成家立业之时,比如我买房置业之时,她总是在经意不经意中向我表达"歉意",这是一个何其伟大的母亲!为了弥补对我的"亏欠",她总是用她瘦弱的身体,分担着超乎一般人所能承担的家务。感谢我的母亲!她不仅给了我一个健康的身体,还在我的人生道路上,用非常通俗的话语讲述人生的真谛,使我坚信人生道路的美好;是她让我坚信,唯有奋斗不止,才能收获美好的生活!

如今,我也是一位孩子的父亲,作为父亲的我,何尝不是如此,为了使孩子生活得快乐、幸福,即使再辛苦,我也只会默默地忍受。感谢上帝赐予了我聪明的小生命,我的女儿从出生开始,就跟着我过着十分艰辛的生活,由于她是在我读博士期间出生的,生活的艰辛,使她看起来比同龄人要瘦弱很多,但她每天依然以乐观的笑容迎接每一天的生活,并且在乐观的生活中,自己养成了良好的习惯,比如按时完成作业、从不迟到早退,这些良好习惯的养成,源于她的自觉与自律,我甚至"缺席"了她自觉与自律习惯的养成时期。她的自觉、自律,让我吃惊,甚至让我对她刮目相看,也是她的自觉自律,让她从入学时的中等生一举成为班级优秀生，我为有这样一个高度自觉自律的女儿而自豪，而她也是我在十分枯燥寂寞的科研生活之余最大的慰藉。

  从三年博士生活到走上工作岗位九年，我也从当初那个壮志满怀、意气风发的少年逐步成长为涉世渐深的中年人，角色与身份都发生了很大的变化，这期间，我憔悴过、惆怅过，也迷茫过，最终也得一丝心得，自以为是后知后觉。最后，写下一首小诗，算是对人生历程的一个小结：

  我本山后人，生于寻常百姓家。
  少时放牛娃，不知山外纷尘。
  束发读诗书，立志求功名。
  春花复秋月，不觉匆匆而立年。
  数问苍穹，人生百年何以度。
  峰回路转，已是柳暗花明。

余利丰
2019 年 8 月于江汉大学三角湖畔